广州城市智库丛书

广州现代制造业体系发展回顾与展望

刘帷韬 ◎ 著

中国社会科学出版社

图书在版编目（CIP）数据

广州现代制造业体系发展回顾与展望 / 刘帏韬著 . —北京：中国社会科学出版社，2022.7

（广州城市智库丛书）

ISBN 978 – 7 – 5227 – 0327 – 5

Ⅰ.①广…　Ⅱ.①刘…　Ⅲ.①制造工业—产业发展—研究—广州　Ⅳ.①F426.4

中国版本图书馆 CIP 数据核字（2022）第 099005 号

出 版 人	赵剑英	
责任编辑	喻　苗	
责任校对	胡新芳	
责任印制	王　超	

出　　版	中国社会科学出版社	
社　　址	北京鼓楼西大街甲 158 号	
邮　　编	100720	
网　　址	http://www.csspw.cn	
发 行 部	010 – 84083685	
门 市 部	010 – 84029450	
经　　销	新华书店及其他书店	
印　　刷	北京明恒达印务有限公司	
装　　订	廊坊市广阳区广增装订厂	
版　　次	2022 年 7 月第 1 版	
印　　次	2022 年 7 月第 1 次印刷	
开　　本	710 × 1000　1/16	
印　　张	21.5	
插　　页	2	
字　　数	268 千字	
定　　价	109.00 元	

凡购买中国社会科学出版社图书，如有质量问题请与本社营销中心联系调换
电话：010 – 84083683
版权所有　侵权必究

《广州城市智库丛书》
编审委员会

主　任　张跃国
副主任　杨再高　尹　涛　许　鹏

委　员（按拼音排序）
　　　　白国强　蔡进兵　杜家元　方　琳　郭艳华　何　江
　　　　何春贤　黄　玉　罗谷松　欧江波　覃　剑　王美怡
　　　　伍　庆　杨代友　姚　阳　殷　俊　曾德雄　曾俊良
　　　　张赛飞　赵竹茵

总　　序

何谓智库？一般理解，智库是生产思想和传播智慧的专门机构。但是，生产思想产品的机构和行业不少，智库因何而存在，它的独特价值和主体功能体现在哪里？再深一层说，同为生产思想产品，每家智库的性质、定位、结构、功能各不相同，一家智库的生产方式、组织形式、产品内容和传播渠道又该如何界定？这些问题看似简单，实际上直接决定着一家智库的立身之本和发展之道，是必须首先回答清楚的根本问题。

从属性和功能上说，智库不是一般意义上的学术团体，也不是传统意义上的哲学社会科学研究机构，更不是所谓的"出点子""眉头一皱，计上心来"的术士俱乐部。概括起来，智库应具备三个基本要素：第一，要有明确目标，就是出思想、出成果，影响决策、服务决策，它是奔着决策去的；第二，要有主攻方向，就是某一领域、某个区域的重大理论和现实问题，它是直面重大问题的；第三，要有具体服务对象，就是某个层级、某个方面的决策者和政策制定者，它是择木而栖的。当然，智库的功能具有延展性、价值具有外溢性，但如果背离本质属性、偏离基本航向，智库必会惘然自失，甚至可有可无。因此，推动智库建设，既要遵循智库发展的一般规律，又要突出个体存在的特殊价值。也就是说，智库要区别于搞学科建设或教材体系的大学和一般学术研究机构，它重在综合运用理论和知识分析研判重大问题，这是对智库建设的一般要求；同时，具体到一家智库个体，又要依据自身独一无二的性质、类型和定位，塑造独特个性和鲜明风格，占据真正属于自己的空间和制高点，这是智库独立和自立的根本标志。当前，智库建设的理论和政策不一而足，实践探索也呈现出八仙过海之势，这当然有利于形成智库界的时代标签和身份识别，但在热情高涨、高歌猛进的大时代，也容易盲目跟风、漫天飞舞，以致破坏本就脆弱的智库生态。所以，我们可能还要保持一点冷静，从战略上认真思考智库到底应该怎么建，社科院智库应该怎么建，城市社科院智库又应该怎么建。

广州市社会科学院建院时间不短，在改革发展上也曾经历曲折艰难探索，但对于如何建设一所拿得起、顶得上、叫得响的新型城市智库，仍是一个崭新的时代课题。近几年，我们全面分析研判新型智库发展方向、趋势和规律，认真学习借鉴国内外智库建设的有益经验，对标全球城市未来演变态势和广州重大战略需求，深刻检视自身发展阶段和先天禀赋、后天条件，确定了建成市委、市政府用得上、人民群众信得过、具有一定国际影响力和品牌知名度的新型城市智库的战略目标。围绕实现这个战略目标，边探索边思考、边实践边总结，初步形成了"1122335"的一套工作思路：明确一个立院之本，即坚持研究广州、服务决策的宗旨；明确一个主攻方向，即以决策研究咨询为主攻方向；坚持两个导向，即研究的目标导向和问题导向；提升两个能力，即综合研判能力和战略谋划能力；确立三个定位，即马克思主义重要理论阵地、党的意识形态工作重镇和新型城市智库；瞄准三大发展愿景，即创造战略性思想、构建枢纽型格局和打造国际化平台；发挥五大功能，即咨政建言、理论创新、舆论引导、公众服务、国际交往。很显然，未来，面对世界高度分化又高度整合的时代矛盾，我们跟不上、不适应的感觉将长期存在。由于世界变化的不确定性，没有耐力的人常会感到身不由己、力不从心，唯有坚信事在人为、功在不舍的自觉自愿者，才会一直追逐梦想直至抵达理想的彼岸。正如习近平总书记在哲学社会科学工作座谈会上的讲话中指出的，"这是一个需要理论而且一定能够产生理论的时代，这是一个需要思想而且一定能够产生思想的时代。我们不能辜负了这个时代"。作为以生产思想和知识自期自许的智库，我们确实应该树立起具有标杆意义的目标，并且为之不懈努力。

智库风采千姿百态，但立足点还是在提高研究质量、推动内容创新上。有组织地开展重大课题研究是广州市社会科学院提高研究质量、推动内容创新的尝试，也算是一个创举。总的考虑是，加强顶层设计、统筹协调和分类指导，突出优势和特色，形成系统化设计、专业化支撑、特色化配套、集成化创新的重大课题研究体系。这项工作由院统筹组织。在课题选项上，每个研究团队围绕广州城市发展战略需求和经济社会发展中重大理论与现实问题，结合各自业务专长和学术积累，每年年初提出一个重大课题项目，经院内外专家三轮论证评析后，院里正式决定立项。在课题管理上，要求从基本逻辑与文字表达、基础理论与实践探索、实地调研与方法集成、综合研判与战略谋划等方面反复打磨锤炼，结项仍然要经过三轮评审，并集中举行重大课题成果发布会。在成果转化应用上，建设"研究专报＋刊物发表＋成果发布＋媒体宣传＋著作出版"组合式转化传播平台，形成延伸转化、彼此补充、互相支撑的系列成果。自 2016 年以来，广州市社会科学院已组织开展 40 多项重大课题研究，积累了一批具有一定学术价值和应用价值的研究成果，这些成果绝大部分以专报方式呈送市委、市政府作为决策参考，对广州城市发展产生了积极影响，有些内容经媒体宣传报道，也产生了一定的社会影响。我们认为，遴选一些质量较高、符合出版要求的研究成果统一出版，既可以记录我们成长的足迹，也能为关注城市问题和广州实践的各界人士提供一个观察窗口，是很有意义的一件事情。因此，我们充满底气地策划出版了这套智库丛书，并且希望将这项工作常态化、制度化，在智库建设实践中形成一条兼具地方特色和时代特点的景观带。

感谢同事们的辛勤劳作。他们的执着和奉献不但升华了自我，也点亮了一座城市通向未来的智慧之光。

广州市社会科学院党组书记、院长

张跃国

2018年12月3日

目　　录

前　言 …………………………………………………………（1）

第一篇　基础篇

第一章　建设现代制造业体系的内涵和时代意义 …………（3）
　　第一节　现代制造业体系的提出背景 …………………（5）
　　第二节　现代制造业体系的构成 ………………………（16）
　　第三节　现代制造业体系的特征 ………………………（19）

第二章　广州建设现代制造业体系的历史进程 ……………（24）
　　第一节　改革开放前广州工业体系的初步形成 ………（24）
　　第二节　改革开放后具有中国特色的广州现代
　　　　　　工业化道路 ……………………………………（30）
　　第三节　党的十八大以来广州探索建设现代
　　　　　　制造业体系 ……………………………………（35）
　　第四节　广州建设现代制造业体系的长期性
　　　　　　与艰巨性 ………………………………………（40）

第三章　广州现代制造业体系构建的基础 …………………（46）
　　第一节　日益壮大的实体经济总量 ……………………（47）

第二节　不断增强的科技创新活力……………………（50）
　　第三节　逐步完善的现代金融体系……………………（56）
　　第四节　稳步提升的人力资源素质……………………（59）
　　第五节　向上向好的企业营商环境……………………（62）

第二篇　传统制造业篇

第四章　纺织服装制造业……………………………（69）
　　第一节　纺织服装制造业概述…………………………（69）
　　第二节　广州纺织服装制造业发展历程………………（74）
　　第三节　广州纺织服装制造业发展的先进经验………（83）
　　第四节　广州纺织服装制造业存在的问题……………（86）

第五章　皮革皮具制造业……………………………（91）
　　第一节　皮革皮具制造业概述…………………………（91）
　　第二节　广州皮革皮具制造业发展历程………………（96）
　　第三节　广州皮革皮具制造业发展的先进经验………（105）
　　第四节　广州皮革皮具制造业存在的问题……………（109）

第六章　化妆品制造业………………………………（112）
　　第一节　化妆品制造业概述……………………………（112）
　　第二节　广州化妆品制造业发展历程…………………（118）
　　第三节　广州化妆品制造业发展的先进经验…………（124）
　　第四节　广州化妆品制造业存在的问题………………（127）

第七章　灯光音响制造业……………………………（130）
　　第一节　灯光音响制造业概述…………………………（130）
　　第二节　广州灯光音响制造业发展历程………………（135）

第三节　广州灯光音响制造业发展的先进经验 ……… (141)

第四节　广州灯光音响制造业存在的问题 …………… (143)

第三篇　先进制造业篇

第八章　高端装备制造业 …………………………… (149)

第一节　高端装备制造业概述 ………………………… (149)

第二节　广州高端装备制造业发展历程 ……………… (154)

第三节　广州高端装备制造业发展的先进经验 ……… (165)

第四节　广州高端装备制造业存在的问题 …………… (168)

第九章　汽车制造业 ………………………………… (174)

第一节　汽车制造业概述 ……………………………… (174)

第二节　广州汽车制造业发展历程 …………………… (179)

第三节　广州汽车制造业发展的先进经验 …………… (192)

第四节　广州汽车制造业存在的问题 ………………… (194)

第十章　生物技术与新医药产业 …………………… (198)

第一节　生物技术与新医药产业概述 ………………… (198)

第二节　广州生物技术与新医药产业发展历程 ……… (204)

第三节　广州生物技术与新医药产业发展的
先进经验 ………………………………………… (215)

第四节　广州生物技术与新医药产业存在的问题 …… (218)

第十一章　新能源产业 ……………………………… (222)

第一节　新能源产业概述 ……………………………… (222)

第二节　广州新能源产业发展历程 …………………… (228)

第三节　广州新能源产业发展的先进经验 …………… (238)

第四节　广州新能源产业存在的问题 ……………… （241）

第四篇　制造业创新篇

第十二章　制造业技术创新 ……………………………… （247）
　第一节　广州制造业技术创新概述 ………………………… （247）
　第二节　广州制造业技术创新的历程 ……………………… （256）
　第三节　广州制造业技术创新的先进经验 ………………… （262）
　第四节　广州制造业技术创新存在的问题 ………………… （267）

第十三章　制造业服务化 ………………………………… （273）
　第一节　制造业服务化概述 ………………………………… （273）
　第二节　广州制造业服务化转型的历程 …………………… （275）
　第三节　广州制造业服务化的先进经验 …………………… （278）
　第四节　广州制造业服务化存在的问题 …………………… （282）

第五篇　展望篇

第十四章　广州现代制造业发展的新理念、新业态、新模式 ……………………………………………………… （291）
　第一节　"四新"经济的内涵与广州布局 ………………… （291）
　第二节　广州现代制造业发展新业态、新模式的具体内容 ………………………………………………… （294）
　第三节　广州现代制造业发展新业态、新模式的路径 …………………………………………………………… （304）

第十五章　广州现代制造业体系的未来发展方向 ………（310）
　第一节　以创新驱动加快先进制造业发展 …………（310）
　第二节　推进服务型制造提升价值链水平 …………（312）
　第三节　充分发挥资本市场服务作用完善金融服务 …（315）
　第四节　优化人力资源配置补齐现代制造业体系
　　　　　短板 …………………………………………（318）
　第五节　坚持市场主导原则构建开放型现代制造业
　　　　　体系 …………………………………………（320）
　第六节　优化高端制造业产业结构 …………………（322）

参考文献 ………………………………………………（324）

前　言

党的十九大报告指出，建设现代经济体系是我国跨越关口和转型发展的战略目标。现代经济体系建设最大的载体在于制造业，要求有更好的产品和服务，要在更广大的规模和空间上就高附加值生产活动开展国际竞争与合作。"十四五"时期是我国全面建成小康社会、实现第一个百年奋斗目标之后，乘势而上，开启全面建设社会主义现代化国家新征程、向第二个百年奋斗目标进军的第一个五年，是广州实现老城市新活力、"四个出新出彩"，巩固提升城市发展位势的关键阶段。作为国家重要中心城市、粤港澳大湾区核心城市、沿海开放城市和综合改革试验区中心城市，广州按照"稳定提高第一制造业，调整优化第二制造业，大力发展第三制造业"的思路，实现了由轻纺工业到重化工业再到服务业的产业体系转变。随着国际环境恶化，竞争日趋激烈，加之数字信息技术的快速发展、环保工业的硬性要求以及绿色金融的改革目标，广州承担着更加重要的发展任务，产业发展模式亟待进一步转型升级。

基于上述背景，笔者通过收集整理历年 CEIC 数据库、《中国统计年鉴》《中国工程机械工业年鉴》《中国电力年鉴》《广州统计年鉴》、广州市国民经济和社会发展统计公报，以及国家统计局、广州市统计局、广州市科学技术局，各行业协会（例如化妆品行业协会、中国装备制造行业协会、中国汽车工业协

2 前　　言

会等）研究报告、调研报告等资料及相应的行业网站数据，采取时间序列及面板的实证分析方法，从现代制造业发展基础、传统制造业基本情况、先进制造业基本情况、制造业创新情况及未来展望五个方面，对广州现代制造业体系进行了深入、系统的分析。具体技术路线为：首先回顾了广州现代制造业体系形成的历史过程；其次以纺织服装制造业、皮革皮具制造业、化妆品制造业和灯光音响制造业为代表，梳理了广州传统制造业发展历程，并分析了各行业的先进经验及存在的问题；再次以高端装备制造业、汽车制造业、生物与新医药制造业、新能源制造业为代表，梳理了广州先进制造业的发展历程，并分析了各行业的先进经验和存在问题；然后深入分析了广州现代制造业在技术创新及制造业服务化方面的引导政策、投入—产出情况、转型发展现状，并总结了技术创新、制造业服务化的先进经验和不足；最后对广州制造业的未来发展进行了展望，包括广州"四新"经济发展情况及其发展路径，从数字经济、创新驱动、制造业服务化、金融服务、人力资源、开放型市场、产业结构、绿色发展等多个方面给出了相应建议。

　　本书回顾了"十三五"及之前广州制造业体系的发展情况，通过明晰其发展历程，总结其发展经验，查找其发展问题，有助于深入理解现代制造业体系的理论内涵及现实特征，为未来广州现代制造业体系的发展提供借鉴与决策参考。

第一篇

基础篇

第一章　建设现代制造业体系的内涵和时代意义

　　制造业是指机械工业时代利用某种资源（包括物料、能源、设备、工具、资金、技术、信息和人力等），按照市场的要求，通过制造过程转化为可供人们使用和利用的大型工具、工业品与生活消费产品的行业。从其发展历史来看，制造业主要分为以下两类：加工制造业和装备制造业。其中加工制造业主要是以采掘业的劳动产品和农产品等原材料或者其半成品为加工对象，为人们提供各种生活生产必需品，以满足社会大众和国家政府部门的物质生活消费；装备制造业则是为国民经济各部门的简单再生产活动和扩大再生产活动等提供技术设备的各类制造业的总称，装备制造业主要包括金属制品业、通用设备制造业、专用设备制造业、交通运输设备制造业、电气机械及器材制造业、通信设备和计算机及其他电子设备制造业、仪器仪表及文化办公用机械制造业以及金属制品、机械和设备修理业等八个细分部分。装备制造业是工业的核心部分，是一国国民经济的生命线，也是支撑一国综合国力的重要基石。制造业涉及的范围广、产品多、技术性强、覆盖面大，在国民经济行业中占有十分重要的地位。制造业是工业的主体，它直接体现了一个国家的生产力水平，是一国国民经济或一个地区经济的依托与基石，也是一国和地区经济发展的原动力。其中加工制造业是国民日常生活生产和国家社会正常运行的基础,装备制造业则是为满足国民经济各部门发展,以及国家的安全需要制造各种技术装备的产业总称,是一国的战略性产业,更是国家安全的重要保障。一国实现工业化的重点便是掌握现代制造业,实现大机器生产,提高生产效率、经济效率。

自新中国成立以来,中国的制造业发展在各方面均实现了巨大进步,也取得了许多成就,尤其是我国改革开放40多年以来,趋势更为明显,这为新中国经济的快速蓬勃发展奠定了基础,也为新中国的工业化建设和现代化建设做出了十分重要的贡献。我国工信部资料显示,1984年我国首次颁布《国民经济行业分类和代码》文件时,工业行业还仅仅只涉及化工、机械等13个大类行业;但目前,我国的制造业体系已经相对完善,覆盖了国际标准行业中制造业大类所涉及的24个行业组、71个行业和137个子行业,成为全球为数不多的制造业体系最为完整的国家之一。

随着全球制造业竞争的不断加剧、逆全球化思潮的兴起以及保护主义和单边主义的抬头,全球的制造业生产遭受明显的负面冲击,全球制造业价值链呈现"缩短"趋势;与此同时,全球制造业格局也正在发生着重大调整和变革,主要工业国陆续将本国制造业发展视为国家经济振兴发展的重要一环,并且将国家制造业发展提升至国家安全的高度,这显示出了各国对本国制造业发展的重视。中国虽为全球为数不多的制造业体系最为完整完善的国家之一,但总体来看,在世界产业分工体系中,我国制造业处于中低端的现实局面还没有完全改变,某些产业供给不足、低端产能过剩、高端生产技术依赖进口等问题仍然存在,制造业面临着国内外双重压力。在全球制造业分工重构之际,我国现代制造业的高质量、高品质的发展是推动现代制造业优化升级的重要方向。处于工业文明的当今,决定国家命运的是其工业化水平，工业化水平的核心是制造业水平，现代制造业是现代国家的立国之本、固国之根，一国只有掌握了现代制造业，才能屹立于世界。

本章节将详细阐述现代制造业体系提出的背景，并分析现代制造业体系的具体构成及其特点，从多个层次和维度解析现代制造业体系的内涵，并指出其存在的重要时代意义。

第一节 现代制造业体系的提出背景

一 现代制造业体系的界定

要了解什么是现代制造业体系，首先需要明确现代制造业体系的含义，包括宏观层面与微观层面的具体内涵，以及现代制造业体系与传统制造业体系之间的区别。现代制造业是利用现代高技术工艺和先进的科学技术对原材料进行加工和再加工生产，对国民经济各部门各行业的生产设备、零部件等进行加工、生产及组装的行业总称，也可以说现代制造业是用现代先进的科学技术支撑起来的制造业。现代制造业是在国际经济全面发展的大背景、大趋势下提出的新产业概念，是当代先进科学技术和传统制造业相结合且不断完善发展的产物，也是世界各国争先抢占新机、不断完善本国经济发展并以此引领全球经济发展的必然选择，只有利用科技创新不断带动现代制造业发展，才能实现国家的强大。同时，完善的基础设施建设、齐全的产业体系以及合理的产业配套也是现代制造业体系发展的重要基础。

20 世纪 70 年代末到 80 年代初，微电子技术得到了飞速发展，由此推动了现代数字化制造技术和制造业装备的空前进步和广泛应用，使得制造业劳动生产率大幅度提高，制造业发展迈入新阶段、新时代，同时也由主要依靠劳动能力发展逐步转向依靠科技投入，传统制造业开始向现代制造业转型。新电子信息技术和数字技术的发展和应用使制造业劳动生产率增长速度加快，现代制造业的雏形由此产生。与依靠大量廉价人工劳动力、大量过度消耗各类资源、破坏地球生态平衡等发展起来的传统制造业相比，现代制造业有着质的飞跃。

与传统制造业相比，现代制造业具有传统制造业所不具备的几大特征：一是充分吸收现代先进科学技术，紧跟数字化信息化的时代步伐，具备高效的生产效率，相较于传统制造业的人力和资源密集，现代制造业的发展则更多依赖于技术密集；二是知识密集度高，产品附加价值高，与服务业相结合，价值链更长，就业面更广，扩大了制造业本身带来的经济效益；三是现代制造业建立起了与现代科学技术相适应的生产方式和企业组织形态，企业拥有更多高素质的高级工人、技术人才和管理人员，行业发展和企业发展更加健康；四是现代制造业在全球范围内整合并实现资源优化，且掌握核心技术或关键环节，在国际市场上具有较强的竞争力和优势，企业具有一定的话语权；五是更绿色更环保，资源的不必要浪费减少，环境污染排放量减少、能源消耗更低，具有绿色可持续发展的潜力。上述特征均表明，现代制造业是依靠现代先进科学技术不断改革发展起来的，其经济带动能力强、影响范围广、推动作用大，因此现代制造业不仅是一国经济发展的重要驱动力，也是一国国际地位的重要基石。

现代制造业的界定存在较多标准，从宏观层面来看，不同类型的现代制造企业所形成的一个行业可以称为现代制造业；从微观层面来看，一个企业也可以是现代制造业企业。从国家层面来看，一国建立现代制造业体系是其经济发展必不可少的环节，也是其真正强大的体现。根据上述对现代制造业的定义，本书认为，现代科学技术与传统制造业结合的产物是现代制造业的基础。目前，我国制造业中的医学制造业、通用设备制造业、专用设备制造业、计算机、通信和其他电子设备制造业等均实现了传统技术与现代技术的高度融合，是现代制造业中的主要组成部分，本书将现代制造业界定为在传统制造业基础上不断实现技术更新升级的产业形态，是中国制造业未来发展升级的目标和方向。

二　现代制造业体系提出的国际背景

（一）近现代工业革命不断涌现，全球制造业产生深刻变革

现代制造业体系的提出和构建是建立在传统制造业基础上的，近现代以来，全球范围内总共经历过三次工业革命：（1）第一次工业革命（1760—1840），此次工业革命的历史标志是蒸汽机的发明，关键技术建立在经典力学和热力学理论基础上，包括动力和机械等技术。在第一次工业革命期间，人类的生产方式逐渐由纯人工动力转为机械化动能，大机器生产的出现极大地提高了生产制造效率，也引发了大规模、大范围的机器工厂生产取代手工生产的浪潮，现代科技革命由此引发，人类进入机器时代。在第一次工业革命期间，纺织业、铁路业、机械制造业以及煤铁等产业发生了巨大变革，得到了快速发展。（2）第二次工业革命（1870—1914），此次工业革命也被称为第二次科技革命，其主要标志是电的发明及广泛应用，关键技术建立在电磁学理论的基础上，包括电力、运输、化工和电信等技术。与第一次工业革命建立在劳动者经验之上不同，第二次科技革命的推动者多是科学家和工程师，此次革命的发明与创新也多是建立在自然科学研究成果之上。此次革命中电力的出现促进了生产力的飞跃发展，同时也激发了更多新兴产业的产生与发展，譬如电力工业、化学工业、石油工业和汽车工业等多种产业，世界工业由此进入电气时代。（3）第三次工业革

命（二战后至今），此次工业革命也被称为第三次科技革命、数字化革命，是人类历史上继蒸汽技术革命和电力技术革命后，人类在科技领域里的又一次重大飞跃，其主要标志是原子能、电子计算机、空间技术和生物工程的发明和应用，关键技术建立在数字信息、生物科学、新能源新材料、互联网和海洋科学等诸多理论基础之上，包括信息技术、生物技术、新能源技术、新材料技术、互联网技术、空间技术和海洋技术等诸多高新科学技术。第三次科技革命的出现建立在科学理论出现重大突破和社会长时间发展形成的物质、技术基础之上，是世界各国对高科技不断追求和创新的结果。第三次科技革命不仅推动了人类社会生产力的发展，促进了社会经济结构和生产、生活方式的重大变革，也对国际关系产生了深刻影响。同时，许多新兴产业如计算机产业、生物医学产业、航空航天等高技术产业的产生与发展，也将人类引入一个全新的信息化、数字化的互联互通时代。

纵观人类所经历的三次工业革命，人类从机器时代进入电气时代，到现在进入电子信息数字化时代，一切的进展都是由技术的发展、科学的进步所推进的，并且三次工业革命也为人类带来了一次又一次的生产效率的提升和飞跃，带来了生产生活模式的创新和转变，为工业制造业及各类新兴产业的发展提供了原动力。工业革命不仅改变了人类的生活方式和企业的生产管理模式，同时也推动了制造业的不断发展，推进了人类社会的现代化进程，生产制造方式的变革不仅带来了新一轮激烈的全球制造业生产水平竞争和生产核心技术的创新，而且也在不断改变世界各国间的博弈格局，使全球制造业格局发生了深刻变化。

（二）新兴科学技术迅猛发展，助力制造业现代化前行步伐

第二次世界大战后至今，第三次科技革命仍在继续。进入

21世纪后,随着全球科学技术创新的不断发展,如信息数字技术、互联网通信技术、人工智能技术、生物医学技术、航空航天技术等高新技术的不断加速发展,全球的科技创新发展进入了快速发展的新阶段,以大数据、人工智能等新一代信息技术为主的新一轮科技革命正在迅猛进行中。新一轮科技革命的发展不断向制造业输送最前沿、最先进的高新技术和创新成果,推动传统制造业的现代化,深化现代制造业企业的核心技术。全球制造业在此期间发生重大变化,主要体现在以下几个方面:

其一,由实体制造逐步向"虚拟制造"转变。

随着计算机技术的迅速发展,计算机虚拟建模技术在制造业中得到广泛应用,汽车、机械工床乃至飞机等大型精密仪器的零部件和整体设计、生产及最终加工合成均可在计算机上利用三维模拟技术进行设计与合成,实现了科研人员与计算机的同步互动,更加方便科研人员攻克技术难关,且可有效减少时间和金钱成本,提高工作效率,实现了人力资源和生产要素的合理利用,极大地提高了相关产业的经济效益。"虚拟制造"的实现为实体制造提供了更精密的数据,也进一步降低了实体制造的生产成本并提高了生产效率。可以说,互联网技术的发展为制造业带来了设计、制造、组合的新生产模式。

其二,由一国包揽生产到生产制造全球化。

网络技术和通信通联技术等的发展为全球各国、各行业间、各企业间实现迅捷交流和便利合作提供了基础技术保障。以往制造业的生产多以一国自身包揽全方位的生产流程为主,网络建设为制造商和加工工厂之间实现最短路径和最快捷交易提供了可能性,制造业企业可以在全球范围内建设工厂,以此获取更便宜的原材料和更廉价的人工成本等资源,从而实现生产产品的单位成本最小化,进而实现企业利润的最大化。比如,在中国购买的一辆汽车,发动机来自瑞典,控制系统来自德国,皮质座椅来自日本，车身来自美国，最后在中国进行汽车的组装，这就是制造全球化的体现之一。网络技术的出现使得制造业的生产调控、指挥和控制更为方便和直观，也使得生产制造全球化成为时代趋势。

其三，制造业跨国转移趋势明显。

当前，制造业跨国转移的总体趋势十分明显，主要表现为：中低端制造业由发达国家转移至发展中国家，由技术领先国转移至其他国家。此类转移主要是发达国家为了应对本国的高人工成本、环境污染和资源浪费等问题，选择将此类产业转移至发展中国家，不仅可以获取低价的各种生产要素，降低产品的生产成本，还能将环境污染和资源浪费等问题进行转移，减轻本国的生态环境和资源压力。网络全球化的发展使得此类举措成为可能，不仅实现了制造全球化，也实现了销售全球化。在改革开放初期，廉价的资源和人工成本使得我国成为全球中低端制造业输入的重点国家之一。随着科学技术的进步、国家环境保护力度的加大以及不断上涨的人工成本，部分低端产业已经开始将工厂向东南亚、印度等地区转移，但当前我国以中低端制造业为主的制造业格局还未得到完全改变。

其四，现代制造业与服务业实现产业融合。

就总体发展而言，经过上百年的发展，传统制造业的利润边际效益开始呈现递减趋势，总利润增幅放缓，面临着生产成本上升、动力不足等困难。许多制造业企业出于公司利润和转型需求，开始调整其战略部署，将竞争重心从产品制造转移到客户服务，以求从服务端差异化中获取更多利润。近年来，信息数字技术和互联网技术的快速发展，催生了许多新兴组织模式，为企业、产品、市场及市场模式等带来了巨大变革，发展出以新商业模式、新服务方式为引导的新价值链条，与现代服务业链接，催生出更多制造业与服务业相结合的新业态。制造业与服务业的价值链互补是产业融合的前提和基础，两者的融合发展绝不是简单的相加，而是发挥了乘数效应，实现了制造业和服务业的聚合效应，创造出更大的商业价值。制造业与服务业的深入融合发展，一方面可以促进制造业企业专注于产品的进一步深化和产业价值的提升，构造服务型的制造业体系，提高制造业企业自身在产业价值链条上的地位，增加企业在行业内的竞争力和品牌度；另一方面降低企业的生产制造成本，提高企业的生产效率，提升企业的品牌知名度。现代服务业也能依赖于制造业企业产品质量的提升来提高自身专业化程度和服务质量。制造业与服务业的双向联动不仅推动了制造业现代化发展，也推动了服务业的现代化发展。

（三）全球产业转移动向活跃，制造业充满变革与挑战

学界普遍认为，在全球范围内总共出现过四次大规模的制造业迁徙运动：（1）第一次大规模的制造业迁徙运动发生在20世纪初，英国向美国转移部分过剩产能；（2）第二次大规模的制造业迁徙活动发生在20世纪50年代，美国向日本、德国等国转移钢铁、纺织等传统制造业产业；（3）第三次大规模的制造业迁徙活动发生在20世纪60至70年代，日本、德国等国向亚洲"四小龙"及部分拉美国家转移轻工、纺织等劳动密集型制造业产业；（4）第四次大规模的制造业迁徙活动发生在20世纪80年代，欧美日等发达国家和地区以及"亚洲四小龙"等新兴工业化国家，向发展中国家转移劳动密集型及低技术高消耗类型产业。以上4次制造业的全球迁徙都是以老牌工业强国向低劳动成本、低技术国家转移传统劳动密集型、高资源消耗性产业为主。近几十年，中国制造业的快速发展就处于第四次全球制造业迁徙的大背景下，并在此次迁徙中成为第三世界产业转移的最大承接者和受益方。

当前，全球正面临着百年未有之大变局，近十几年来，全

球的生产要素价格均出现了不同程度的上涨,"全要素生产率"开始下降,使得全球制造业面临着加速创新发展、寻找更低成本生产国等发展压力。我国制造业生产要素成本上升速度十分快,且绝对成本高于某些新兴的发展中国家,加之2008年全球金融危机后,许多发达国家开始重新审视本国制造业部门比重低下的现象,并开始重视本国的制造业发展,通过再工业化战略引导制造业回流本国,导致我国制造业面临前堵后追的双重压力。美国不断挑起的全球贸易战也牵动着全球各国的目光,在一定条件下,此次贸易战很有可能会倒逼全球产业链、供应链的调整,增加我国制造业发展的不稳定性。

三 现代制造业体系提出的国内背景

（一）新中国成立以来我国制造业取得巨大发展成就

新中国成立70多年来,我国迎来了从站起来到富起来再到强起来的伟大飞跃,特别是改革开放40多年来,我国的生产生活方式发生了巨大改变,其中制造业作为国民经济发展的最重要支柱、技术创新的重要来源以及人民生产生活的物质保障,在推动我国经济发展中发挥了十分重要的作用。在新中国成立之初,我国的制造业基础,尤其是重工业基础十分薄弱,经过70余年的艰苦发展,制造业规模不断扩大、制造业技术不断升级,并且跻身世界制造业前端,成为世界制造业大国之一。

新中国成立初期,我国工业化水平极低,根据国家统计局数据显示,经过近几十年的发展,我国的工业化水平得到显著提高。1949年,工农结构中农业占比高达84.5%,工业占比仅为15.5%,到2019年,工农结构中农业占比为15.4%,工业占比增至84.6%（见图1-1）。根据联合国工业发展组织数据显示,我国22个制造业大类行业的增加值均位居世界前列,其中纺织业、服装业、皮革业、基本金属等产业的增加值占全球行业增加值的比重超过30%，钢铁、铜、水泥、化肥、化纤、造船、汽车、计算机、笔记本电脑、打印机、电视机、空调、洗衣机等数百种主要制造业产品的产量位居全球第一位。经过70余年的建设和发展，我国在工业制造方面取得了巨大的历史性成就，已经从新中国成立初期的农业大国转变为当前世界上最重要的制造业大国之一。

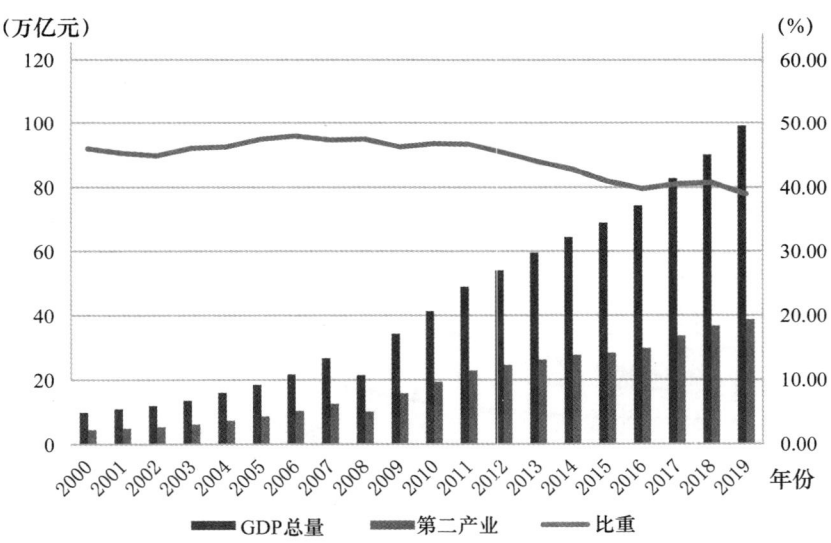

图1-1　2000—2019年中国GDP总量、第二产业总量及其比重变化

数据来源：中国2001—2020年度统计报告。

伴随着我国制造业种类和企业数量上的不断扩张，制造业整体发展质量也在不断提升，促使科学技术不断创新。目前，我国在人工智能、建筑建材、高铁机车系统、电子与核工业等方面均走在世界前列，同时也在不断推动"中国制造"向"中国智造"、"中国产品"向"中国品牌"的转变升级，进一步提升我国制造业的核心竞争力。

（二）国际地位逐步提高

新中国成立以来，尤其是改革开放以来，我国国民经济发展十分迅速，2010年，国民经济总量首次超越日本，成为世界第二经济大国，此后也一直保持着GDP全球第二的位置。自1970年以来，我国GDP一直实现稳步增长，且增速位居中美日德四国之首（见图1-2）。

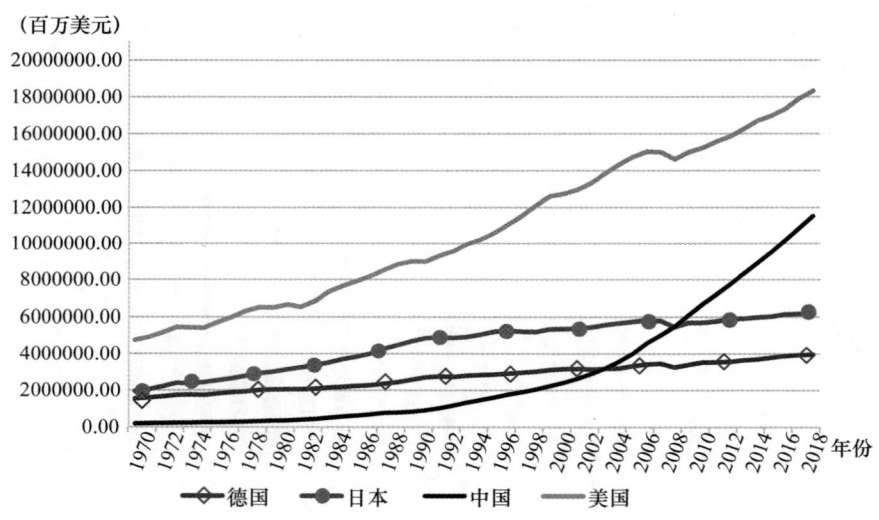

图1-2 中美德日四国GDP变化对比

数据来源：CEIC数据库。

我国经济增长的重要发力点之一便是制造业的高速发展。2019年年末，在第五届中国制造强国论坛上，中国工程院战略咨询中心、机械科学研究总院装备制造业发展研究中心和国家工业信息安全发展研究中心三方联合发布了《2019中国制造强国发展指数报告》，该报告显示，我国制造业在2018年位居全球制造业国家第三阵列的前部，在美国、德国和日本三国之后，居全球第四位，较2017年的排名有所提升。制造强国指数主要由四个方面的指标进行综合反映：规模发展、质量效益、结构优化和持续发展。我国制造业在世界处于第三阵列的首位,在规模发展方面具有较大优势(见表1-1)。

表1-1　　　　　　　　制造强国指数表

	排名	国家	指数	指数相对值	规模发展	质量效益	结构优化	持续发展
第一阵列	1	美国	166.06	100.00	36.12	49.84	48.77	31.33
第二阵列	2	德国	127.15	76.57	29.60	26.65	46.27	24.63
	3	日本	116.29	70.03	22.76	30.55	33.50	29.48
第三阵列	4	中国	109.94	66.20	55.16	15.05	23.40	16.33
	5	韩国	74.45	44.83	17.29	19.74	16.76	20.66
	6	法国	71.78	43.23	10.69	27.52	16.19	17.38
	7	英国	67.99	40.94	9.33	27.05	14.27	17.34
其他	8	印度	41.21	24.82	5.88	9.82	12.56	12.95
	9	巴西	30.41	18.31	3.20	12.69	3.48	11.04

数据来源:《2019中国制造强国发展指数报告》。

从表1-1中可以看出,规模发展对推动我国的制造强国建设起着重要的底层支撑作用,但我国在质量效益、结构优化和持续发展等三方面与美国、德国、日本等相比仍有较大差距,这也表明我国未来想要跻身全球制造业的第一、第二阵列,还需在制造业的科技创新、绿色发展等核心动能培育方面加大投入力度。

(三)"中国制造2025"为制造业做出重大战略部署

2014年,"中国制造2025"的概念首次提出;2015年,国务院审议通过《中国制造2025》,该文件成为我国实施制造强国战略的首个十年行动纲领性文件。在国际国内双重环境下,我国政府立足于全球产业变革之大势,提出了"中国制造2025"的概念和相关文件,并由此做出全方位提升我国制造业发展质量和水平的重大战略部署。

新中国成立以来,我国制造业实现了高速发展,建成了门类齐全、独立完整的制造业产业体系，一方面有力地推动了我国工业化和现代化的发展进程，另一方面也为我国不断增强国力、成为世界制造业大国奠定了坚实的基础。但在世界制造业产业格局中，我国的制造业水平与发达国家相比仍有较大差距，制造业在自主创新力、资源利用效率、产业结构水平、信息化程度、质量效益等多方面仍有较大提升空间。当前，我国的制造业转型升级任务严峻。《中国制造2025》的主要目标在改变当前中国制造业体量大但技术性低、水平不高的局面，通过10年的努力，为在2045年将我国建设成为具有国际引领力和影响力的制造强国打下坚实的基础，使中国迈入全球制造强国行列。

第二节 现代制造业体系的构成

上文对现代制造业的内涵进行了解释，并对现代制造业体系提出的国内外背景进行了分析，为本节解析现代制造业体系的构成提供了重要的理论基础和实践支撑。2015年3月，经国务院常务会议审议通过的《中国制造2025》中提出了"一二三四五五十"的总体结构：

其中，"一"是指我国将从制造业大国向制造业强国逐步过渡转化，并最终实现我国制造业强国的一个目标。"二"是指通过信息化和工业化两化融合发展来实现制造强国这一目标。党的十八大提出"两化融合发展"这一重点，即用信息化和工业化，两化深度融合来引领和带动整个制造业的发展，具体表现为在更大范围内、更细化行业间、更高层次上、更多应用中、更广领域内及更多智能方面实现彼此间更为深入的交融，这也是当前我国制造业所需要攻克的重要节点之一。"三"是指要通过"三步走"的战略，大约每一步需要花费十年的时间，逐步实现我国从制造业大国向强国转变的这一最终目标。具体而言，第一步，争取花费十年的时间，跻身全球的制造强国行列，到2020年，能够基本实现工业化；第二步，力争到2035年，制造业整体水平可以达到世界制造强国队列的中等水平，实现全面工业化；第三步，到新中国成立100年之际，能够实现制造业综合实力进入全球制造强国队列前端的阶段目标，并且在制造业各主要领域和高新技术及创新发展上处于全球的领先发展地位。由此，通过"三步走"计划实现最终目标。"四"是确定四项原则，第一项原则是市场主导、政府引导；第二项原则是既立足当前，又着眼长远；第三项原则是全面推进、重点突破；第四项原则是自主发展、合作共赢。"五五"中第一个"五"指的是五条方针，即创新驱动、质量为先、绿色发展、结构优化和人才为本；第二个"五"指的是实行五大工程，包括制造业创新中心建设工程、强化基础工程、智能制造工程、绿色制造工程和高端装备创新工程。"十"是指十个领域，包括新一代信息技术产业、高档数控机床和机器人、航空航天装备、海洋工程装备及高技术船舶、先进轨道交通装备、节能与新能源汽车、电力装备、农机装备、新材料、生物医药及高性能医疗器械等重点领域。

基于《中国制造2025》和现代制造业的定义与特征，中国现代制造业体系的构成包含以下四个要素：发展基础、支撑行业、发展动力以及运作目标。（1）发展基础主要为主体功能区、高新技术园和具有国际竞争力的大型制造业企业。其中，主体功能区指的是，按照不同地区目前的经济发展情况和地区发展潜力，基于不同的环境、资源种类及丰富度和承载能力，所形成的具有特定发展方向的空间单元体，具体为地区经济圈或经济带；（2）支撑行业指的是在现代制造业体系构建过程中经济占比大、技术先进、带动能力强、对保证国家安全有重要作用的一些行业，比如交通运输设备制造业、电子信息制造业、国防军工设备制造业、专用设备制造业、机电设备制造业、通用设备制造业等；（3）发展动力指的是在制造业发展过程中，提升制造业产能效率、降低资源消耗和成本的技术创新。随着各国对制造业产业重视程度的不断上升，各国都在不断推动本国制造业的创新改革发展，增大科研投入力度、建设科研队伍，以增加本国产品的竞争力，增强本国制造业活力；（4）运作目标指构建现代化制造业体系的目的，是指为了建设一个全球领先的制造业体系，培养具有竞争力的国际型大企业，创造具有国际竞争力和影响力的制造业品牌，使中国跻身世界制造业强国的行列。具体框架构建见图1-3。

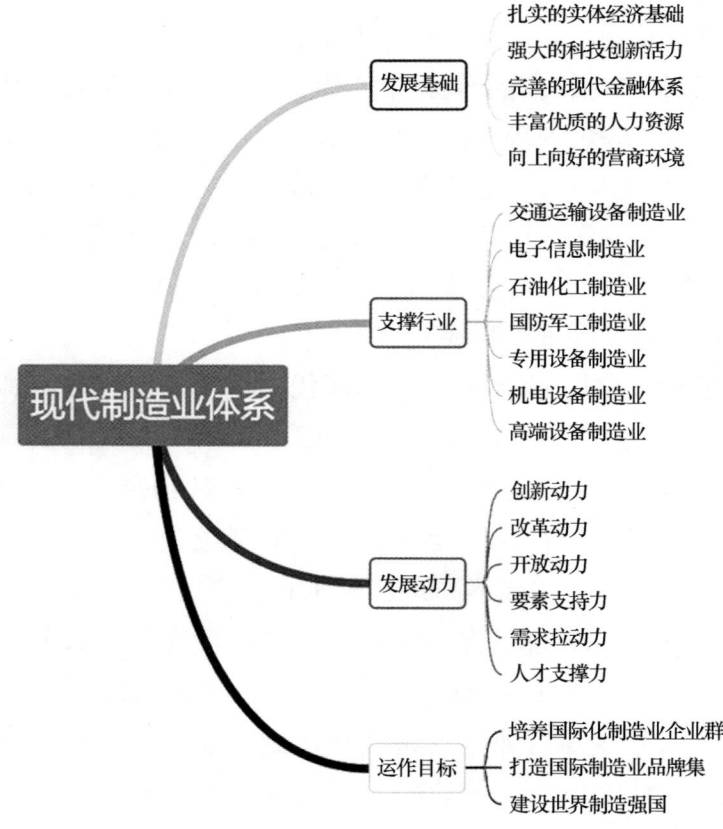

图1-3 现代制造业体系框架图

第三节 现代制造业体系的特征

现代制造业是相对于传统制造业而言的，前者对信息化水平、企业的研发水平和技术水平、企业的经营模式和组织形态、产品端与市场端连接的紧密程度、资源的整合与优化配置、品牌的打造等多方面都有着较高的要求。一般而言，现代制造业体系具有创新性、开放性、融合性、可持续性和市场适应性等特征，具体表现为：（1）充分利用和吸收当代最新的科学技术，实现工业化与信息化融合发展；（2）建立起与当代信息技术和市场相适应的企业生产方式和组织形式；（3）迎合全球化发展趋势，建立与之相适应的资源配置方式，在全球范围内进行生产经营活动；（4）制造业企业重心从产品制造向市场营销和研发转移，向产业链两端延伸，开拓市场价值空间；（5）利用现代数字信息技术，改造和集成传统业务模式及流程，形成以价值链为基础的更有效的分工协作模式；（6）增强企业核心竞争力，打造具有行业竞争力、国际竞争力的品牌。总体来看，现代制造业体系的特征集中体现在以下几个方面。

一 创新性

创新性是现代制造业体系的动力马达和能量来源，是提高现代制造业全要素生产效率的第一动力，也是当代经济发展的动力源泉。自第三次科技革命以来，各类科学技术的发展日新月异，科学研发成果丰富，信息技术革命的高带动性、高渗透性和高效率性也直接带动了传统制造业的改革升级。在传统制造业中不断结合融入当代最新的科学技术，实现制造业产业内的创新发展，这是现代制造业的重要特征之一。现代制造业体系的创新不是在孤立的制造业体系内完成的，一方面，创新同制造业产业的状态密切相关；另一方面，创新也受到各行业发展情况的影响，各个产业间的创新活动存在联动效应。一个完整的创新体系应当包含知识创新、技术创新、管理创新等，以建设更完善的现代制造业体系为目标，通过多方面、多维度的创新来解决制造业产业发展中遇到的难题。

知识创新指的是通过科学研究的方法，获得基础科学和技术科学知识的过程。知识创新是技术创新的基石，也是科学研发和技术创新的源泉。加强制造业企业自身的知识创新，加强企业与科研机构、各大高校平台的互动，不仅可以为企业自身带来发展动力，也为科学研究提供了实践检验的机会，相互促进、共同进步。技术创新指的是以创造新技术为目的的创新，对现代制造业而言是将从未使用过的某些生产要素或生产条件引入到生产体系中的一种创新活动。当代各制造业产业与科学院所的联系和交流越加密切，前沿科学技术研发成果与实际制作生产的联动加快，产业的创新步伐也在加快。技术创新建立在知识创新的基础上，是对理论研究的实际应用，也是现代制造业企业最为核心的动力源泉。管理创新在现代制造业体系中也有着重要地位，是制造业产业创新得以实现的保障，管理创新能打破旧有的低效率管理制度，促进企业的高效率运营，有效降低生产运营成本，进而提高企业的整体活力。

二 开放性

开放性是现代制造业体系进步升级的内在要求，开放性不仅体现在制造业体系与其他行业体系间的互动交流，更体现在经济全球化和区域经济一体化过程中区域间的互联互通。当前的经济全球化使得制造业产业在全球范围内实现资源整合和重新分配，加强了世界各国各地间的交流活动，开放性正是现代制造业体系具有活力和动力的重要原因。目前，世界各国已成为相互依赖的整体，产业分工、产品分工使得各区域的制造业体系连接十分紧密，部分区域内的制造业产业升级也与区域外实现部分联动，凸显了现代制造业体系的开放性。

当前，现代产业的特点是所有的产品都是全社会分工合作的成果，也是多国生产单位参与的国际化制造产品，究其原因，在于国际化分工合作生产的产品往往比国内生产分工的产品更具竞争力，因为其整合了各类资源和技术，具有更低的成本和更高的质量水平，所以国家分工合作的产品往往具有更强的选择性和更可靠的保障。现代产业体系的这一特点决定了其必然具有很大的开放性。因此，无论是对于大国还是小国而言，其现代产业体系都应进行国际化循环的开放系统。

从第一次工业革命到现在的第四次科技革命，每一次制造业体系的重大变革都与全球范围内制造业产业的重新配置和分工密不可分，在这四次革命中，每次制造业产业的重新配置所涉及的范围都越来越大，其开放程度和包容程度也越来越大，现代制造业产业的发展历程正是开放性的体现。

三 融合性

融合性是现代制造业体系的结构特征，也是现代制造业体系当前发展的趋势之一。这种融合主要体现在以下几个方面：首先，制造业体系工业化和信息化的融合发展，工业化和信息化的融合是新一代信息技术和制造技术的融合发展，其有效地推进了企业的经济效率和企业竞争力，利用信息化带动工业化发展已经成为提高制造业企业竞争力的重要途径之一；其次，现代制造业与现代服务业的融合发展，服务业渗透到制造业中，延伸了现代制造业的价值链条，价值链也以制造为中心向着以服务为中心转变，服务作为中间投入要素越来越多地参与制造业生产，进一步提升了制造业产品的附加值；最后，这种融合还体现在文化与制造业产业的融合,在现代制造业长久发展的基础上,文化因素作为软资源要素的投入成为企业升级发展的又一动力,企业产品价值和企业品牌价值的提升成为现代制造业企业的重要领域。随着技术的不断创新和进步,现代制造业体系中信息化和工业化的融合、制造业与服务业的融合以及产品、品牌与文化的融合程度将会更深,所涉及的范围也将更广,发展的层次也将更丰富。

四 可持续性

可持续性是现代制造业体系的标志性特征。现代制造业体系通过先进科学技术改造传统制造业存在的问题与不足,调整优化制造业产业的生产结构和生产方式,体现了绿色发展、循环经济、可持续发展的现代理念。传统制造业的发展存在着资源消耗高、环境污染重、产品使用周期短、不可循环发展等一系列问题,现代制造业体系的可持续发展强调高质量、高效率、低消耗和绿色可循环,并且强调制造业体系应当与生态环境协调发展,在制造业产业发展和经济发展的同时,提高资源使用效率,研发更多绿色环保产品,减少环境污染,促进循环经济健康发展,同时还可以降低污染及污染整治的费用成本,有力提高社会效益和经济效益,这是现代制造业体系的题中应有之义。

五 市场适应性

市场适应性是现代制造业发展的必然趋势之一。我国制造业的发展经历了从供不应求到供大于求的转变过程,市场化程度的不断加深,促使制造业企业的重心逐步从产品端向客户端转移,从原来的单一产品结构转变到定制产品。制造业企业不断适应其在经济发展过程中的市场地位,根据市场需求来调整企业的产品结构和生产方式，以满足不断变动的市场需求，从而在新的市场经济环境中占据有利地位，实现企业的利润目标和高效益。

现代制造业体系的市场适应性不仅体现在制造业企业对市场需求变动的适应，还体现在其对新兴技术、新兴经营模式的适应。随着互联网、物联网的高速发展，消费者的消费习惯和消费模式个性化、多样化发展趋势明显，制造业企业不仅需要灵活应对市场需求的多样变化，还需掌握最新技术、盘活企业活力，开展线上线下多样的经营新模式，拉近企业产品、企业价值和消费者间的距离，实现可持续发展的模块化生产方式和网络化运营模式。

第二章 广州建设现代制造业体系的历史进程

第一节 改革开放前广州工业体系的初步形成

一 新中国成立后至改革开放前广州工业体系发展情况

1949年新中国成立后，我国经济的主体仍旧为传统农业经济，工业基础十分薄弱，在经历抗日战争和解放战争后，洋务运动和民国期间建立的少量大型工厂已基本被毁，新中国成立时我国几乎没有任何的工业体系和技术，行业种类少、行业规模小、技术落后，重工业基础十分薄弱。新中国成立后，我国又经历了抗美援朝战争、"大跃进"和"文化大革命"等，受这些事件的影响，我国的经济发展和工业体系建设陷入一定的停滞状态，错过了当时世界经济快速发展的重要机遇，加上我国在新中国成立初期仍处于经济发展和工业体系建设的摸索阶段，缺乏与当时实际情况相切合的、符合我国国情的经济发展模式，使得经济发展走了不少弯路。与全国各地的情况一样，广州在发展经济、建设现代化工业体系的蜿蜒道路上，进行了长期且艰苦的探索。

新中国成立初期，我国在快速处理完战争所遗留下的创伤、重建美好家园、恢复和发展经济后，在全国范围内开展了对农业、手工业、资本主义工商业的社会主义"三大改造"；广州紧跟国家步伐，贯彻国家指令，积极开展"三大改造"活动。在"三大改造"完成后、经过多年的经济发展，广州第二产业的生产总值占全市国内生产总值的比重有了明显提升，从1949年的33.02%上升至1978年的58.59%，实现了初步工业化。

在广州第二产业的发展进程中，轻工业和重工业的发展均经历了重大的发展变革，工业总产值从1949年的2.97亿元增加到1978年的75.39亿元，30年间增长了25.38倍，其中，轻工业所占比重从1949年的89.8%下降到1978年的63.24%，重工业所占比重从1949年的10.2%上升至1978年的34.84%，重工业实现了快速发展，但此时轻工业的生产产值仍旧是工业生产产值的主要组成部分（见图2-1）。

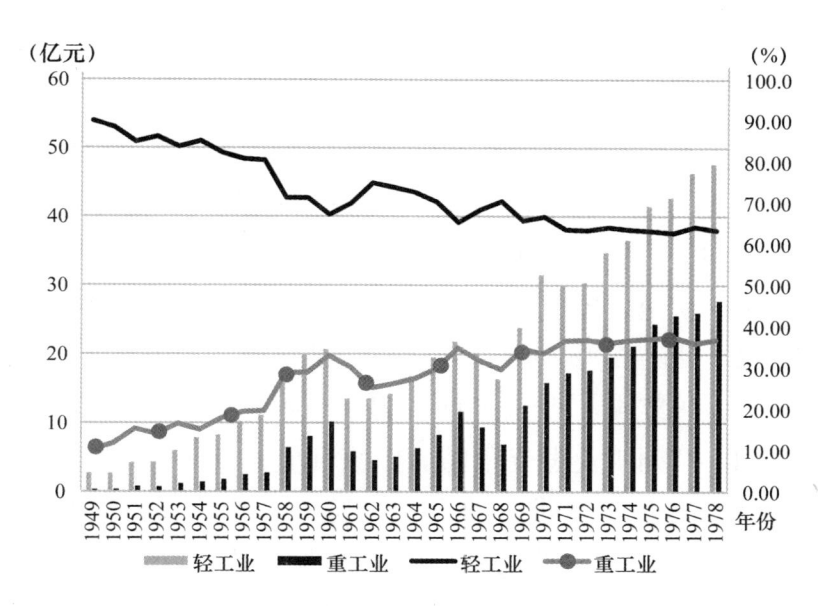

图2-1 1949—1978年广州轻重工业总产值及比值变化发展

数据来源：历年《广州统计年鉴》搜集整理。

二 改革开放前广州工业体系发展情况

广州的工业体系是在手工业这一轻工业的基础上发展起来的。新中国成立前，广州的轻纺织工业和手工业等已有一定的发展基础，日用小商品百货等在国内市场也占有一定的份额。经历多次战争后，广州的工业基础越发薄弱，规模小、生产设备落后、生产技术落后的问题越发凸显，1949年广州全市共有3352家工业企业，包含职工人数6.4万人，平均每个工厂仅不足20人，其中工厂职工人数大于100人的仅有74家，占所有工业企业总数的2.2%。在1950—1952年三年间，政府没收了官僚资本工业企业，并将其改造为社会主义国营工业企业，全市进行了经济恢复和发展工作，进行了民主改革运动、"三反"运动（反贪污、反浪费、反官僚主义）和"五反"运动（打退资产阶级进攻的反行贿、反偷税漏税、反盗骗国家财产、反偷工减料、反盗窃国家经济情报）等运动。同时，全市的国营工厂企业也在进行生产改革，推动实行计划管理和民主管理方式，逐步建立和完善社会主义企业管理制度。在这种背景下，广州的工业生产快速发展，1952年全市工业生产总值较1949年增长了72.8%，为后续多个"五年计划"的实施打下了坚实基础。

1953—1957年，我国开展了第一个五年计划，在第一个五年计划内，广州工业发展跟随着国家和党过渡时期总路线的指引，有计划有步骤地进行社会主义基础工业建设。该时期内，广州扩建和新建了广州造船厂、广东拖拉机厂、广州造纸厂、广州农药厂、溪流河水电站、华侨糖厂、广州水泥厂等一大批工业企业，基建投资额达2.37亿元，平均每年递增65%。第一个五年计划最后一年，广州国营工业企业的固定资产原值相较于1952年增加了1.3倍，与新中国成立前相比增长3.3倍，在短期内实现了工业的快速发展。同时，对资本主义工业的社会主义改造形式也发生了变化,在 1956 年实现了全行业的公私合营后,社会主义成分的工业占据了制造业行业的主要地位。在实现全行业的公私合营后,行业内的许多小型制造业生产厂按照生产产品种类或者生产技术工艺进行合并改组,众多个体手工业从业者随着合作化运动参与了生产合作企业或组织,社会资源的整合汇总和新生产关系的建立为广州工业企业的发展和社会生产力的发展提供了新思路。在第一个五年计划结束的 1957 年,广州的工业总值较五年计划开始前的 1952 年增长了 1.9 倍,工业总值平均每年递增 24.1%;其中广州的轻工业递增达 22.3%,重工业递增达 33.1%,广州轻工业与重工业的比值也由 85.98:14.02 调整为 80.34:19.66,重工业的比重得到提高。

1958—1962 年,我国开展第二个五年计划,第二个五年计划时期是广州工业建设快速发展的时期之一。在这五年间,全市扩展和新建了众多钢铁、轻纺、支农骨干企业,为后续发展打下了坚实基础。但第二个五年计划的开始伴随着"大跃进"运动的发生,全国上下忽视了工业生产的平衡发展,基础建设投资大幅增加,其中重工业的占比远超 50%,全国上下都在进行重工业的投资建设,忽视了农业和轻工业的平衡发展,大量扩建的钢铁企业和大量生产的钢铁产品大大超出了当时社会的实际需求,使得在第二个五年计划期间,基建投资高速增长,但工业总产值的增长却相对缓慢。其间,广州全市投资 7 亿多元用于基础建设,其中重工业占比高达 79.5%,基建投资平均每年递增达 18.2%,但工业总产值平均每年仅递增 6.3%,远小于第一个五年计划的增幅。由于重视重工业的建设投资,广州轻工业与重工业的比值由 1957 年的 80.34:19.66 调整为 1962 年的 74.8:25.2,在 1960—1961 年间,轻工业比重一度跌至 70% 以下,轻工业生产出现锐减。

1963—1965年，广州工业布局有了新的调整，重工业的建设规模和投资比重均有所回落，在"大跃进"期间建设的部分钢铁企业也在此调整期间进行了企业的转型生产和发展，产业建设逐步恢复平衡，企业管理水平、产品质量和技术水平等均有所提升。在此期间，广州工业生产总值平均每年递增16.6%，恢复到以往水平，轻工业与重工业的比值从1962年的74.8：25.2调整为1965年的70.19：29.81。

1966—1975年，是我国的第三、第四个五年计划时期，该阶段我国经历了十年"文化大革命"，受十年内乱的影响，广州工业生产总体增速减缓，甚至在此期间的部分年份还出现了工业生产总值倒退的情况。1967年和1968年两年的工业生产总值分别较上年下降了10.9%和20.7%，到1968年，广州的工业生产水平倒退到了1964年的水平，十年间工业总产值年均增速也下降为9.5%，在生产组织上推行"政治整编"的做法，按照军事编制形式将工厂、车间等改为营、连、排的建设形式，而且还将不同类型的工厂合并为师、团进行管理编制，破坏了原有的生产组织形式和工业结构，打乱了原有工厂的生产方式和内在联系，造成了生产效率低下、生产总值增长缓慢的结果。广州在工业建设中还执行"战备疏散"方针，重点建设广州拖拉机厂、汽车厂以及第三、第四棉纺厂等一大批工厂，同时国家也在广州投资，重点建设广州石油化工厂和黄埔发电厂，广州的工业产业建设在十年动荡中仍有较大规模的投资和建设。此十年间，广州的基建投资总额达8.4亿元，其中重工业投资额占比高达总投资额的81.8%，轻工业与重工业的比值也从1965年的70.19：29.81调整为1975年的63：37，重工业的比重进一步增加，但轻工业仍旧是广州工业生产总值的主要组成部分。

1975—1978年，我国处于"文化大革命"十年内乱恢复期，之前存在的发展不均衡和不适宜国情的企业组织生产模式得到改善和进步，广州的工业体系建设得到进一步增长，但受十年内乱的影响，全市工业生产总值的增长速度放缓，其间的年平均增长率仅为4.62%，其中轻工业年平均增速为4.78%，重工业增速为4.41%，轻重工业间的发展趋于平衡，轻工业与重工业的比值也从1975年的63∶37调整为1978年的63.24∶36.76。

三 广州工业体系雏形初现

新中国成立后，广州的工业基础建设和工业体系建设有巨大发展，随着我国第四个五年计划的实施，以及国家对工业产业的重视和相关政策指令的颁布，广州建立了相对完善的工业体系，其轻工业和重工业两方面均有较大的发展和进步，且实现协同平衡发展。相较于新中国成立之初，广州轻工业占比高达89.9%，重工业仅占比10.1%。轻工业的发展主要以手工业小作坊为主，重工业基础建设发展几乎处于停滞状态，工业生产以生产糖、布、水泥等衣食消费品和基础建设产品为主，而原材料、电力、燃料等基础重工业基本处于空白状态。经过30余年工业基础建设，广州的工业体系发生了翻天覆地的变化，首先是工业基础建设和投资大幅增加，大批的个体户、小作坊加入工厂生产，中小型工厂整理合并，促进生产规模扩大、生产效率提升，扩建和新建了广州造船厂、广东拖拉机厂、广州造纸厂、溪流河水电站、华侨糖厂、广州水泥厂、第三第四棉纺厂、广州石油化工厂和黄埔发电厂等一大批工业企业，为广州的工业发展和国民经济发展注入了新鲜血液；其次是广州工业体系结构中，重工业的占比保持持续增长，基础重工业建设的投资额也在不断增加，轻工业和重工业间实现了较为平衡的全面协调发展，工业体系结构得以健全优化，为改革开放后工业体系的现代化打下了坚实基础。

经过30余年的艰苦奋斗和曲折探索，广州实现了工业体系建设从几乎空白到较为健全的巨大转变，从仅拥有单薄的小型手工业制造企业到拥有钢铁工厂、机器工厂再到轻重工业较为均衡发展的新局面，拥有冶金、电力热力、水泥机器制造、纺织、食品等多种类较为完善的工业行业体系，一个相对独立完整的工业体系基本形成。

第二节 改革开放后具有中国特色的广州现代工业化道路

一 改革开放后至党的十八大期间广州工业体系总体发展情况

1978年党的十一届三中全会的召开，拉开了我国改革开放的序幕，也成为我国近现代历史中的重大转折点。此次会议做出了把党和国家的工作重心转移到经济建设上来、实行改革开放的伟大决策，我国由此开始了一系列的经济改革，进一步推进对外开放，并且开辟了具有中国特色的社会主义道路。新中国成立以来几十年所打下的工业化基础为国家进行工业化战略内的工业结构调整奠定了基础，采取以改善人民生活为重任、工业全面发展、对外开放和多种经济成分共同发展的工业化战略，先从优先发展重工业调整为优先发展轻工业，后又调整为发展技术密集型重工业。国家产业结构逐步完善，工业结构体系得到改善，轻工业发展的结构高级化趋势显现，技术密集型重工业发展加快。

广州作为我国改革开放的前沿地带，在中央"先走一步，把经济尽快搞上去"的指示精神下，按照"优化发展第二产业"的思路，实现了工业结构由轻纺织工业主导到重化工业主导的跃升，工业生产总值从1978年的75.39亿元跃升至2012年的17090.18亿元，在30多年内增加了225.69倍，总产值的量级发生了翻天覆地的变化。同时，广州工业生产总值中轻重工业的比值从1978年的63.24∶36.76调整为2004年的45.05∶54.95，重工业比重首次超过轻工业，到2012年，轻重工业的比值调整为33.89∶66.11，工业体系实现了从以轻工业为主导到以重工业为主导的转变（见图2-2）。

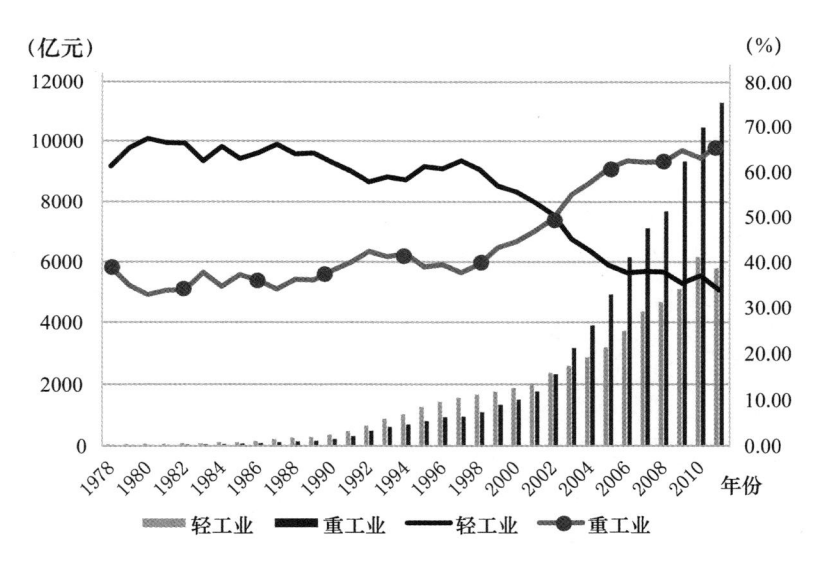

图2-2　1978—2012年广州轻重工业总产值及比值变化发展

数据来源：历年《广州统计年鉴》搜集整理。

二　建设具有中国特色的广州现代工业化道路进程

1949年新中国成立到1978年我国实现改革开放的短短30年间，中国走完了西方发达国家上百年才走完的工业化道路，成为世界上的主要工业大国之一，广州作为我国重要的中心城市之一，不仅实现了国民经济的飞速发展，还建设完善了工业基础设施，初始阶段的工业体系基本形成。在此背景下，广州在中央改革开放指令的指引下，不断调整优化工业化战略结构，在此后的30多年间实现了工业体系的转型升级发展，开启了制造业体系的现代化进程。

1978年党的十一届三中全会召开后，全国上下开始实行经济改革，推动国家工业化发展，调整工业化发展结构，推动进一步对外开放，国家迎来经济转型发展的新时代。作为我国的南大门和重要经济发展地区，广州经济实现高速发展，工业总产值在国民经济中占据主导地位。自1978年开始，广州轻工业总产值占工业生产总值比重有所上升，重工业的投资被压缩，经济资源向农业和轻工业进行转移，整体的产业结构得到改善，有利于后续国民经济的健康发展和工业体系的升级转型。

20世纪80年代，我国改革开放后引进了大批外资企业和境外投资，广州作为我国对外开放的重点城市之一，接收了国际市场上大量的劳动密集型产业，同时也大力引进和发展劳动密集型轻纺织工业，建设大批对外贸易的加工厂，实现了轻工业产值的快速增长。广州的轻工业在"六五"（1981—1985）和"七五"（1986—1990）期间得到迅速发展，平均年增速分别达13.1%和14.5%，轻工业产值也从1978年的4.77亿元跃升至1990年的442.44亿元，增长约92倍，占工业总产值的比重在1988年达到65.96%的高点，位居全国十大城市之首。电气机械、服装纺织、家用电器和食品饮料等产业成为广州的支柱性产业。20世纪80年代，广州城区的纺织品、五金产品、日用商品等各类专业批发市场交易十分活跃，不仅为广州地区轻工业产品的销售和交易提供了便利渠道，也推动了工业的发展，促使广州成为全国传统针织产区及传统轻纺工业的重要基地之一。广州轻纺工业的快速发展带动了全市国民经济起飞，从1989年开始，广州的总体经济体量不断发展壮大，经济发展稳步向好，经济总量稳居全国主要中心城市的第三位，农业、重工业和轻工业的比例恢复到正常发展水平，农业和服务业的完善与发展也为工业的发展提供了部分动力。

到20世纪90年代，广州的工业中心逐渐由轻纺工业向适度重型化工业结构过渡，工业企业也由劳动密集型向技术密集型转型升级，但此阶段广州的加工企业仍以劳动密集型企业为主，电子、汽车、日用电器、纺织、服装、摩托车、食品饮料、医药、石油化工和钢铁等十大产业被确定为支柱产业，重工业产业的发展日益加速。在"八五"（1991—1995）期间，广州工业实现了新中国成立以来增量最大、发展速度最快和经济效益最好的成绩，工业总产值年均增速达26.1%；其中轻重工业的结构也在发生变化，轻重工业占工业总产值比重从1991年的61.92∶38.08转变为1995年的58.2∶41.8，重工业比重提升了3.72%，重工业产值的年增幅高达35%。进入"九五"（1996—2000）时期后，广州国民经济迎来发展新阶段，现代企业制度的推进加速了城市工业化步伐，资本市场的崛起也为广州经济发展提供了动力。同时，广州工业的发展为其现代服务业发展提供了基础和条件，反过来现代服务业的发展也为现代工业体系的完善提供了加速通道，促进了工业的可持续发展，改善了企业经营策略和制度结构，提升了工业能级。

在"十五"（2001—2005）期间，广州明确以交通运输设备制造业、电子通信设备制造业、石油化工业三大支柱产业为重点发展对象，并利用该三大产业带动重工业进一步发展，资金和技术密集型重工业企业发展迅速。随着2001年我国加入世界贸易组织，国外市场成为经济发展和工业发展的新天地，身处珠三角地区的广州作为对外贸易的前沿地带，率先与国际市场接轨，接受先进机器技术并对外输出劳动密集型工业产品，极大地提高了工业生产效率，如"汽车产业集群"便是接收国内外资金发展的体现。2004年，广州重工业占工业总产值的比值首次超过轻工业，达54.95%。2005年，广州三大支柱产业的产值占工业总产值比重达43%，支柱产业的发展带动力为广州工业发展和国民经济发展注入了强大动力。

在"十一五"（2006—2011）期间，广州继续发展三大支柱产业，同时新增了生物产业为新兴支柱产业，推动工业体系结构升级发展，延伸两端价值链，迈向集约型发展。在此期间，广州中高端工业企业发展迅速，现代科学技术助力现代制造业体系建设，珠三角地区逐步成为世界级的制造中心，广州工业生产总值位居前列。到2011年，广州先进制造业增加值占比规模以上工业增加值比重超过60%，技术密集型重化工业成为工业经济发展的重点产业。2012年，广州重工业比重进一步上升至66.11%，工业中重化工业为主导的基本格局形成，工业化进程步入重化工业阶段。

三 广州工业体系步入成熟发展阶段

改革开放以来，广州经历了工业快速发展的35年，工业总产值呈飞速增长态势，轻重工业结构实现良性发展，工业、农业和服务业间也实现了均衡，有助于国民经济的整体健康发展。自党的十八大召开以来，广州的经济体制改革进入深化期，工业体系度过了初、中期，步入成熟发展阶段。

一方面，传统优势产业——轻工业的发展助力城市经济发展，使其重新回归到我国主要中心城市的行列。随着该时期出口制造业的迅速发展，广州大力发展轻纺工业等劳动密集型产业，大量外贸企业投资建厂，出口型经济出现爆炸式增长。外贸发展极速拉动了国民经济和工业生产总值的增长，助力广州经济起飞。另一方面，工业开始向重型化工业转型过渡，石油、汽车、钢铁等行业被确认为支柱产业，重工业对工业生产总值的贡献比率不断上升。随着2004年重工业比值首次超过轻工业，广州工业化进程逐渐步入重工业化阶段。到2012年，广州的工业体系发展已经相对成熟，重化工业格局形成，三大支柱产业成为优势产业，传统轻工业仍旧保持快速发展，地位相对稳定。

"十二五"期间，广州产业发展的"9+6"体系被确定，并确定了推动金融保险、商贸会展、文化旅游、现代物流、商务与科技服务、石油化工、汽车制造、电子产品、重大装备和生物健康产业、新一代信息技术、新能源与节能环保、新能源汽车、时尚创意等产业的发展方向。其中，石油化工、汽车制造、电子装备、新一代信息技术等产业是广州工业体系发展的重点领域，在此时期，上述15个产业得到快速发展。"十三五"期间，广州更注重突出创新驱动的作用，更科学地进行产业发展区分，将智能装备及机器人、生物医药与健康医疗、新一代信息技术、新材料新能源、智能与新能源汽车、都市消费工业、生产性服务业等产业列为重点建设产业，其中新一代信息技术、人工智能、生物医药等三个产业成为整个工业经济发展战略的主引擎，有力地支撑起了广州现代制造业体系的竞争力。在此期间，创新驱动产业发挥引领作用，工业发展朝着更深更远的方向前进。

第三节 党的十八大以来广州探索建设现代制造业体系

一 党的十八大以来广州现代制造业体系总体情况

党的十八大会议是在世界处于大变革大调整背景下召开的，此时我国进入了重要的关键攻坚期，一方面处于全面建设小康社会的关键时期，另一方面处于不断深化改革开放、加快当前经济发展方式转变的攻坚时期，处于多重任务的关键节点，这要求我们必须抓住并利用好当前的重要战略机遇，提高人民的物质生活水平，全力建设更为全面、水平更高的小康社会。在此重要的战略机遇期，广州利用自身良好的工业体系基础，抓住国内外的发展机遇，拥抱新浪潮，抢占产业新高地，实现了制造业产业的转型升级，从"制造大省"向"制造强省"转变、由"广州制造"加速向"广州智造"跃升，探索建设现代制造业体系，实现产业向中高端升级发展。

这一时期，国内外经济环境均发生了巨大变化，广州在继续大力发展重型化工的同时，也在不断调整自身的工业发展战略，进一步提高自身的产业竞争力和优势，以适应外部环境的变化，保持工业总产值的稳定上升。2008年的全球金融危机对以外向型经济为重要发展组成的广州现代制造业体系带来了不小的挑战和冲击。党的十八大明确了科学发展观是党必须长期坚持的指导思想，在环境资源越发被重视的当今社会，高消耗、高污染、高增长、低效益的传统的工业模式显然已经不能适应社会的经济发展要求，工业转型发展、探索建设现代制造业体系成为广州转型发展的必然选择。自党的十八大以来，广州抓住高新技术和现代电子信息技术的创新发展，利用高新技术和信息技术进行制造业产业的转型升级，产业结构高级化成效显著，高技术产业实现快速发展。在朝着"工业低碳化"发展的进程中，广州大力发展先进制造业和高新技术产业，提高制造业产业的技术水平和创新能力，实现了传统制造业向现代化制造业的转型发展。广州现代制造业的建设和发展主要是基于制造业体系的结构优化、产业升级和创新驱动。当前，广州正在以供给侧改革为主线，构建起可以支撑高质量发展的现代经济体系，为现代制造业的发展提供良好的经济发展环境。

二 广州现代制造业体系的探索建设历程

广州的现代制造业体系在新中国成立以来的 70 余年，发生了翻天覆地的转变，从新中国成立初期接近空白的工业基础开始，到党的十八大召开前期，建成了成熟的具有中国特色的社会主义工业体系，步入了工业化后期阶段，为后续广州的现代化制造业体系发展打下了坚实基础，提供了丰富经验。

党的十八大以来，广州仍旧保持对石化、钢铁、汽车等大型工业项目的投资与建设，重工业比重始终保持较快增长，所占工业总产值在不断提升；虽然作为支柱产业的汽车制造业、电子产品制造业和石油化工制造业的增长率呈现出逐年下滑的趋势，但其支柱作用仍然重要。2010 年，三大支柱产业在广州全市的工业总产值所占比重为 48.01%，经过小幅度下滑后，在 2018 年恢复到 55.46%，比重超过 50%，其支柱作用可见一斑。全市工业总产值从 2012 年的 17090 亿元增长到 2019 年的 25232 亿元，年均增速为 5.73%，先进制造业增加值在 "十二五"（2011—2015）期间年增速达到 10.1%，到 2016 年上升至 54.6%，到 2019 年先进制造业增加值占规模以上工业增加值的比重达到 58.4%，接近六成。

"十二五"（2011—2015）期间，广州以电子通信设备制造业等为代表的高技术制造业、以先进装备制造业和新材料制造业为代表的先进制造业已经逐步成为广州现代制造业体系的重要组成部分。通过不断利用先进技术来改造提升传统优势产业，大力推动工业化和信息化相融合，推动现代制造业与现代服务业生态融合发展，广州制造业产业规模不断扩大。"十三五"（2016—2020）期间，汽车制造业、电子产品制造业、石油化工业作为重点巩固和培养的三大支柱产业，承担着构建先进制造业新体系的重任。与此同时，大批新产业不断被培育和发展，如仪器仪表制造业、通用设备制造业、专用设备制造业、非金属矿物制品业和医药制造业等产业，也逐渐成为广州工业增长的新动力。经过产业结构的不断升级改造和优化发展，以汽车制造产业、电子产品制造业、石油化工产业三大支柱产业和新一代高技术、低消耗、高效益的新兴产业为主要组成部分的广州现代制造业体系已经形成。

新兴产业动能活力不断释放，就2019年来看，广州先进制造业增加值比重达58.4%，其中仪器仪表制造业增加值增长35.7%，医药制造业增长16.8%，铁路、航空航天以及其他运输设备制造业的增加值增速达15.1%，高技术制造业的增加值同比增长21.0%，该部分的贡献率高达57.2%，超过总贡献一半以上，成为广州工业产值增长的主要组成部分。在规模以上工业增加值中，该部分占比为16.2%，与2018年相比提高2.8个百分点，其中高技术制造业中的医疗仪器设备和器械制造业总产值增长53.5%，培育成长中的智能消费设备制造业、生物药品制造业和工业机器人制造业产值分别增长9.6%、23.7%和9.8%，其中生物药品制造业的增长率超过20%，实现了高速增长。与此同时，传统制造业行业的转型升级也未曾停止，一直保持推进状态，其中化妆品产值增长19.1%，智能化、个性定制类家用电力器具也保持稳定增长，增速为8.1%。广州的轻工业发展趋势仍旧向好，保持全国轻工业技术水平的领先水平。总体来看，广州制造业产业结构不断优化，正逐步迈向高端化，且高新技术产业已成为经济发展的新动能。

高端智能产品增长迅猛，2019年，广州新能源汽车的产量同比增长1.1倍，继续保持高速产出，新一代信息技术产品产量增势良好，液晶电视、智能手表、智能手机、平板电脑等符合当代消费者喜好的智能化产品产量增长明显，高性能装备类产品中的医疗仪器和机械设备增长 26.5%。随着互联网、物联网以及线下新销售模式的变化，信息化、数字化、网络化、智能化新型制造业模式逐步形成，"互联网+"现代智能服务业的推广发展推动了广州制造业的营收增长，现代制造业的新模式、新业态不断培育壮大。

三 广州现代制造业体系的未来发展方向

近年来，随着制造业转型升级步伐加快，在规模、结构、效益、组织制度等方面均取得不错的成绩，但同时许多结构性的矛盾也在不断显现。整体而言，广州现代制造业体系的发展水平一直保持高质量的上升态势，在创新发展、结构优化发展、社会质量发展和经济实效质量等方面表现良好，在全国中心城市中位列前茅，但在绿色发展质量和国际影响力方面靠后，对外开放优势下降，绿色低碳发展模式还需进行更加深入和广泛的推进。

作为珠三角地区中心城市之一，广州身处粤港澳大湾区这一世界级湾区城市群，具有良好的地区优势。在我国加入世界贸易组织后，广州大力发展外向型经济，实施"大经贸"战略，扩大对外开放的范围和领域，打造世界水平的"广交会"，将广州建设为国际化大都市。党的十八大以来，南沙自贸试验区的不断推进和建设，为广州国际贸易的发展和制度创新提供了基础条件和试验场所。广州聚集了全球301家世界500强企业，并为其提供广阔的市场空间，这些企业带来了世界上最先进的技术创新成果，推动了广州现代制造业体系的技术水平和科技含量不断提升。在科学技术高速发展的21世纪，作为国家中心城市和粤港澳大湾区核心城市，广州应进一步创新粤港澳大湾区合作机制，与区域内其他城市联动发展，深化制造业基础设施、创新技术、企业组织制度等多方面的合作，积极探索对外开放的新模式、新格局和新体制，把握好国内国际两个市场和两种资源，努力成为"一带一路"项目建设发展的重要支撑区，加快形成高水平全方面开发新格局。

现代制造业体系的建设离不开现代科技创新的发展和融合，广州应当进一步完善建设科学技术创新强市和现代制造业强市，加快科技创新和机制创新发展，探索开发具有国际市场需求的创新产品，优化人才发展机制，争取国家科研项目和科研机构落地，加强技术优势和人才优势。支持发展新一代人工智能、信息技术、新能源、生物医药、新材料等战略性新兴产业，推动互联网科技、物联网科技、大数据技术、人工智能技术和制造业融合发展，实现信息化和工业化的两化融合。加快低端制造业转型升级，为高端产业发展提供更多空间，提高制造业整体效益，优化现代制造业体系结构，推动现代制造业和现代服务业融合发展，实现制造业价值链条的两端延伸，创造更大的社会效益。

第四节　广州建设现代制造业体系的长期性与艰巨性

一　广州现代制造业体系建设的必然性

从新中国成立到第一个五年计划的提出，然后到改革开放的践行，再到党的十九大落幕，迄今70余年间，广州从当初工业基础几近空白的城市，到凭借轻工业成为全国排名前列的重要中心城市，再转型发展为以重型化工为主导的大都市，广州一直以来在不断地培养自身优势产业、发挥特色产业，从轻纺织工业到汽车、电子和化工产业，再到利用互联网、大数字等新兴技术完善现代制造业体系，紧紧把握住了时代浪潮和机遇，发展成为中国乃至世界的现代制造业中心和国际大都市。在短短70余年间，广州走过了许多西方大城市上百年才能走完的道路，这是中国和广州的优异成绩单。如今，在国际政治经济环境剧烈变动、国际摩擦加剧、国际分工体系和结构不断变革、国内经济转型加速、供给侧改革推动企业转型升级、高新技术迅速发展的国际国内大环境下，作为一个以经济外向型的城市，广州面临着国内外环境变动发展的双重压力，以及国际国内双循环的现实挑战，其建设现代制造业体系的道路可谓长期而又艰巨。

建设现代制造业体系，是广州从自身制造业和国民经济发展全局出发，着眼于保持经济高质量增长，工业化和信息化融合发展水平不断提高，实现制造业转型高水平发展的奋斗目标，顺应国际制造业产业结构转型升级和国内绿色循环高效益工业经济的新要求做出的重要决策。第二产业经济发展要不断提升，制造业体系则必须不断推动并转型升级，只有形成现代化制造业体系，打造具有核心竞争力的制造业企业，才能更好地顺应现代化、信息化、网络化、数字化、高科技化发展潮流，才能在国内和国际贸易中取得主动权，赢得优势，也才能为其他产业的进步和发展提供有力的支持。广州建设现代制造业体系是顺应时代潮流和国家要求的决策，加快建设发展广州现代制造业体系，确保国民经济发展稳步前行，是保障制造业核心优势，成为现代制造业中心的必然选择，也是时代需要广州做出的必然答卷。

二 广州现代制造业体系建设的要求

现代制造业体系，是由制造业活动的各个环节、层面、行业，与现代服务业形成的相互扶持、互为融合，并保持内在联系的有机整体。要建设成为创新引领发展、更高技术、更高水平、绿色协调发展的现代制造业体系，需要在原有的制造业体系基础上发挥广州自身的优势产业，利用原有的技术和资源进行技术升级和资源整合，发挥最大优势。同时，实体经济、人力资源、科技创新和现代金融等多方面也需要不断加强，实现多方面协同发展，不断提高制造业经济中科技创新的参与度，增加现代制造业及发展中高新技术的贡献份额。广州建设现代制造业体系需要做到以下几个方面。

一是要建设统一开放、竞争有序的市场体系，实现市场和工厂间的无缝连接，提高制造业的生产效率和产品品质。现代市场体系的标准要求，首先要拥有可以顺畅无阻的市场准入通道，实现市场有序开放，同时营造良好健康的市场竞争环境，规范市场秩序有序发展，由此才能加快建设现代市场体系，使企业可以自主经营并有序参与健康竞争，消费者也能实现商品和消费的自主选择，各类商品及生产要素才能实现自由流动，信息可以顺畅无阻交流、平等互换，有助于现代制造业体系的健康发展。以市场需求为目标驱动，能加速现代制造业的市场化进程。

二是要建设城乡区域发展体系，彰显各自比较优势并协调联动发展，实现并保持城市与乡村间的良性互动和共同进步。广州可利用其区位优势，与周边城市联动发展，同时在番禺、南沙等区域建设现代化制造业产业园区，推动区域经济发展，缩小区域经济差异和制造业水平差距，加强区域优势互补，以点带面不断带动其周边区域发展，实现地区间的互补和共同进步，打造区域制造业发展新格局。

三是要以"资源节约型和环境友好型"两型为核心，建设绿色化现代制造业体系，实现制造业资源的高利用率和绿色低碳发展。谨记并践行"绿水青山就是金山银山"理念，实现人与自然的和谐相处，形成现代化制造业建设新格局。作为一个以外向型经济为主导的城市，广州要建设安全高效、多元平衡的全面开放体系。当前，国际化已经成为主流趋势，世界制造业的全球分工体系在不断变化，广州不仅需要抓住自身原有的优势，推动开放型经济朝着更高层次发展，实现现代制造业体系与经济结构的优化、效益提高和深度拓展，还需发挥经济体制优势，充分发挥政府作用，形成"有为政府"与"有效市场"的有机结合。

上述几点是与广州建设现代制造业体系密不可分的，是体系建设成功的基础。无论是现代制造业建设、现代市场机制建设，还是城乡协调发展抑或是绿色制造业的发展，均是广州未来的长期奋斗目标，需要在现有的制造业基础上，忍痛割去经济拉动效果缓慢且不符合市场经济或绿色发展的产业链条，这对广州而言是艰巨的，但也是现在和未来广州现代制造业体系不断向前发展，突破资源环境承载力制约，形成全面可协调可持续发展新模式的必然选择。

广州现代化制造业体系的建设和发展，需要把握好当前经济社会的整体发展方向，实行科学实用的政策措施与方案，抓住创新性科学技术的发展趋势，利用互联网信息化技术实现现代制造业和现代服务业的融合发展，建设好广州的金融体系，利用虚拟经济发展为实体经济提供便捷服务和有力支撑。建设好现代制造业体系，需要关注以下几个方面，并推动其进步和发展：一是要重视实体经济的发展，不断优化完善并推动其持续发展，更好地打造现代经济体系建设发展的基础；要深化供给侧改革，加速制造业实体经济和大数据、"互联网+"、物联网、人工智能的深度融合，将资源要素聚集于实体经济之上，政府政策和工作力度不断向实体经济倾斜与加强，推动制造业产业的技术含量提升，提高实体经济在国民经济中的地位和重要性。二是要实施发展战略，推动创新驱动发展，打造现代制造业体系的强有力战略支撑，建设广州创新体系，强化科技创新力量，使制造业发展与科学技术创新深度融合，打造更多更具竞争力且依靠创新驱动、高技术驱动的先进制造业产业。三是要积极推动城乡间、区域间的协调发展，优化广州现代制造业体系建设的空间布局，实施好区域协调发展战略，带动周边区域共同发展，转移部分经济效益不佳的制造业企业，协调推进粤港澳大湾区发展，利用湾区的经济效应、人才聚集效应和创新聚集效应带动广州现代制造业体系发展。四是要着力发展开放型经济，把握广州对外开放的优势，提高现代制造业体系的国际竞争力，更好地整合利用全球市场和资源，积极推动"一带一路"框架下的国际交流与合作，利用好自身制造业体系的原有优势，改革升级以更好地迎合国内外市场需求。

三 广州现代制造业体系建设的长期性与艰巨性

作为我国先进制造业的重要基地之一，广州拥有41个工业大类中的35个行业，是当前华南地区工业门类最齐全的城市，制造业综合实力与配套能力均位居全国前列。但当前，广州现代制造业体系还存在以下几方面问题。一是制造业总体的技术水平和附加值仍旧较低，处于价值链的中低端环节，加上生产要素成本持续上升，利润增速减缓。二是产业结构高端化水平较低，先进制造业和高技术制造业的比重较低。长期以来，广州的工业经济发展主要依赖三大支柱产业，先进制造业还有较大发展空间，制造业的产业价值链条也还需延伸加长。三是创新体系还有待完善，广州的科研院所、高校占广东省总数的70%以上，科研成果率在70%以上，虽然科研投入水平高于全国平均值，但与北京、上海、深圳等城市相比，科研成果转化率明显较低，企业的创新能力较弱，需要进一步完善和建设"产学研用"体系，加快科研项目落地。

当前，广州现代制造业体系的建设还有很长的一段路程要走，需要积极推动起创新体系的建设，推动战略新兴制造业的发展，创造新的经济增长点，现代制造业体系的建设是长期且艰巨的。

第三章　广州现代制造业体系构建的基础

当前，智能制造正在引领全球经济的快速变革，以此为核心的智能化产业成为全球新一轮竞争的焦点，以先进制造业为主的竞争已成为世界各国竞争的关键点。西方发达国家纷纷提出振兴制造业、振兴实体经济的战略措施，通过实施诸如再工业化战略、工业4.0等措施来振兴本国制造业，企图在全球新一轮的产业分工和产业革命中抓住机遇，抢占先机。我国作为传统的制造业大国，随着人力、资源、环境等各方面要素成本的上升，对外资的吸引力在逐步下降，同时，周边发展中国家的低成本要素资源，尤其是低成本人力资源吸引更多劳动密集型企业向其转移。我国制造业面临着发达国家重振制造业和发展中国家低成本要素的双重压力。

为应对国际形势的变化，我国大力实施制造强国和创新驱动发展战略，制定并发布《中国制造2025》《国家创新驱动发展战略纲要》等战略性政策；出台《粤港澳大湾区发展规划纲要》，提出要加快粤港澳大湾区的整体协调发展，发展先进制造业，建设制造强国；还提出要完善珠三角地区的制造业创新生态体系，增强其制造业的核心竞争力和创新能力，加快珠江两岸制造业的创新发展新格局，建设成为世界级的先进制造业产业聚集区，与世界先进制造业技术接轨。广东省出台《广东省深化"互联网+先进制造业"发展工业互联网的实施方案》等政策来支持制造业企业建设发展。

广州全面学习并深入贯彻国家、省的政策,全面实施制造强市的战略部署,加快作为全国高端装备制造业创新基地、国家智能制造与智能服务结合发展示范区的建设,制订《广州制造2025战略规划》《广州市建设"中国制造2025"试点示范城市实施方案》等方案,大力发展生物医药、信息技术、人工智能等新兴产业,计划打造若干个千亿级产业集群和多个百亿级产业集群,先后引进了国内外大批科研项目和重大产业项目入驻广州,提高了广州的科研实力和技术水平,推动了先进制造业的发展。

在"十四五"(2021—2025)到来之际,广州发展现代制造业体系已具备得天独厚的坚实基础及自身优势,拥有日益壮大的实体经济总量、不断增强的科技创新活力、逐步完善的现代金融体系、稳步提升的人力资源素质以及向上向好的营商环境等。

第一节 日益壮大的实体经济总量

一 广州总体国民经济发展趋势良好

实体经济是一个国家生产的商品价值总量,是与虚拟经济相对应的。属于实体经济的行业包括农业、工业、交通业、通信业、商业服务业、建筑业、文化产业等物质生产和服务部门,也包括教育、文化、知识、信息、艺术、体育等产品的生产和服务部门。人类社会一直以来赖以生存和发展的基础是实体经济,没有其支撑,人类社会难以实现持续发展。习近平总书记强调,中国必须始终高度重视发展壮大实体经济,不能走单一发展、脱实向虚的道路。发展实体经济是一国的立国之本和财富之源，也是国家兴旺强盛的重要支柱，是建设我国现代经济体系的坚实基础，也是构建我国未来发展战略的重要支柱。

广州有着坚实的工业产业基础，实体经济总量一直在快速增长。"十三五"（2016—2020）以来，广州的实体经济发展取得巨大成就，正向着高质量发展不断迈进。2019年国民生产总值达23628.60亿元，按照可比价格计算，比2018年增长6.8个百分点，增速较2018年提升0.6个百分点，GDP总量位居全国第四位，增速高于上海、北京和深圳，位居我国一线城市第一位。其中，第一产业增加值、第二产业增加值和第三产业增加值分别为251.37亿元、6454.00亿元和16923.23亿元，分别增长3.9%、5.5%和7.5%，产业结构为0.95∶27.62∶71.43，第三产业对国民经济的贡献率超过70%，继2017年、2018年后，持续第三年第三产业的贡献占比超过70%，第二产业拉动广州GDP增长1.5个百分点，第三产业拉动GDP增长5.4个百分点，第三产业俨然成为拉动广州经济增长的重要部分，支柱作用越发突出。从图3-1可以看出，广州2010—2019年第一、二、三产业及地区生产总值的变化；各产业均保持增长态势，其中第三产业生产总值的增势最为显著。

二　实体经济为广州国民经济发展主力军

2019年，广州第二产业生产总值增加5.5个百分点，比当年GDP的增长率低1.3个百分点。汽车制造产业、电子产品制造业、石油化工产业作为广州的三大支柱产业，增加值一直以来占工业增加值的比重都接近50%，对广州的制造业发展有着举足轻重的地位。虽然三大支柱产业的增长率呈现逐年下降趋势，但对广州经济发展的支柱性作用依旧十分明显。2019年，三大支柱产业总产值达9868.42亿元，占规模以上工业总产值比值的51.4%。值得注意的是，汽车制造业和电子产品产业制

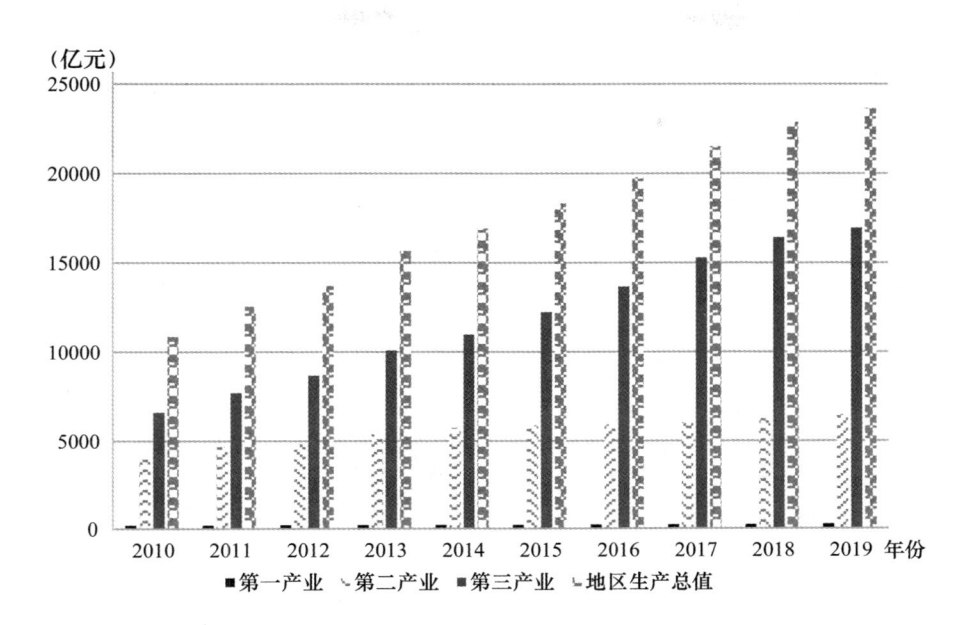

图 3-1　2010—2019 年广州第一、二、三产业及地区生产总值变化

数据来源：历年《广州统计年鉴》搜集整理。

造业总产值比重有所提升，而石油化工制造业总产值比重下降。2019 年，广州先进制造业增加值占规模以上工业增加值的比重达 58.4%，其中仪器仪表制造业增加值增长 35.7%，铁路、船舶和航天航空及其他运输设备制造业增加值增长 15.1%，医药产业增长 16.8%。高技术制造业增加值较 2018 年同比增长 21.0%，对全市规模以上工业增长的贡献率达 57.2%；先进制造业在整体工业增加值中发挥了重要作用，逐步成为第二产业增长的新动力点，全市工业新旧能持续转化。

2019 年，广州第三产业生产总值增加 7.5 个百分点，比当年 GDP 的增长率高 0.7 个百分点，全市规模以上服务企业的营利性服务营收和非营利性服务营收均有增长，服务业整体增速加快，增长带动效应明显。主导行业中的交通运输、仓储和邮政业实现营收同比增长8.5%；信息传输和软件技术服务业同比增长16.9%，租赁以及商务服务业实现同比增长14.5%。现代高端服务业中的人力资源服务业同比增长35.2%，实现高速增长，与居民服务消费相关的文化体育娱乐业和服务、修理服务业以及卫生、社会工作产业分别同比增长12.9%、10.9%和16.1%。广州金融业近几年的增长率一直保持在10%以上，在第三产业的贡献率中排名前列，但其在第三产业中的占比仍旧不高。房地产业的增长率也保持10%左右的增速，但近年来增速有所放缓，金融业和房地产业两者加起来对广州第三产业的产值贡献比值不足30%。第三产业逐步成为广州国民经济的主要增长动力点，现代服务业和现代制造业的融合发展也将促进第三产业进一步扩大。

日益壮大的实体经济总量不仅有力地支撑了广州虚拟经济的发展，更为建设现代经济体系和现代制造业体系打下了坚实的基础。二、三产业的协调发展保证了社会经济秩序的有效运行，各产业均爆发新的经济增长点，在原有基础上不断发展。供给侧改革的推行加快了各行各业企业的转型，短期内可能会使部分企业利润下降，但长期有利于企业的升级发展，有助于实体经济的进一步发展。实体经济是经济发展的根本，只有实体经济发达强大，地区才能实现长久的经济发展，发达稳健的实体经济是社会最大的就业容纳器和创新驱动器，日益强大的实体经济总量是广州建设现代制造业体系和现代经济体系的最好保障。

第二节 不断增强的科技创新活力

2020年11月，中国社会科学院城市与竞争力研究中心发布《中国城市科技创新发展报告2020》，在该报告中，广州排名全国第八位。广州是我国的千年商都,自古便有着经商从商的传统,进入近现代以来,广州的底色也一直保持如初,尤其是改革开放以来,成为践行我国改革开放这一重大举措的前沿阵地,不仅在经济上实现了巨大的飞跃发展,也实现了产业和科技的深度融合发展。近年来,"科学发现—技术发明—产业发展—生态优化—绿色循环"是广州科学技术创新始终遵循的规律和方向,为这座千年古城带来了科技创新的新活力和新动能。特别是不断涌现的科技型中小企业为城市带来了活力和能量。与此同时,广州也出台了许多优化营商环境、保护中小企业发展的措施,进一步带动了城市和企业的创新发展动力,带动了各行各业的高质量发展,使科技创新真正为产业发展注入动力。

一 科创能力显著提高,科创平台加速建设

在"十三五"(2015—2020)期间,得益于创新链前端的人才聚集、中端创新平台的不断建设以及后端战略型新兴产业的快速发展,广州科技创新能力获得显著提高,科技创新活力不断增强。2016—2019年间,广州全市专利申请数量和专利授权数量均不断上升,发明专利数量保持稳定增长。2019年广州专利申请总量占全国专利申请总量的4.22%,仅次于深圳和北京,居全国第三位;专利申请增速为2.4%,仅低于上海和北京,居全国第三位,占全省申请总量的21.94%,仅次于深圳居全省第二位(见表3-1)。

表3-1　　　2016—2019年广州专利申请数量及增速

指标	2016	2017	2018	2019
专利申请(件)	99070	118332	173124	177223
增长(%)	56.30	19.40	46.30	2.4
其中,发明专利占比(%)	32.10	31.20	29.00	26.3

续表

指标	2016	2017	2018	2019
专利授权（件）	48313	60201	89826	104813
增长（%）	21.30	24.60	49.20	16.7
其中，发明专利占比（%）	15.87	15.52	12.02	11.66

数据来源：2016—2019年广州市统计公报。

实施创新驱动战略，产业发展量级能级显著提升。广州将建设制造业创新中心作为支点，将创新发展摆在现代制造业发展的核心位置，围绕产业链部署创新链，提升制造业的整体创新能力。根据广州市科学技术局发布的《广州市科技统计报告2018》显示，2018年广州新增高新技术企业3104家，全市高新技术企业总数达1794家，居全国第三位。国家科技型中小企业评价入库企业8377家，居全国各大城市首位，占全国比重为6.07%，其中高新技术企业4497家。2018年，全市财政科技投入达163.67亿元，较2017年减少7.59亿元，财政科技投入中用于技术研究和开发的支出最多，为97.20亿元，占全市财政科技投入的59.39%。2018年市本级财政科技投入较2017年增加9.49%，达47.32亿元，占全市科技投入总量的28.91%。可见，广州对科技创新十分重视，科技创新发展成为经济发展和各产业发展的重要新增长点。

截至2019年年末，广州全市县级及以上国有研究与开发机构、科技情报和文献机构共计186家；全市在穗院士人数51人，其中包含中国科学院院士22人和中国工程院院士22人，以及国外、境外机构获评院士7人。广州有国家重点实验室20家，省级重点实验室237家以及市级重点实验室165家，国家级孵化器36家，国家级孵化器培育单位31家。全市累计有认定的高新技术企业12174家，国家级、省级大学科技园8家。

广州不断推动重点科研平台落地，引进了大批针对重大科学技术攻关的重点创新平台，如广州国际人工智能产业研究院、高分子材料和机器人等省级制造业创新中心，广州再生医学与健康实验室、亚信数据全球总部等科研机构和组织相继落地。广州也一直致力于鼓励企业建设研发机构，创建国家级、省级和市级的企业技术中心，截至2018年年末的数据显示，广州全市65%以上的大中型企业都建有自主的技术研发机构，共有企业技术中心495家，其中包括省级企业技术中心326家。

2019年1月，南方海洋科学与工程省级实验室在广州正式揭牌，逐步部署新型地球物理考察船、冷泉生态系统大科学装置和天然气水合物（可燃冰）钻采船等多种科技创新类产品。同年8月，广州举行广东省第三批实验室建设项目启动会，岭南现代农业科学与技术、人工智能与数字经济广东省实验室在广州获批建设。同时，广州提出要深化广深港澳科技创新走廊，强化"一区三城十三节点"布局，共同建设粤港澳大湾区国际科技创新中心和综合性国家科学中心，南沙科学城、明珠科学园和大批重要科技基础设施、创新研究院和重点实验室构成的新兴战略创新平台体系也在加快构建中。

2020年，《自然》杂志评选出当年全球科研城市50强，广州从2018年的第25位跃居至2020年的15位，实现了巨大飞跃；在《2020年全球创新指数报告》中，世界知识产权组织第一次将广州和香港、深圳两座城市组合，提出"深圳—香港—广州科技集群"这一定位。在中国发展研究基金会和普华永道联合发布的《机遇之城2020》报告中，广州排名较2019年上升一位，居全国第3位，值得注意的是，广州"智力资本和创新"指标排名从2019年的第4位上升至与北京并列第1位，显现出近几年来广州科技创新、技术发展和人力资本的显著增长。

近年来，广州还启动建设了一大批高水平科研机构，显示其对于科研创新的重视程度，以及争取重大科研成果突破的决心。在再生科学领域，广州的再生医学与健康省实验室势如破竹、独占鳌头，南方海洋科学与工程实验室开展"8+7+6+5"布局，已初具规模。除此之外，广州还加速聚集各类高端科研平台，吸引众多科研平台落户，如正在实行分批建设的岭南现代农业科学与技术省实验室、粤港澳大湾区研究院、中科院空天信息研究院、中科院自动化研究所广州人工智能与先进计算研究院、广东粤港澳大湾区协同创新研究院、南海生态环境工程创新研究院等。

近期，广州市人民政府发布了《广州市推进高水平企业研究院建设行动方案（2020—2022年）》，该行动方案旨在进一步推动产业高质量高水平发展，并引导行业龙头企业展开相关的高水平研究，研发关键核心技术，由此带动行业和企业整体科学技术水平的提升，推动企业的转型发展和广州科技强市建设。该行动方案的提出，不仅彰显了广州打造创新强市的决心，同时有力地促进了大型龙头企业、关键技术核心企业、科技创新中小型企业和高校研究所的融通和协同创新发展。

二 科研成果显著，带动企业发展向上向好

广州一直以来都着力加强产业关键核心技术的攻关工作。《广州市重点领域研发计划实施方案》于2019年通过，该实施方案的通过也标志着重点领域研发计划正式启动，新一代的信息技术、AI技术、新能源新材料技术、生物医药技术、海洋科技等领域的关键核心攻关技术将是未来的重点支持领域，一大批"瓶颈"关键技术将被提上日程。2019年，按照"成熟一批，启动一批"的原则，新一代通信与网络、新能源新材料、AI应用场景示范、海洋经济、生物医药等重大专业项目在广州启动，是首批启动的重大专业项目。2020年，广州获得广东省

科技创新大会颁布的2019年省科学技术获奖共计136项，占此次大会奖项176项的77%，科技创新和科研成果稳居全省第一，且在自然科学领域、科技发明领域等分别获得多个奖项。

不断促进科技成果的转换，推动相关转化体系建设和发展。广州深入贯彻落实广东省《珠三角国家科技成果转移转化示范区建设方案》，编制《广州市建设国家科技成果转移转化示范区实施方案》。中山大学、华南理工大学和大学城周边的开放式科技成果转化基地建设在推动建设中，创新创业基地持续推进，该类基地致力于将科技成果转化、科技企业孵化和科技金融服务融为一体，推动基地的一站式建设，也将推动科学研究院和高校的科研成果和科技产品在广州转化落地，实现商业经济价值和社会经济价值的转变。

市场活力随着创新动能的驱动不断显现。2015年，广州实施了高新技术企业培育计划。4年间，广州高新技术企业的数量翻了6倍多，总量实现了跨越式增长，从2015年的1919家飞速增长到2019年的12099家，总量约占广东省的26%，彰显出高新技术企业的巨大活力。其中，国家高新技术企业是广州科技企业发展的中坚力量，其发展显示出广州高新技术类企业的活力。从2016年到2018年连续3年，广州国家高新技术企业数量快速增长，年均增速接近9%，总增长近5倍。2018年，广州国家高新技术企业的数量总量超过1.1万家，居全国第3。

制订科技强市计划，为制造业高质量发展注入新活力。2019年，《广州市建设科技创新强市三年行动计划（2019—2021年）》正式出台，该行动计划的出台奠定了未来广州科技创新工作的基调，是未来创新工作的纲领性文件，围绕"科学发现、技术发明、产业发展、生态优化"的创新发展全链条，该文件提出了八大行动，包括源头核心技术突破、重大科技基础创新平台提升、创新企业主体培育提升、科技成果转移转化、创新产业格局优化提升、产业技术支撑引领、开放创新合作共赢和高水平创新人才集聚等,以上八大行动将有力推动广州科技创新强市的全面建设。

三 "人才"引进为广州科技研发注入新鲜血液

广州全力打造高端科技创新人才发展实践基地,并实施多项人才引进举措,为来穗人才提供资金、政策等多方面支持,如羊城创新创业领军人才以及产业领军人才等人才引进项目和人才计划,为科技创新发展带来新动能。同时,广州作为省会和广东省教育中心,集聚了大量科研教育优质资源,不仅在区域协同发展中发挥创新引领作用,还发挥辐射带动作用,推动粤港澳大湾区建设,以点带面带动周边城市的创新发展和产业转型升级,推动南沙区国家新区、自贸试验区的建设发展,发挥广州在"一带一路"中的重要作用,加强与沿线国家地区的经济交流和科学技术交流。目前,12个高水平的国际研究院所及高校和广州进行了深入合作,8家诺贝尔奖创新中心完成建设,67家国家级和省级的国际科技合作基地在穗完工,126家省属单位的国家级、省级国际科技合作中心在穗设立。广州市政府不断推动广州科技创新的良好建设氛围,出台诸多科研平台建设计划和人才引进政策,广州科技活力不断迸发,带动产业向高质量、高水平发展。

第三节 逐步完善的现代金融体系

在党的十九大报告中,现代金融体系建设的目标被首次提出。党的十九届四中全会又进一步提出,国家需要健全具有高度适应力、高竞争力和普惠性质的现代金融体系。在中央政治局第十三次集体学习时,习近平总书记指出"金融是国家重要的核心竞争力,金融安全是国家安全的重要组成部分,金融制度是经济社会发展中重要的基础性制度"。由此可见,作为地区安全稳定的保障,作为实体经济的血脉,金融是不可或缺的核心竞争力和重要的基础性保障,现代金融体系的完善对于国家和地区而言至关重要。金融是现代经济发展的核心,现代金融体系则是现代经济体系的核心。当前我国社会正在步入发展新阶段,建设和完善我国的现代金融体系既是经济由高速增长向高质量增长发展的内在要求,也是转变发展方式、优化经济结构、变换动力增长点的迫切需求,更是顺应中国特色社会主义进入新时代发展阶段的战略部署。

一 区域金融中心建设加速,金融服务助力实体经济

广州区域金融中心的建设是国家赋予广东省和广州市的重要使命,《珠江三角洲地区改革发展规划纲要(2008—2020年)》中明确提出,要支持广州建设区域金融中心。2011年广州金融区域中心建设工作领导小组正式成立。由此,初步构建起省市合力共建广州区域金融中心的工作机制。"十二五""十三五"以来,广州始终以建设国家级的区域金融中心为目标,紧紧围绕金融服务于实体经济的本质,坚持不断实施金融创新改革、把控金融风险,金融服务业逐步成为广州经济发展的重要支撑之一,也是社会生产生活稳步进行的一股重要力量。广州是多元化综合性的金融中心,其金融体系的建设将更多服务于各大产业建设,助力实体经济的发展。

广州在优化金融信贷营商环境的建设中走在全国前列。2019年,广州积极进行金融改革发展,进一步加大了全市的金融信贷营商环境改革力度,先后修订、制定并出台《关于支持广州区域金融中心建设若干规定的通知》《广州市优化金融信贷营商环境工作方案》《关于加强金融支持广州市民营企业发展的

实施意见》《广州高层次金融人才支持项目实施办法》等多项政策举措，推动了动产担保统一登记系统试点工作，推广信用贷款业务发展，缩减信贷审批发放时间，优化征信查询和微信预约，出台多项平台建设和人才引进措施，吸引优秀的金融机构和金融人才落户，助力广州现代金融体系建设。

二 金融项目建设加速，国际影响力显著提升

广州的国际金融中心地位不断提升。2019年年末，广州本外币贷款余额增速名列前茅。2019年，第26期全球金融中心指数报告发布，广州在此次全球金融中心排行榜中跃居第23位，成为我国继香港、上海、北京和深圳后的第5位。2020年，第27期全球金融中心指数报告发布，广州在此次全球金融中心排行榜中较上一年上升4位，跃升至全球第19位，这也是广州首次进入全球金融中心排名榜的前20，成为我国排名提速最快的城市。过去5年来，广州金融服务实体经济能力得到快速提升，金融服务实体经济呈现出融资总量扩大、结构优化、服务良好的状态，从2015年到2019年，广州金融机构本外币贷款余额从2.61万亿元增至4.71万亿元，同比增长15.6%，增速位居北上广深四大城市的首位。2019年，广州多层次资本市场的战略布局在不断优化，上海证券交易所南方中心、深圳证券交易所广州服务基地、新三板广州服务基地和中证报价南方总部等4家国家级的资本市场金融基础设施均在广州设立机构，广东股权交易中心也落户广州，广州的金融聚集能力进一步加强。2019年，广州新增上市公司20家，增速成为历年之最。截至2019年年底，广州全市境内外的上市公司累计达180家。2019年，5家世界500强企业在广州新增落户，346家外商直接投资企业新增设立，实际使用外资达71.43亿美元，增长8.1%，增速高于广东省增速4.6个百分点。

根据中央财经大学绿色金融国际研究院发布的《地方绿色金融发展指数与评价报告（2019）》显示，2019年，以广州绿色金融改革创新试验区为核心的广东绿色金融发展在全国排名第一。广州绿色金融多项指标在全国的各个试验区中排名第一，绿色金融发展水平位居全国前列。在网贷整治方面，广州对各网贷平台和其他类金融生态业务均建立了监测预警模式，对金融风险实施全面检测和预警覆盖。2019年，广州成为唯一一个没有网贷平台"爆雷"的特大城市，有力地维护了全市的金融稳定和金融安全。2019年，广州数字普惠金融监管试验区正式启动，这是全国首个地方金融监管试验区，该项目的启动旨在通过监管科技手段的运用，夯实数字普惠金融的发展基础，有效控制地方金融风险。广州在此次项目的启动与推进过程中，创新打造出"制度+科技+协同"的地方金融监管新模式，为全国其他城市的金融普惠工作开展树立了典范。在广东省委和省政府印发的《关于贯彻落实〈粤港澳大湾区发展规划纲要〉的实施意见》中明确提出南沙国际金融岛示范区的建设工作，该项目的提出不仅有利于广州的金融创新和大湾区经济的发展，还将助力其成为全球金融业高端要素资源汇集的中心。

广州现代化金融体系的发展已逐步完善，金融人才的引进、金融平台的建设以及金融政策的发布都快速助力广州现代化金融体系的发展，逐步完善的现代化金融体系未来将进一步壮大与发展广州经济。

第四节　稳步提升的人力资源素质

人才是第一资源，是一国实现复兴、赢得国际地位的重要资源，也是一个地区实现经济繁荣、文化传播和社会进步的战略资源，一国或者地区只有重视人才的培养、拥有丰富的人力资源，才能实现国家或者地区的进步和发展。自党的十八大以来，广州市委、市政府高度重视人才培养和引进工作，认真践行习近平总书记关于"聚天下英才而用之""人才引领发展"等战略思想，紧密围绕中央及省委关于深化人才发展体制机制改革的部署要求，始终坚持党管人才的原则，大力实施人才强市战略，不断推进人才发展体制机制改革，在全市实施更加积极、开放、有效和精准的人才政策，面向全球招揽各方面的人才，努力提高人才发展与产业转型升级的匹配度，着力把人才"第一资源"的作用充分发挥出来，为努力实现千年老城的转型发展，在综合城市功能、综合城市文化实力、现代服务业、现代制造业、现代化国际化营商环境等方面的建设上大有所为提供人才支撑。

一 人力资源整体壮大，人才结构得到优化

广州人力资源总量一直保持稳定增长，人才队伍规模不断扩大。截至2018年，广州大专及以上学历的人才资源总量为377万人，较2017年增长7.4个百分点，几乎占常住人口的25.30%，与2010年相比，增加146万人，平均每年增长6.31%，实现了较为快速的人才资源增长。广州全市专业技术人才资源总量达176.70万人，技能型人才资源总量达260.90万人，主要劳动年龄人口中，接受过高等教育的比例接近40%，每万名劳动力中研发人员约有210人，高级技能人才占技能劳动者的比例接近33%，高级人才占比较高，人才资源分布、层次和类型等均趋于合理，人才结构也在逐步向高端、高质、高新的现代制造业体系靠拢。

到2018年年底，在高层次人才发展方面，广州引进了诺贝尔奖获得者6人；115名院士分布在18所高等院校、科研机构和企业；39人入选"百千万人才"工程国家级计划；广州地区

共65人入选"珠江人才计划",并遴选出90个创新创业团队;"海外青年人才引进计划"自2016年启动以来共引进52人;省级"南粤百杰"计划中,广州地区有培养对象87人,占全省81.30%。同时,广州还在重点产业人才的培养和引进中做了许多工作和努力。2016年,广州市委、市政府出台了《关于加快集聚产业领军人才的意见》及4个配套文件,2017年和2018年两年间,共资助、支持上述专项人才99人;从2015年开始,评选出各类金融人才767名,聚集了大批的高层次金融人才;2010年至2018年间共选出318名宣传思想文化战线优秀人才,2015年至2018年评选出羊城宣传思想文化优秀创新团队34个。

截至2018年年底,除上述人才之外,广州还拥有各类企业各级管理人才超100万人;"高学历"是广州市管国有企业人才的重要特征之一,在市管企业集团领导班子中硕士学历以上的接近6成;专业技术人员约176.7万人,较2017年增长7.4个百分点;中小学专任教师达10.7万人;高等院校的教师队伍规模不断扩大,2017年高等本专科院校的专任教师数量达6.12万人。

广州的人力资源除了人才总量不断增加、人力资源结构不断优化外等特点外,还呈现出人才年轻化趋势,越来越多的青年人才在各个产业发挥出重要作用。

二 人才服务机制越发完善,人才发展环境逐步优化

广州一直致力于探索人才服务的新机制,通过并实施了"人才绿卡"制度,搭建高端人才服务平台等为各行各业的人才提供优质的人才服务配套,其中"人才绿卡"机制为全国首创,为来广州创业发展的各地持卡人才提供与市民同等的购房、购车和子女入学待遇,为其及家庭解决后顾之忧。广州一直不断推进人才发展体制机制改革工作,配合地方人才体制机制的发展，为地区经济和产业全面改革升级提供了强有力的人才保障，为人才发展创造了良好的发展和生活环境。近年来，广州出台实施产业领军人才政策和高层次人才政策，打造并不断完善层次分明、全链条覆盖的人才政策体系，大力推进并实施各类国家、省和市的人才项目，人才政策体系得到不断完善，人才聚集效应不断显现和增强。到2018年年底，广州"人才绿卡"累计发放超过4800张，人力资源服务机构达1026家，从业人员超过2万人，营业收入达617亿元，处于全国前列。广州还大力搭建高端高质人才服务平台，2018年10月以天河人才港、琶洲互联网创新人才集聚区两个人才聚集区为双核，番禺青年人才创新创业服务园、广州开发区海外高层次人才服务园区、越秀现代服务业人才服务园区、花都临空产业人才服务园区、南沙粤港澳人才合作示范园区等为多点支撑，并且获批"国家级人力资源服务产业园"。

第五节　向上向好的企业营商环境

企业的营商环境可以理解为企业作为市场主体在准入、生产经营退出等过程中涉及的政务环境、市场环境、法治环境和人文环境等有关的外部因素和条件的综合。随着改革的不断深入，我国营商环境在稳步地向更好方向前进，法治化、国际化、便利化营商环境在加快形成，营商环境的持续优化，不仅使企业有了更好的市场体验，也使中国成为投资热土。2018年我国平均每天新增初测市场主体5.3万户，同比增长26.3%，为我国经济发展注入了新鲜活力。广州作为创业者的天堂，其良好的企业营商环境吸引着国内外众多的企业和创业者前来，2018年中国社会科学院、中国社会科学院科研局、中国社会科学院社会学研究所、社科文献出版社联合发布了《中国营商环境与民营企业家评价调查报告》，该报告从政务环境、市场经营环境、社会环境、法治环境和开放环境五个方面对全国 34 个主要中心城市进行全方位的评价。依此报告，广州营商环境综合评分在 34 个主要城市中位居第 1，总分 95.62 分，比第 2 的深圳高 1.82 分。一直以来，广州在《福布斯》所发布的中国内地最佳商业城市排行榜中，连续多年居第 1；在华南美国商会发布的《2020 年中国营商环境白皮书》及《2020 年华南地区经济情况特别报告》两份报告中，均为 2020 年中国最受欢迎的投资城市。

一 引领营商改革发展，激发市场活力

市场活力的表现是营商环境良好的最好体现，2019 年广州全市新登记各类市场主体共计 44.26 万户，大约每天有 1212 户新企业选择广州作为企业的成立地。《广州市推动现代化国际化营商环境出新出彩行动方案》中明确提出，广州将实施新一轮的商事制度改革，创新发展商事登记模式，推动"AI + 机器人"全程电子化商事登记全业务、全流程以及全区域覆盖，并且将全面提升企业开办效率，推动企业入市和准营业同步提速，这一系列改革，能为企业减少流程、缩短时间、降低成本、优化服务，有力推动了企业注册机制的改革。为解决"准入不准营"的非同步难题，广州市场监管局全面铺开"证照分离"首批 106 项涉及企业行政审批事项的分类改革，推进"照后减证"，确保两者同步提速，市场准入注册再放宽、再提速、再优化，成为广州吸引企业投资兴业的优势。

广州率先对接国际的先进营商规则，已发展成为具有全球竞争力、拥有良好营商环境的国际化大都市。截至 2019 年年底，共有 3.4 万家外商投资企业入驻广州，超过 300 家世界 500 强企业在广州进行投资，共有 65 个外国领事馆进驻广州，同时还与超过 80 个国际型城市建立了城市间的友好关系。近年来，

在广州举办的中国进出口商品交易会（以下简称广交会）成为我国进出口商品交易的重要项目之一，约有20万人次与会商客参与到每届广交会中，成交额达300亿美元，成为我国目前历史最悠久、层次最高、规模最大、成交效果最好的综合性国际贸易盛会，被誉为"中国第一展"。

新消费点助力广州经济发展。根据美团发布的旅游消费分析报告，2019年国庆期间，广州的夜间消费总额增长12.5%，位居一线城市首位；2019年"双11"活动期间，天猫广州数据简报显示，全天交易额突破80亿元，同比增长20%。作为华南地区制造业和服务业最发达、门类最齐全的城市，广州近年来一直布局发展新一代信息技术、人工智能等战略性新兴产业，作为粤港澳大湾区中面积最大、人口最多的地级市，广州的发展空间十分巨大，内需潜力十足。这些都为高层次人才来广州创业提供了良好的商业基础和市场环境。

二 全方位为企业服务，先行先试建立"广州样本"

地区营商环境的优劣将决定该地区是否能够长期稳定地吸引企业，其中影响营商环境质量的重要指标之一就是企业办事的快捷程度。广州印发《广州市一体化在线政务服务平台建设推进工作方案》，该方案的发布将推动广州建设统一的政务信息资源库，实现全市的政务信息的互通互联。一个多方面覆盖、全方位服务、全标准事项以及全方面内容的广州"智慧政务平台"正在逐渐成型。

截至2019年11月，广州市政府信息共享平台已接入单位138家，累计交换数据429.74亿条，平均每天交换数据达2010.9万多条；区政务服务信息系统互联互通平台的信息交换量累计达3.27亿条，平均每天共享信息达50多万条；工程建设项目联合审批平台累计办理项目达5011个，涉及审批业务达

9591笔；各服务中心和各平台的快速无缝对接，不仅简化了市民和企业的办事流程，还加快了平台的服务效率，大大降低了双方的时间和精力成本。面对不同企业所面临的难题和困境，广州发布了多项改革措施和方案，截至2019年上半年，已累计减税238.8亿元，纳税便利化改革措施实现"7个全国领先，1个全省率先"，将企业开办申请时间缩短为2个工作日，2个小时可办完商事登记确认的所有流程。广州针对企业所面临的各类问题进行了全方位的服务和帮助，创造良好的营商环境，在广东省乃至全国建立起了"广州样本"。作为千年商都，广州有着开放包容的城市精神，向上向好的营商环境为吸引人才和企业带来巨大优势，进一步促进了广州经济的稳步发展。

第二篇

传统制造业篇

第四章　纺织服装制造业

第一节　纺织服装制造业概述

广州地处沿海，从古至今一直是中国对外贸易的重要口岸之一，更是"海上丝绸之路"的起点。凭借区域地理优势和便利的交通条件，广州成为国际商贸中心并拥有全球最大的纺织服装市场。根据广州市统计年报数据显示，2019年广州纺织纱线、织物及制品出口金额达182.02亿元，与2011年的25.58亿元相比增长7倍多；2019年服装及衣着附件出口额为512.85亿元，2011年的出口额为52.58亿元，增长近10倍。

一　纺织服装业行业的自身特点

我国纺织服装制造业发展至今呈现出很多行业特点，它属于传统的劳动密集型行业，与之有关联的行业甚多，行业竞争核心力为品牌竞争。

（一）"三多三低两少"特征明显

纺织服装业是我国传统制造业的代表之一，一直采用传统的生产模式，即纯人工作业的生产方式，由工人进行拉布、裁剪和纺织。这种生产模式不仅劳动力集中、工作时间长，而且生产效率低下，产品制造厂商多、产品加工件数多、参与生产员工人数多、生产技术含量低、产品设计能力低、企业效益生产低、龙头产品企业少、知名产品品牌少的"三多三低两少"的产业特征十分明显。

（二）产业覆盖面广关联多

在产业链的中上游，纺织服装业与种植业、养殖业和炼油行业等有着紧密关联；在产业链的下游，与时尚娱乐行业、物流行业和金融行业等有密切关联。经过长期的发展，如今纺织服装业的原料采购和服装的网上销售与互联网有着高度关联，互联网技术正在改变传统服装的生产及销售模式，纺织服装业也正在向区域化、智能化转变。

（三）不同品牌之间竞争激烈

近年来，我国纺织服装业的品牌意识越来越强，服装和家纺企业都开始重视品牌价值，通过自主研发而带来的高附加值逐渐成为企业的主要追求目标，也是纺织服装产业升级发展的新特征。随着服装服饰的科技、文化含量不断增加，服装产业逐渐时尚化，企业之间为了打造出具有高识别度又能被消费者认可的时尚品牌不断创新，缺乏新意、服装质量不具备竞争力的品牌逐渐被淘汰。

二 纺织服装业在广州的地位及发展状况

纺织服装制造业是中国的传统纺织产业，在中国有着悠久的文化历史。早在西汉时期，丝绸之路就沟通了东亚、中亚、西亚，丝绸被众多国家所青睐，成为十分受欢迎的商贸产品。丝绸之路上虽然也有其他国内制品出口，但丝绸在所有运输货物中的地位最高，影响力也最大，丝绸之路由此得名。唐朝中后期，战乱不断，丝绸之路也受到影响，加之后来经济中心南移，海上丝绸之路逐渐取代了陆上丝绸之路成为中外贸易的主道路。海上丝绸之路以南海周边城市为中心，以广州、泉州为主要起点，故又被称为南海丝绸之路。

纺织服装业是广州极其重要的产业之一。在珠江三角洲和长江三角洲地区，当地的纺织服装产业一直保持着自身的发展优势。其中，广州作为珠江三角洲纺织服装业的中心，是服装生产的聚集地，更是具有全国纺织服装工厂最多的城市，拥有超过4000家纺织服装企业。改革开放40余年，广州纺织服装业市场不仅有效满足了传统二元经济结构下的消费需求，并且形成了"繁荣一群市场、带动一片就业、富足一方百姓、强盛一地经济"的局面，成为我国发展纺织服装大国、建设纺织服装强国不可或缺的组成部分，纺织工业总产值、利税总额和出口创汇等均居全市工业系统的前三位，是广州国民经济的重要支柱产业之一。

广州的纺织服装业始终保持着稳定发展，但近年来行业发展遇到一些困难。由于采取"三来一补"等技术含量低的加工贸易方式，导致广州纺织服装产业涌现了许多具有高技术水平，但只是为世界品牌加工的企业，即代工企业。2001年我国加入世界贸易组织后，纺织服装业进入黄金发展时期，广州的纺织服装业也进入了自身快速发展阶段，为广州纺织服装产业打开了一扇新的大门，加速了纺织服装产业的升级发展。2013年，广州纺织服装业工业总产值达到峰值839.65亿元，相比2004年的279.95亿元增长近200%。近年来，我国内地的纺织服装业也快速发展，与广州形成竞争局面，加上国外保护主义的限制，2013年以后，广州服装业工业总产值开始下降（见表4-1）。

表4-1 2004—2017年广州纺织服装业工业总产值及占总工业产值比重

年份	纺织服装业工业总产值（亿元）	占广州总工业产值比重（%）
2004	279.95	5.43
2005	328.98	5.45
2006	367.54	5.05
2007	386.31	4.34
2008	497.00	4.73
2009	540.36	4.75
2010	690.81	4.99
2011	808.62	5.15
2012	750.09	4.67
2013	839.65	4.88
2014	709.37	3.9
2015	689.70	3.69
2016	666.53	3.41
2017	475.39	2.27

资料来源：历年《广州统计年鉴》搜集整理。

从2000年到2015年，中国纺织服装出口额占全球比重从14.8%增加到38%。近6年来，广东省平均每年为全国纺织服装出口贡献17.5%的出口量，出口额位居全国前三，是中国纺织服装产业的主要出口大省。香港制造业北移后，广东取代其成为世界服装工业中心。在这一时期，广州纺织服装出口得到快速发展。广州的纺织服装出口额从2000年的101.57亿元增加至2019年的121.90亿元，其间在2011年达到196.34亿元的峰值，与2000年相比，增加了93.3%，但从2013年开始，广州纺织服装出口额逐年下降（见图4-1）。

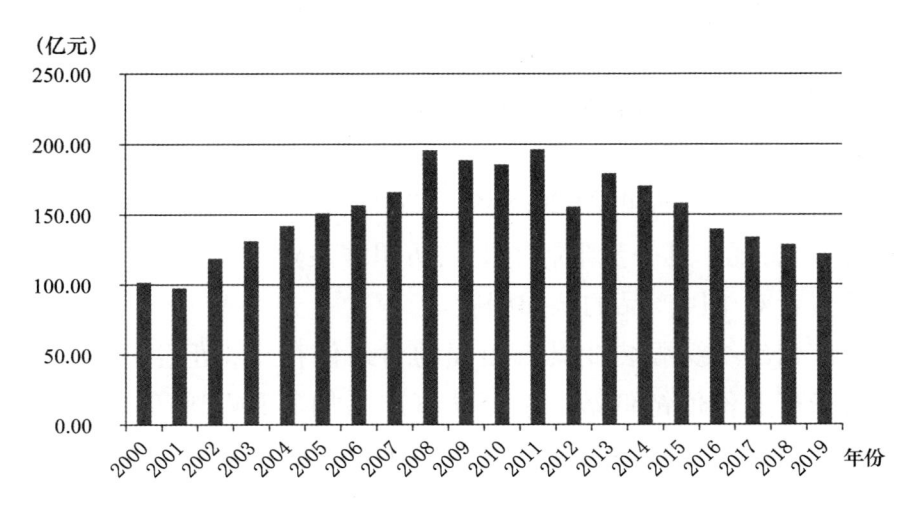

图 4-1 2000—2019 年广州纺织服装制造业出口额

数据来源：历年《广州统计年鉴》搜集整理。

从国内外的环境来看，造成广州纺织服装业发展停滞落后主要有以下五个方面的原因：一是人民币升值使得出口减少。随着市场竞争越来越激烈，人民币升值带来的影响逐步显现，纺织服装企业的国外订单减少，且不断压缩各企业的利润空间，导致广州纺织服装企业越来越少，并且广州纺织服装企业规模相对较小，在 2011 年，广州纺织服装企业数量达 1125 家，截至 2018 年企业数量减少到 565 家。二是人工及原材料成本不断上升。近年来，广州纺织服装产业的人工成本是推动企业生产成本不断上升的原因之一。除此之外，由于棉花和化纤是纺织服装业的主要原材料，但国内的供应不能满足消费生产需求，因此不得不从国外进口，进口成本近年也在不断增加。三是订购者压价现象较为严重。外商大幅度地压价，出现了价格低、订单小、交货期短等现象，并且对产品的质量、安全等项目的检测越来越严格，许多中小企业举步维艰，利润空间不断被压缩。四是相关政策的不确定性。不确定的退税和增值税等降低了企业资金的周转和运用效率，导致企业资金压力加重。五是一直存在的国际干预。中国加入 WTO 后，纺织服装产品遭到了许多国家有针对性的制裁。欧盟官网显示，在 2009 年的前三个季度里，欧盟国家针对中国纺织服装产品的警告通报高达 153 起，占所有警告通报的 20.84%。2007 年 6 月，欧盟正式实施 REACH 法规，进一步限制了中国纺织服装业的出口，降低了国外消费者对中国产品的认知程度。

广州的纺织服装业具有很强的对外依存度，但生产企业大多位于产业价值链低端，主要从事产品加工和贴牌等工作，产品附加值低，并且多数企业更偏向于争取短期利益，在先进设备、创新产品、科学技术等方面的投资较少，忽略了长期发展。大多数企业规模小，竞争力匮乏，在日益激烈的市场竞争中难以找到立足点。

第二节　广州纺织服装制造业发展历程

改革开放以来，纺织服装业作为中国最早步入国际市场参与竞争的行业，一直保持着平稳的发展速度。目前我国是全世界最大的纺织品生产国、消费国和出口国，纺织服装业也是我国重要的支柱产业，从改革开放以来，我国纺织服装业的发展历程可以划分为三个阶段：第一阶段：起步阶段（1978—1991年）。在新中国成立后的 30 年里，国内纺织服装工业体系初步形成。得益于 1978 年改革开放，纺织服装产业得到进一步发展，为未来长远的发展奠定了基础。经过 20 世纪八九十年代的发展，国内纺织服装产业形成了服装、装饰、产业用的三大终端产品，以及"优先轻纺、两头为辅、大进大出"的大纺织格局，国内纺织服装产业逐步壮大。第二阶段：快速发展阶段（1992—2000 年）。1992 年以后，我国逐步确立了以市场经济为主导的经济制度。随着我国市场对外开放程度逐步扩大，发达国家的资本和技术不断涌入国内。大量的资本和先进的技术推动了我国纺织服装业快速发展。第三阶段：国际化发展阶段（2001年至今）。自中国于2001年加入WTO后，国内纺织服装产业打开了一扇全新的大门，纺织服装产业出口额占全球比重逐年上升。自此，中国纺织服装产业迎来了自身快速发展的新阶段，迈上了新台阶。

纺织服装业是广东重要的传统支柱产业，1880年继昌隆机器缫丝厂开办，标志着广东由传统的手工纺织时代进入到机器纺织时代。新中国成立后，广东开始发展"三来一补"等贸易加工产业，逐渐成为世界纺织服装业的重要加工地。改革开放以来，有赖中央对广东纺织服装业的政策扶持，以及港台制造业中心的向北转移，广东取代了香港原世界服装工业中心的地位，其服装制造业得以迅猛发展。广东的纺织服装业生产规模和技术始终居于国内领先位置。广州更是脱颖而出，成为中国最大的纺织服装业贸易出口窗口。多年以来，伴随着广交会的发展，广州纺织服装业的发展也得到了飞跃。但是，由于内地服装纺织业的迅速发展也给广州纺织服装业带来了压力，同时国外的贸易保护主义也给广州纺织服装业带来了挑战。根据现有数据，可将广州的纺织服装业的发展划分为三个阶段。

一 高速增长阶段（2000—2011）

2001年，广州市政府颁布《广州市国民经济和社会发展第十个五年计划纲要》，确定了以邓小平理论和江泽民同志的"三个代表"重要思想为指导，以建设现代化中心城市为总目标，加速推进全面创新，其中以体制和科技创新为主，"外向带动""科教兴国""可持续发展"是发展的三大战略，提高工业化水平，改造提高传统优势产业。在"九五"的基础上，继续工业增长方式的改变，积极鼓励引进和采用高新技术和先进适用技术，并以此来改造升级传统优势产业，增强产业自身的创造力，升级传统产业档次。纺织服装业作为广州传统优势产业之一，有良好的市场前景，亟待重振一批驰名品牌并开创一批新的品牌，培养一批现代化程度高的知名企业和市场占有率高的名牌产品。同时，实施对外经济结构的战略性调整，将"引进来"和"走出去"结合，提升传统行业的发展水平，加快传统行业市场的国际化进程。"十一五"延续了"十五"中对传统优势工业的规划。针对纺织服装业，以生产符合城市特点的产品为重点，提高产品质量、功能和品牌形象，促进服装产品向高档化发展。"十五"和"十一五"两个时期是广州纺织服装业的一个黄金发展时期。2004 年，广州纺织服装业工业总产值为 279.95 亿元，2011 年增长至 808.62 亿元，7 年增长 288.9%。2013 年，产值达到峰值 839.65 亿元。其中，纺织服装、服饰业的发展最快，从 2004 年的 121.23 亿元增加到 2011 年的 480.73 亿元，增长近 4 倍。2004 年，广州纺织服装企业数量为 785 家，到 2011 年，企业数量增加至 1125 家，上升 50%，占全市工业企业总数量的 16.1%，工业增加值为 170.6 亿元（见图 4-2）。

中大商圈作为广州著名的纺织服装商圈之一，起源于 20 世纪 80 年代末。在 2001 年以前，中大布匹市场经历了摆地摊的最困难时期，面临市场档口密集、规划不规范以及消防隐患等问题。2001 年，广州市政府出台了《广州市商业网点发展规划（2003—2010）》《中大布匹市场整治规划方案》。自此，中大纺织服装商圈开始了最为全面的改造升级。2004 年，凤阳街道办事处接手中大商圈管理权，市场环境得以稳定，并有快速发展的趋势。2008 年，中大布匹市场突破了全球金融危机的阻碍，经营结构的调整使得其恢复期时间较短，加之内需的扩大，交

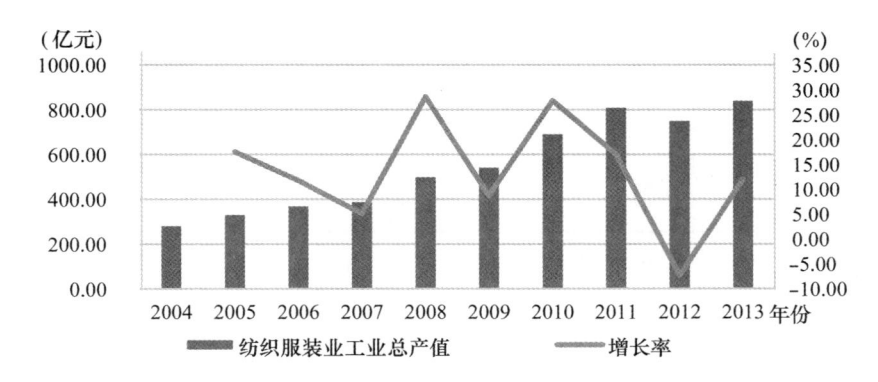

图 4-2　2004—2013 年广州纺织服装业工业总产值及增长率

数据来源：历年《广州统计年鉴》搜集整理。

易呈现良性发展势头。随着广州长江（中国）轻纺城的正式开业，中大纺织服装商圈占地面积扩大了近一倍，加速促使其成为纺织服装交易中心。"珠江纺织城"于 2010 年开业，再一次扩大其规模，市场规模直逼浙江柯桥纺织服装圈，形成了"北柯桥，南中大"的中国轻纺业格局。

2001 年中国加入 WTO 为广州纺织服装业出口奠定了基础，推动了广州纺织服装业的发展。2005 年 1 月 1 日，《纺织品与服装协定》条款终止，意味着我国纺织服装品的出口贸易不再受限制，纺织服装产品的配额全面取消，进入后配额时代。在得天独厚的区位优势作用下，广州纺织服装产业出口贸易迎来空前的发展机遇。根据数据统计，广东省 2011 年 1 月对中国香港出口 10 亿美元纺织服装产品，对欧盟出口 8.9 亿美元，对美国出口 6.1 亿美元，此三个市场占广东省纺织服装业出口总额的 91.5%（见表 4-2）。

表4-2　　2011年1月广东纺织服装主要出口地区出口额

地区	纺织服装出口额（亿美元）	同比增长
中国香港	10.0	32.50%
欧盟	8.9	27.80%
美国	6.1	31.20%

数据来源：《2011年广州市国民经济和社会发展统计公报》。

2001年，广州纺织服装业出口额为97.42亿元，到2011年，出口额增加至196.34亿元，与2001年相比增加近一倍，年增长率为6.8%。2011年纺织纱线、织物及制品出口金额为25.58亿元，相比2010年增加18.5%；服装及衣着附件出口金额为52.58亿元，相比2010年增加16.5%（见图4-3）。

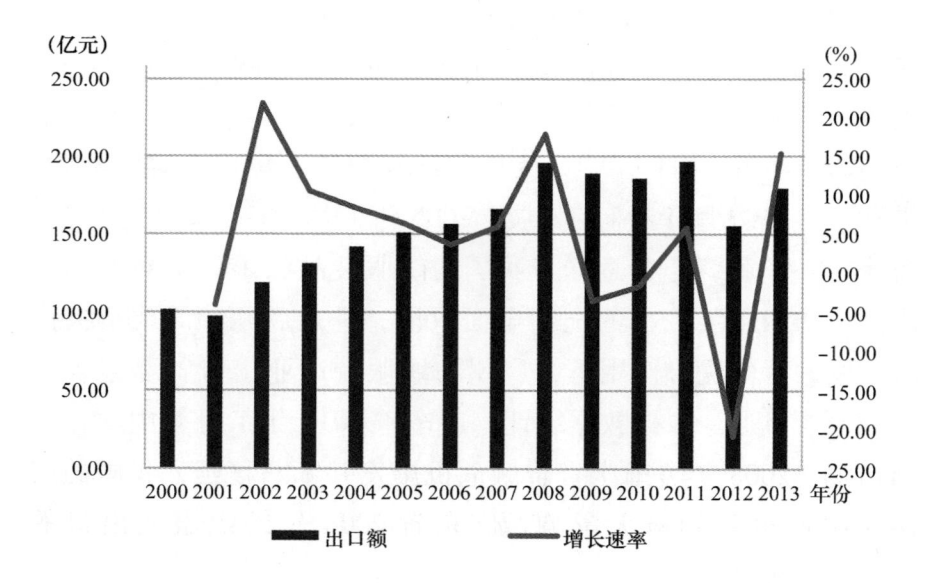

图4-3　2000—2013年广州纺织服装业出口额及增长速率

数据来源：历年《广州统计年鉴》。

2008年，国务院批准实施《珠江三角洲地区改革发展纲要（2008—2020）》，对提高改造广东优势传统产业提出明确目标。虽然近几年出口额增速放缓、占比减少，但广东省纺织服装业的优势依然存在。纺织服装业经过几年的产业结构调整，淘汰掉了一些竞争力不足、滥竽充数的劣质企业，为优质企业提供了更多的市场空间，加上政府对优势企业的扶持和企业自身的升级改造，产品内销数量增加，推动了广东纺织服装业向国际市场进一步拓展。

二 滞后衰退阶段（2012—2015）

广州纺织服装业经过发展的黄金时期后，整个行业已趋于饱和。广州流花商圈专业市场快速发展二十年后，已成为"国际服装采购中心"。2007年，共有10648户商家在流花专业市场开业，开业户数持续增长到2011年的14700家。2012年之后，开业户数开始下降，2013年小幅度反弹，但仍没有超过2011年的峰值，这意味着流花专业市场已趋于饱和（见图4-4）。中大纺织商圈作为广州最大的布匹纺织市场，聚集了大量的就业人口，截至2014年年底，共有超过10万人员直接在中大布匹市场工作，周边靠市场业务及产业衍生出来的从业人员超过20万人。

广东省具有临海优势，纺织服装业一直以外销为主，美国、欧盟、日本、中国香港一直以来都是广东省纺织服装的主要出口市场。2008年美国次贷金融危机爆发并不断蔓延，我国的服装纺织业也受到极大影响。广东省2008年纺织服装出口额341.3亿元，同比2007年下降18.7%。由于订单量的大幅下降，许多中小企业被迫停产关门。

竞争对手的快速发展，同样给广州纺织服装业带来压力。广州纺织服装业虽然有着自身的基础优势，发展时间较其他城

80　第二篇　传统制造业篇

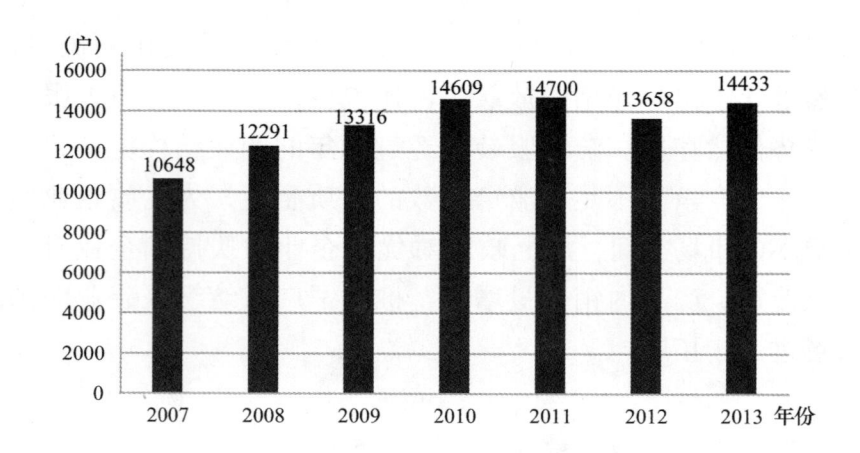

图 4-4　2007—2013 年广州流花商圈专业市场开业户数

数据来源：历年《广州统计年鉴》搜集整理。

市更长，已形成相对更加先进的市场，且有劳动力和价格优势，但国外品牌服装企业不断抢占原本属于广州纺织服装产品的市场份额，不少发展中国家的纺织服装业同样步入了飞速发展时期，如东南亚的缅甸、越南、泰国和柬埔寨等，他们凭借更廉价的劳动力和生产成本，吸引越来越多的欧美国家企业与之合作，对广州纺织服装业的出口造成了强烈冲击。2008 年次贷危机的蔓延，使全世界经济增速放缓，各国为保护国内市场免受更强烈的冲击，出台了许多贸易保护主义措施，如欧盟的REACH 法规、纺织品生态标签标准、通报召回制度等，间接导致了广州纺织服装企业订单数量的减少。2012 年，广州纺织服装业出口额为 155.47 亿元，相比 2011 年的 196.34 亿元减少20.8%，2013 年出口额小幅反弹，但 2013 年后出口额逐年下降，2019 年出口额仅为 121.9 亿元（见图 4-5）。

三　未来新发展阶段（2016 年至今）

2013 年 9 月，习近平主席在哈萨克斯坦扎尔巴耶夫大学演

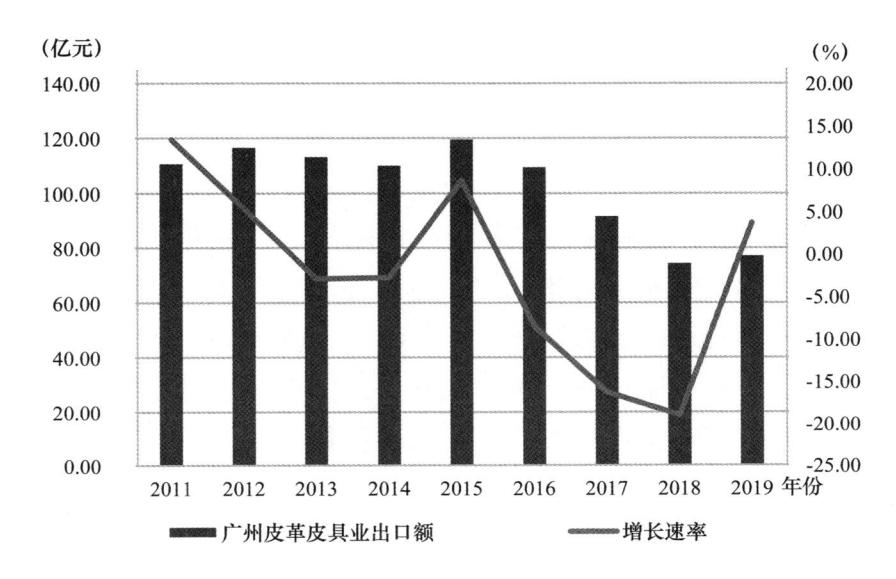

图 4-5 2011—2019 年广州纺织服装业出口额及增长速率

数据来源：历年《广州统计年鉴》搜集整理。

讲时，首次提出共建丝绸之路经济带的倡议，提倡建立一个国际合作的新平台，该路线上的国家协同合作、优势互补，互相满足彼此的需求。党的十九大报告同样提出要以"一带一路"建设为重点，坚持"引进来"和"走出去"的战略，共建共赢局面。《广州市白云区国民经济和社会发展第十四个五年规划和2035年远景目标纲要》提出，"十四五"时期是巩固提升广州城市发展位势的关键阶段，以"双城"为战略驱动，以创新、枢纽、环境为基础支撑，是打造国家中心城市和国际大都市的现代化中心城区的窗口期和攻坚期。"十四五"时期是我国建成全面小康社会、实现第一个百年目标之后，做到经济发展质量更高、科技创新动能更足、国际枢纽能级更强、改革效能更显著、城乡环境更美丽、民生保障更充分、治理体系更健全、社会更文明进步。

(一) 注重环境保护，做绿色可持续发展

我国纺织服装业的绿色生态发展严重不足。2018年印染业的污水排放量已占到纺织行业污水总排放量的60%，成为我国制造业中第5大污水排放户，纺织服装业的工业能耗比高出国外同行业水平的10%—30%。为促进我国纺织服装业向可持续、绿色方面发展，政府颁布了各种政策法规。2014年颁布了《毛纺工业水污染物排放标准》《纺织染整工业水污染排放标准》《再生资源回收体系建设中长期规划（2015—2020年）》；2015年颁布了《环境保护公众参与办法》《再生化学纤维行业规范条件》；2016年颁布了《水污染防治重点行业清洁生产技术推行方案》。《广州制造2025战略规划》明确表明，要以智能化、绿色化和服务化为工业发展的主要方向，打造"四梁八柱"的制造业支撑体系。世界观察研究所创始人莱斯特·布朗首次提出"可持续性"这一概念，经过多年发展，可持续理念在我国不断普及，许多以环保为企业理念的中小纺织服装企业不断涌出，可持续性理念渗透到纺织服装业的方方面面，如生产过程中采用可降解的有机棉花等环保材料，方便回收过程中进行二次利用。近年，服装界的"可持续服装设计"理念出现，促进了纺织服装业绿色环保的发展。

(二) 注重长远发展，打造"广州品牌"

广州的纺织服装业虽然很早就确定了品牌战略，但截至2004年，广州才诞生出第一个中国品牌，2006年拥有第一个驰名品牌，品牌建设十分落后。造成此种现象的原因主要是广州纺织服装企业以中小企业为主，这些企业更多看重订单带来的利润却缺乏品牌意识，单纯地依靠价格优势竞争，虽然其产品的质量品质很好，但没有知名品牌，难以在市场生存。相比国外知名品牌，广州纺织服装业知名品牌过少，最终沦为这些知名品牌产品的代工厂。广州"十三五"规划中提出要实施质量强市和品牌战略，强化广州产品的质量，提高产品质量竞争力。为此，广州专门设立品牌专项资金，擦亮"老字号品牌"，新增一批有自主知识产权的名牌产品，扶持企业培育国际品牌，推动"广州产品"向"广州制造"飞跃。

（三）加强人才培养，带来创新活力

"一带一路"倡议的提出，提高了纺织服装业对从业人员的要求，需要复合型人才，即不仅需要掌握专业的纺织服装知识和企业管理、产品经营销售的技术，还要对"一带一路"沿线上其他国家的文化和语言以及国际规则了解并精通。高校针对"一带一路"倡议目标开展了一系列的课程，对相关专业、教材和课程进行了改进和加强。除此之外，不少高校与相关企业进行合作，让学生走进这些企业，通过这一平台接受企业的培训，以此来提高人才的专业素质。广州纺织服装业通过培养和引进人才来提高产业的创新能力，不仅需要增加对技术开发的投入，还要提高对人才培养和引进的投入，研究开发出具有自主知识产权的核心技术和主导产品，提高自身技术储备，成为技术创新、技术开发、技术推行的具有自主知识产权的主体。此外，对人才的培养和引入也是加快广州纺织服装业从劳动密集型向技术密集型转化的基础。

第三节 广州纺织服装制造业发展的先进经验

一 专注品牌发展，走出纺织服装业时尚节奏

近年来，广州纺织服装企业逐渐意识到品牌的重要性，以自主研发为主的具有高附加值产品已成为广州纺织服装业升级发展的新特征，品牌建设正逐渐融入到纺织服装业的全球价值链中。广州服装纺织业通过网络、电视、广告、报纸杂志等宣传媒介，打响了纺织服装企业的品牌名声，并将各国的文化习

俗融入到服装当中。随着服装服饰科技的发展，时尚化成为其发展的新趋势。

广州已成为和巴黎、东京、香港等国际大都市一样的世界服装中心，并且拥有最完整的产业链，两周便能完成整个服装产业的流程，其他城市至少需要一个月以上的时间。同时，广州拥有全国最好的营商环境和立体化交易，这也是其纺织服装时尚产业的一大支撑。广州纺织服装产业创意设计人才众多，拥有全国最多的设计师和品牌。广东有超过35家高校开设了服装相关专业，服装专业高校在校学生人数达3万人以上，每年为广州纺织服装业输送近3000名专业人才。广州曾多次举办与纺织服装相关的时装周、时装节、时尚发布等会展活动，如中国（广东）大学生时装周、广东时装周、广州时装周等大型展会。

二 借助科学技术，开发新型纺织服装材料

在纺织服装工业不断发展的过程中，引进国外的先进技术，并对技术进行自主创新，在棉纺织、毛纺织、麻纺织、丝绸、针织、色织、印染、化纤、长丝织造等各个子行业开发出新型纺织服装材料。在可持续性绿色发展理念推动下，纺织科技飞速发展，服装服饰材料已经发展到产业链的最上游，竹纤维、生物基戊二胺己二酸、壳聚糖、石墨烯、芳纶、超高分子量聚乙烯、玄武岩、聚苯硫醚等各种高性能、绿色纤维丰富了纺织服装的纤维体系。更多处于下游的纺织服装企业采用智能仿生纤维、生物纳米纤维、石墨烯材料、环保再生纤维等纺织新材料，纺织品材料的创新与革命逐渐成为行业未来发展的核心。

三　开展智能化建设，推动纺织服装业专业化发展

纺织服装业的智能化建设，是一种区别于传统的技术，推动了纺织服装业从劳动密集型产业向技术密集型产业的转变，通过推出更多的智能创新纺织产品，极大改变了人们原有的生产生活方式；对产品生产制造进行智能化统一管理，有效提高了管理效率和水平；对智能化系统的建立和完善，显著提高了生产效率和生产质量；采用具有节能环保性能的原材料，有利于对生态环境的美好建设；更有在智能化基础上不断创新的纺织产品，直接应用到了航空航天和军事医药方面。目前已研发出不同功能的智能化纺织服装产品，譬如以形状记忆服装、保暖功能智能服装和智能抗菌服装为主的智能纤维类服装；以调温服装、变色服装为主的日常用智能服装；还有电子智能服装，此类型多应用在通信、计算机领域、医疗和保健方面、生活方面以及军事和工业领域，如在服装上安装手表、手机、电脑等高科技产品；用纳米级材料制作的防弹衣等。

四　利用"互联网＋"新模式，促进纺织服装业整体跃升

"互联网＋"技术创新出云计算、物联网、移动互联等新的表达形式，电商、O2O、C2B等新模式也随之出现，并带来其他新产品和新服务，如智能硬件、移动支付、APP应用等。"互联网＋"与传统产业的融合，不仅是技术产品上的进步，也促进了消费需求的增长。从2018年年底到2019年，广州专业市场依靠"互联网＋"技术，开启了专业市场新旧动能转换和模式探索的创新时代。中大商圈打造全产业链经营模式，战略布局O2O生态，打造"研发—采购—设计—展示—贸易"的全产业链经营模式，形成以多方主体利益共享的市场商业生态，促进中大商圈专业市场向现代展贸型、电商化平台发展。矿泉商

圈通过线上线下的融合,实现电商商业模式。矿泉商圈对接网络宣传新平台,不断探索新电商推广渠道,鼓励市场商户开启网络直播间,在抖音、小红书等新媒体上搭建电商平台,或是通过淘宝、斗鱼等直播平台带货,实现了从传统商业模式向电商商业模式的创新。十三行商圈打造"互联网+综合服务平台",推动服装批发行业转型升级,十三行商圈凭借互联网优势,打造O2O平台模式,全方面帮助商户转型升级突破传统交易模式,既降低交易时间,也节约经营成本。之后,越来越多专注于服装批发的电商平台和移动管理应用出现,使服装批发行业的信息化建设逐步完善。十三行商圈在不断完善市场的信息化建设的同时,还依靠"互联网+"技术建立网上数字化市场、网上支付系统和新型物流系统,加速网上"信息中心""交易中心""配送中心"建设,推动网上交易市场发展。

第四节 广州纺织服装制造业存在的问题

一 科研投入不足,先进设备稀缺

广州服装纺织业的技术发展水平虽然在国内名列前茅,但相比全球仍然存在较大优化空间。广州在20世纪采用"三来一补"的加工贸易,导致广州纺织服装业在国际分工层次中属于低端产业分工地位。广州纺织服装企业多以中小企业为主,企业多以订单利润为主要追寻目标,忽略产品高附加值建设。大量中小企业采用代工贴牌、低端制造的运营模式,导致广州纺织服装行业处于全球纺织服装业价值链的低端、产品总体附加值低、利润收入低,整个行业加工贸易的比重占到一半以上。在国际多层次的产业分工中,广州纺织服装业主要以外销为主,在出口方面,仍然凭借着低廉的价格和庞大的数量占取部分市场份额。近年来,我国内地城市和东南亚国家的纺织服装业飞速发展，广州的价格和数量优势持续被削弱。广州纺织服装企业缺乏自主创新和市场随机应变能力，缺乏驰名品牌和核心技术。行业总体发展水平处于低位，科技创新能力匮乏，核心技术不完备，企业之间的科技应用程度也参差不齐、差距过大。大部分广州纺织服装中小企业设备极其落后，缺乏技术创新能力。这些中小企业融资困难，在直接融资方面有信誉限制，在间接融资方面抵押能力有限，使得中小企业很难扩大其资本积累和经营规模。整个产业结构分散、专业化程度低、科研投入和技术创新领域投入低，绝大多数中小企业都是单个环节生产或者家庭作坊式生产，具有完整产业结构的一体化综合龙头企业严重缺乏。新技术出现之后，企业之间争相模仿，在新技术出现后一个星期，就有模仿品出现，严重损害了研发方的利益，越来越少的企业愿意投入资金到开发中，使得行业发展滞后，形成恶性循环。广州纺织服装行业投入科研的经费占比不到行业总产值的1%，2018年全市纺织服装、鞋、帽制造业的申请专利数量只有22项。对比之下，江苏兴吴呢绒公司每年产品研发经费超过1000万元，该公司拥有自主知识产权的高科技产品几十个系列，上百个品种，发明专利33项。另外，广州纺织服装企业的设备和技术落后，多靠国外引进，但这些设备和技术并没有买断，使得外商可以重复向广州企业收取费用，逐渐削弱了企业的技术优势，使得优势转变为劣势，且绝大多数企业未能对引进技术进行消化、吸收，研发出具有自主知识产权的新产品，使得广州纺织服装产品与国内其他纺织服装产品雷同，产生恶性竞争。

二 知名品牌缺位，知识产权保护欠缺

早在20世纪初，广东省就致力于服装品牌建设，但在2004年才拥有第一个中国品牌，2006年有了第一个驰名商标。相比

之下，2007年江苏省拥有101个免检产品，4个驰名商标，7个最具市场竞争力品牌，而广东省分别只有40个、1个、1个。在国内外市场中，品牌缺失是广州纺织服装业多年以来的问题，广州纺织服装业本土培育的品牌稀少且影响力欠缺，品牌利润几乎全被国外企业剥夺，广州服装纺织企业只剩下制造加工环节的微薄利润。广州除了国际轻纺城、白马服装城、红棉国际时装城等少数高质量大规模的专业市场外，不少中小市场仍然存在品牌意识落后、产品创新能力不足、本土品牌建设缓慢等问题。虽然广州纺织服装产业生产规模庞大，但本土品牌价值过低，单个产品利润不高，并且在知识产权保护方面意识薄弱。近年来，商标注册更是呈现出较为"乱"的局面。纺织服装市场上恶意注册或是抢注商标，"搭便车"的现象在服装业屡见不鲜，仿名牌、"借鉴"高端品牌设计的现象比比皆是。服装设计知识产权保护严重不足，一些缺乏创意创新的企业靠抄袭同行的新创服装设计在市场上生存，严重扭曲了商标制度和知识产权保护的作用，违背了诚信为主的原则。

三 环境污染严重，绿色发展不足

广州纺织服装出口产品不单单要面对关税壁垒，还需面对出口产品质量和安全认证等绿色壁垒，而广州纺织服装产品多向欧美、日本等发达国家和地区出口，对这些国家的纺织服装制造业带来了巨大冲击，因此发达国家不断提高产品的质量标准，以此来限制产品的进口。除此之外，我国纺织服装行业本身就存在严重的污染问题。其一是废水污染。废水是纺织服装行业最大的环境问题，纺织行业是一个用水量和排水量较大的工业部门。在棉、麻、丝等传统前处理工艺过程中，需要大量的水进行退浆、煮炼、漂白、丝光和洗涤，这些环节十分耗水，若是将废水直接排到河流之中，将对环境造成十分严重的污染。

同时，传统的染色工艺也十分耗水耗能，它是将纤维或者织物这类纺织原料放进含有染料的水溶液之中染色，又因为上染率不是100%，且有高有低，导致部分废物染料随着染色添加剂一起被排出，是废水中的主要污染源。2007年，广州纺织业工业总产值418199.3万元，工业废物排放总量为5321.4万吨，万元产值废水排放量达到127.4吨。广州纺织工业产值对应高废水排放量，万元产值废物排水量为全工业行业最高，废物污染严重。其二是大气污染。产生大气污染的主要原因是纺织过程中煤炭等燃料燃烧排放出的二氧化碳、二氧化硫和烟尘等。2007年广州纺织业工业废气排放总量为944779万吨，其中燃料废气912930万标立方米、工艺废气31849万标立方米。广州纺织行业的燃料废气排放量仅次于石油和非金属矿物制品行业，是废气排放量第三大工业。

四　人员流失严重，专业人才缺乏

尽管近年来广州纺织服装业取得了飞跃式的发展，不少人才进入到纺织服装产业当中，且拥有国内数量最多的设计师群体和国内最多的设计院，但掌握国际先进水平，能引领整个服装行业朝着高水平发展的设计师却相对稀少。广州服装在时尚品牌设计和运营方面都依靠国际时尚之都的设计师，大多数来自法国和意大利，本土高端人才和领军人物的培育受到一定程度限制。另外，广州纺织服装企业多为中小企业，高学历人才匮乏。自2008年以来，广州纺织服装业就业人数不断减少，从2008年的267732人减少到2015年的85334人（见图4-6）。

劳动力的流失导致专业工人不足，越来越多的劳动力逃离广州。这与广州不断上涨的物价有关，低技能劳动力难以承受高昂的生活成本，加之近年广州住房供不应求，房价不断上涨，更加促使低技能劳动力流向外地。广州乃至整个珠三角地区都

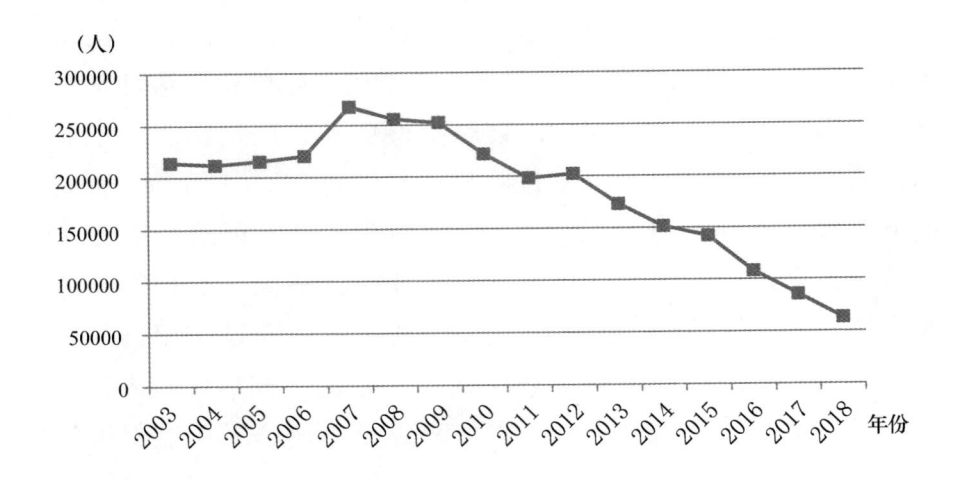

图 4-6 2003—2018 年广州纺织服装业就业人数

数据来源：广州市统计局。

出现了"民工荒"的局面。劳动力的供不应求，导致纺织服装企业不得不提高员工薪资，增加企业的生产成本，削弱了企业出口的成本优势，致使中小企业难以生存。

第五章 皮革皮具制造业

第一节 皮革皮具制造业概述

皮具行业又被称作皮件行业，在我国具有悠久的历史，无论是在出口创汇，还是为国家积累外贸经验、丰富轻工市场、解决劳动力就业等方面都做出了杰出的贡献。皮具一般是由皮革面料和非皮革面料加工而成的箱包、手袋、手套、皮带、票夹等。现代皮革一般包括天然皮革、合成皮革和纺织材料。早在5000多年前，皮革被用来防风御寒。到公元前1000多年的周代，人们已经从长期的实践过程中摸索出初步制革的技术，这就是我国最原始的制革工业。到19世纪中叶，持续了几千年的制革工业迎来第一次飞速发展，铬鞣法的发现极大地推动了制革工业的发展，将科学应用到制革生产当中。到20世纪初，越来越多的制革化学品成功研发，推动制革工业迅猛发展。很多国家逐渐形成了较大较先进的制革工业体系，制革工业从传统的纯手工制作向半机械化和机械化生产转变，由劳动密集型产业向技术密集型产业转变。目前，我国皮革皮具行业优势仍然存在，但创新求变是中国皮革皮具行业发展的首要目标。根据《中国统计年鉴》数据显示，2019年全国规模以上皮革皮具企业利润总额为800.7亿元。"世界皮革看中国，中国皮革看广州"，皮革皮具制造业作为广州优势产业之一，在广州的发展已趋于成熟，具有完备的产业链，皮革皮具行业发展位于全国前列。

一　皮革皮具行业自身特点

我国皮革皮具行业有着几千年发展历史，是传统的劳动密集型行业，皮革皮具是我国主要的出口商品。总体来说，可以概括为以下几个方面的特点。

（一）皮革皮具是我国主要出口商品之一

中国是一个皮革皮具生产大国，目前，我国皮革皮具生产企业数量已经超过2.6万家，年总产值近800亿元，是全球最大的皮革皮具生产供应基地，产量和出口稳居世界首位。我国的皮革皮具行业已经成为在国际市场具有很强竞争力的大行业，同样是我国出口创汇的重点行业之一。近年来，随着"一带一路"倡议的深入推进，皮革产业得到加速发展。我国皮革产业出口额继2015—2016年下降后，在2017—2019年小幅度回升。2019年，我国规模以上皮革主体行业实现销售收入10981.99亿元、利润658.37亿元，出口868.45亿美元，同比上涨1.5%。其中，向"一带一路"沿线国家的出口达284.7亿美元，同比增长11.4%。

（二）皮革行业集群效应明显

自20世纪90年代初期开始，我国皮革行业逐渐形成了特色区域发展格局。皮革业特色区域是由一至两个龙头皮革产品领头，大量企业聚集在同一区域，形成一个完整的产业链，其中上、中、下游产品相互配套，专业化分工明确，特色极其突出，最终形成产业集群。经过几十年的发展，各具特色的皮革行业飞速发展，产业集群特色日渐明显。我国各地皮革特色区域已经成为当地的经济支柱产业，其最主要的优势在于获取信息的成本低。此类信息主要来自国内外会展或其他国际交流活动，供应商、采购商或其他同行之间的近距离传播，信息获取十分便利和迅速。同时，还有原辅材料、设备配件供应方便快捷、设备配套齐全、服务周到、劳动力充足、企业经营成本低、竞争力强等特点。此外，特色区域内专业人才和工人相对集中，劳动力素质水平较高，共享资源充足。

（三）不同所有制企业共同发展

我国皮革行业主要由制革、制鞋、皮具、皮革服装、毛皮及制品五个主体行业，以及皮革化工、皮革机械、皮革五金、鞋用材料等配套行业组成。2019年皮革行业规模以上工业企业数量为8319家，国有企业占比最少，仅29家，占总比的0.3%，私营企业数量最多，有6148家，占比74%，外商投资和港澳台投资企业和集体企业的数量分别占15%和11%（见图5-1）。

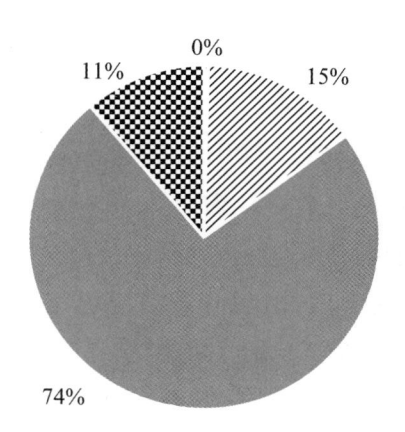

图5-1　2019年中国皮革皮具行业不同所有制属性企业占比

数据来源：《中国统计年鉴2020》。

二 皮革皮具业在广州的地位及发展状况

广州皮革皮具行业有一句话广为流传,"世界皮具看中国,中国皮具在广州",皮革皮具行业在广州乃至全世界占据着重要地位。2019 年,广东、浙江和福建三省是我国皮革行业的主要出口地,其中广东出口额居第一位,出口额达 703.92 亿元。同时,广东、上海和江苏三地是我国皮革行业的主要进口地,其中广东以进口原料为主,占我国成皮革进口总额的 50.6%、半成品进口额的 35%。

作为全国公认的皮革皮具业制品生产大省,广东皮革皮具产业的发展已有三千多年历史。广州作为首要贡献城市,拥有完整的皮革皮具产业链,成为全球的皮革皮具产品的制造中心、贸易中心、信息中心、设计研发中心和品牌中心。广州拥有较完整的以皮革为原料的皮具市场产业链,皮革皮具市场经过十数年的快速发展,已进入一个全新的发展阶段。广州皮革皮具专业市场的兴起,不仅带动广州的经济,成为经济支柱产业之一,同样在全国行业发展过程中有着推波助澜的作用。广州的皮革皮具专业市场目前主要分为三大块:白云区、花都区的狮岭和越秀区的桂花岗。

其中,白云区位于广州的北部中心城区,是中国三大航空枢纽港之一的白云机场所在地。2012 年,我国首个"中国皮具商贸之都"落户白云区,白云区成为我国皮革特色区域之一。三元里皮具商圈在白云区内,交通方便,经济地理位置极其优越,每年有上亿人次的国内外商人前来采购,三元里皮具商圈有着"中国皮具成品第一城"的美称。三元里皮具商圈自 20 世纪 80 年代自发形成,经过数十年的发展,已经拥有 30 余家皮具专业批发市场,超万家经营商铺落户。皮革皮具产品出口到欧洲、中东、美国、东南亚和香港等国家和地区,年交易额超过 300 亿元，在全国皮革皮具成品批发市场集群中扮演着重要的角色，是世界著名的皮革皮具成品贸易集散地。越秀桂花岗皮具批发市场是全国规模最大、档次最高的皮革皮具批发市场，也是全球最大的皮革皮具批发市场，20 世纪 80 年代，由广州、深圳、东莞和中山等广东沿海城市兴办，规模从 500 到 1000 人不等。广州桂花岗皮具批发市场在 1992 年到 1997 年间形成，目前已成为全国最大规模的皮革皮具批发市场，占地面积广阔，包括广州皮具皮带城、中澳东具商贸城、三元里批发市场、桂花楼皮具城等十二个连成一片的超大型皮革皮具批发市场，市场内囊括了国内外 5000 多个皮具品牌，箱包产品超过 20 种，覆盖高中低档次的皮革皮具产品。花都区狮岭镇是以皮革皮具生产为主导行业的专业镇，镇内包含工业园区和专业市场，是广州发展最早、产业链条最完整的特色产业中心。2000 年 12 月，狮岭（国际）皮革皮具城首期商铺正式开张营业，2001 年"中国（狮岭）首届皮革皮具节"成功举办，不仅吸引了国内浙江、河北、北京等地的投资者，还有来自美国、法国等地的皮具皮革厂家，均选择在狮岭镇落户建厂。三期工程——皮革数码城的建成，将现代信息管理技术和交易手段集于一体，是对"数码"最好的诠释。皮革数码城拥有电子商务网络服务中心，其建成对于将狮岭（国际）皮革皮具城真正打造成与国际皮革皮具产业接轨的国际皮革皮具专业批发市场意义重大。广州连接内地、珠江三角洲经济区的铁路集装箱结点位于狮岭，毗邻广州新国际机场、珠三角经济区外环高速公路、106 国道、107 国道、机场高速公路等，狮岭（国际）皮革皮具城交通水陆皆可、四通八达、方便快捷，有利于皮革皮具业的发展壮大。花都区狮岭镇先后被授予"国家外贸转型升级示范基地""中国皮具之都""中国皮具名镇""中国县域产业集群竞争力 100 强""中国经济综合开发示范镇""中国专业市场示范镇""中国品牌标准示范镇及广东皮具原辅料国际采购中心"以及广东省外贸转型升级专业型示范基地等20多个国家级和部省级荣誉称号。

广州的皮革化工材料、一系列制造工具和各种配件经过20多年的发展，从无到有，取得巨大进步。随着行业的不断发展，皮革皮具业产品的品种、质量、配套性和技术服务日益完善。2003年，广东召开"全省实施名牌带动战略工作会议"，标志着广东皮革皮具行业品牌战略正式实施。2015年，《中国制造2025》确立了我国要实现从中国制造向中国创造、中国速度向中国质量、中国产品向中国品牌的转变。通过供给侧改革即从生产端入手，促进皮革皮具制造业转型升级，实现去产能、去库存、去杠杆、降成本、补短板。皮革皮具业的未来发展主要在以下几点：一是依靠创新力的驱动，提升生产要素的利用效率；二是走品牌化道路提升产品的竞争力，促进产业升级；三是注重生产性服务业的发展以此来推动皮革皮具产业结构化；四是通过皮革皮具产业集群网络式创新，实现智能化柔性制造。

第二节　广州皮革皮具制造业发展历程

改革开放40余年，我国皮革皮具行业有着巨大改变，从分散的、个体的、手工作坊式的弱小行业转变为在国际市场上拥有举足轻重地位优势的行业。目前，全国拥有超过2.6万家的皮革皮具企业，从业人员超过200万人，行业年总产值达到10981.99亿元，是名副其实的世界皮革皮具大国。广州皮革皮具制造业在改革开放期间发展迅猛，根据广州皮革皮具行业的发展情况以及获取的行业数据，大致可以将广州皮革皮具制造业的发展历程划分为三个阶段，分别为"稳步发展阶段""快速发展阶段""未来新发展阶段"。

一 稳步发展阶段（2000—2010）

广州皮革皮具行业在此期间总体发展呈现稳步前进趋势（见图5-2）。截至2000年，广州皮革皮具行业经历了最快速的发展时期。1978年到1997的20年间，广州皮革皮具行业充分发挥了劳动密集型、中小规模企业发展市场经济、生产适应能力强等优势，加快融入社会主义市场经济的速度，并逐步建立了从生产、经营、科研到人才培育的较完整工业体系。随着我国贸易持续国际化以及世界生产和全球化贸易格局的调整，发达国家劳动力不足、成本高昂且环境保护意识较强等问题逐渐显现，致使皮革皮具产业重心逐渐从发达国家向发展中国家转移，中国逐步成为世界皮革皮具加工中心及销售中心，广州的皮革皮具行业也得以快速发展，逐渐形成资源、市场、配套三大优势。

广州"十五""十一五"规划中提到："积极运用高新技术和先进适用技术改造传统工业，提高传统工业的档次，增强其技术创新能力。""十五"规划中特别强调，"重振一批历史驰名品牌并开创一批新的名牌"，通过建立名牌产品提高市场占有率，采用品牌经营模式替代传统皮革皮具行业经营模式。"十一五"时期是品牌名牌战略的全面实施以及高端产业的形成阶段。

1998年，中国皮革协会提出《中国皮革行业"二次创业"发展战略》，明确指出调整优化皮革行业结构，促进全行业从数量主导型转变为以质量、品种、出口、效益型为主导的产业结构，在10年到15年的时间内，引领我国跻身世界皮革强国行列，争取创立3年到5个国际知名品牌。截至2000年，广州皮革皮具行业已经具备了皮革大都市的基础积累，2000年到2010年是广州皮革皮具行业从量变到质变的阶段。2003年，广州皮革皮具业工业总产值为134.06亿元，到2007年工业总产值为

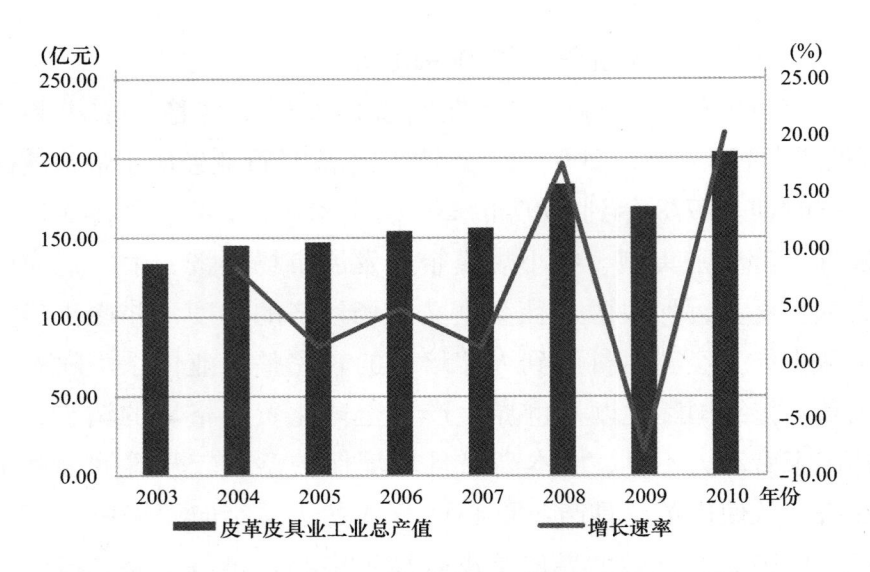

图 5-2　2003—2010 年广州皮革皮具业工业总产值及增长速率

数据来源：历年《广州统计年鉴》搜集整理。

156.3 亿元，5 年间工业总产值上升 16.6%，相比 2000 年以前每年近 6% 的增长速率，这一时期广州皮革皮具行业增速放缓，这可能与其注重实施名牌品牌建设战略有关。

2003 年，广东召开"全省实施名牌带动战略工作会议"，广州皮革皮具行业掀起了"争名牌、创名牌"的高潮，标志着广州皮革皮具企业将重心从简单的加工制造转移到打造自有品牌，广州皮革皮具行业开始走出"产量大名牌少"的尴尬局面。品牌建设不仅是打造全国品牌、世界品牌，还需注重区域品牌的建设。广州白云区于 2003 年开始"区域品牌"建设，2003 年 11 月，花都区宣布"第三届中国（狮岭）皮具节"正式开幕。区域内部的竞争和共存打响了"广州制造""广州皮革"的品牌，也形成了皮革企业、皮革品牌之间在竞争中进步、在进步中发展的良好局面。这一时期内，广州皮革皮具商会决定细化分工以达到效率最大化，加快皮革皮具行业向高端产业转型的速度。2005年，广州皮具行业商会成立皮具研发中心，2006年，广州皮具商会宝圣培训中心和品牌策划中心以及广东省皮革协会皮具设计中心正式启动。宝圣培训中心将中外皮具设计在线作为载体，以对皮具设计人员、版师的强化培训和对中外皮革皮具行业流行趋势的研究为目标。宝圣品牌策划中心主要以产品为出发点，研究如何在产品中体现概念和文化、如何传播概念和品牌文化、如何通过产品引领文化生活，把注册、策划和推广新品牌当作首要目标，最后为品牌制订建立计划、进行品牌的拍卖销售、代理、授权、合作经营、开设品牌专卖店等各项服务。广东省皮革工业协会皮具设计中心致力于接办国内外大型品牌的产品设计开发业务。2007年，广州白云区宣布启动打造"中国皮具名城"战略，要将"白云"打造为皮革行业世界性的区域品牌，提出"建立市场管理服务公司"的新思路来推动区域品牌建设，服务公司作为市场的管理者和服务者，可以注册"白云"或其他市场的流通商标，代表整个商圈市场，以一个经济实体的身份组织国内外采购，也可以组织国内的皮革皮具企业到国内外专业交易会或展会进行学习交流，从而达到宣传"白云"乃至全广州皮革皮具行业品牌的目的。花都狮岭镇同样打造产业品牌和城市品牌。白云与花都之间的良性竞争不仅促进了彼此的发展，还提升了整个广州的区域品牌价值。

但广州皮革皮具制造业出口额自2000年以来增长缓慢，2010年的出口额低于2000年的出口额（见图5-3）。这可能与以下几个方面有关：一是"中国制造"长期以来被世界消费者当作中低端产品、低附加值产品的代名词，广州皮革皮具行业也长期处于垂直化国际分工体系的低端。2000年之前，广州皮革皮具行业凭借低廉生产成本带来的成本优势和劳动力密集型产品的竞争优势快速发展。但2000年之后，由于我国人口老龄化带来的劳动力缺失和人口红利减少，我国皮革皮具行业拥有的优势逐渐丧失，大部分外商投资纷纷从中国撤资并转向东南亚国家，印度、孟加拉国、越南、柬埔寨等竞争者更具成本和竞争优势。二是广州乃至全国的皮革皮具行业都缺少世界知名品牌，导致国内皮革皮具产品难以夺取世界市场份额。意大利、法国等欧美发达国家拥有大量知名品牌，如LV、CHANEL、GUCCI、DIOR、Valentino、PRADA、Armani、Dunhill、FENDI、COACH等欧美知名品牌，这些品牌历史悠久，已经是家喻户晓的品牌。虽然广州的品牌质量不比这些品牌差，但缺少品牌文化的积淀、工艺的精益求精和产品上的自主独特设计。三是2008年的金融危机进一步冲击了广州皮革皮具行业的出口。广州皮革皮具行业中多以中小企业为主，在面对金融危机时难以获得融资借款机会，并且企业多以欧美订单为主，不得不降低生产成本、减少利润来维持生存。金融危机后欧美订单持续减少，第112届广交会的皮革皮具采购额比第111届下降11.4%，客商参加数减少19%，超过7000家中小皮革皮具工厂议价空间微乎其微，利润率甚至达不到5%。

二 快速发展阶段（2011—2015）

2010年，广州皮革皮具行业总产值为203.62亿元，2015年产值为289.31亿元，增长近30%，年均增长率近6%。2015年广州皮革皮具行业出口额创新高，达119.54亿元（见图5-4）。这一阶段广州皮革皮具行业总产值增长迅速，与"十二五"期间的一系列政策密切相关。

广州"十二五"规划中提出：要提高行业自主创新能力，激发企业创新活力。认真落实税收优惠、政府采购等激励政策，对于国有企业，大力支持其技术的创新；对于私营企业，加大对其研发的投入的引导和扶持。另外还针对不同发展阶段的民

第五章 皮革皮具制造业 101

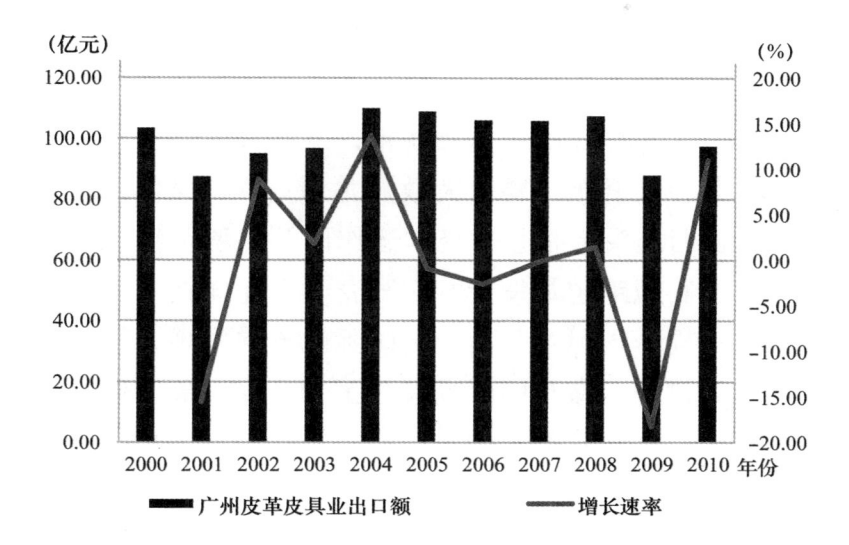

图5-3 2000—2010年广州皮革皮具业出口额及增长速率

数据来源：历年《广州统计年鉴》搜集整理。

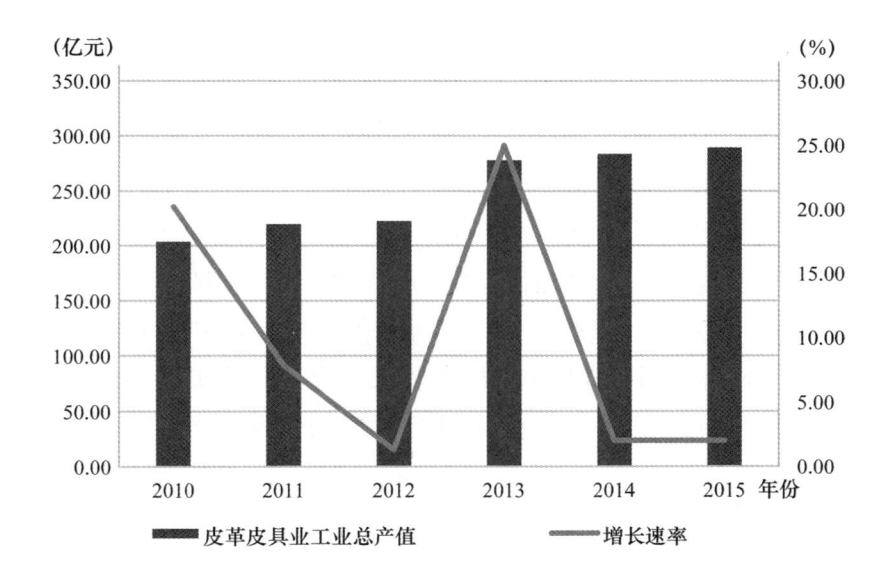

图5-4 2010—2015年广州皮革皮具业工业总产值及增长速率

数据来源：历年《广州统计年鉴》。

营和中小企业给予梯度扶持，每年滚动式筛选300家成长性好、竞争力强的民营和中小企业，从税收奖励、资金扶持、融资服务、用地和人才等方面给予重点扶持，以此来促进中小企业的发展，推动其转型升级。要做大做强龙头企业，强化品牌建设战略。鼓励民营龙头企业通过资本运作以及并购重组等方式扩大企业规模，实现跨越式发展。鼓励龙头企业向技术创新和品牌建设发展，提升国际竞争力，向国际化方向发展，努力向国际产业链上游攀登，参与国际高端分工和合作，最后形成一批具有自主知识产权的世界级品牌。

经过第一阶段的发展，广州皮革皮具品牌已经初具规模，皮具市场已拥有万里马、百利莲、永骏荷花、浪臣、蒙娜丽莎、骏鸣、鱼宝、圣龙、柏天妮、帕佳图、连奴等几十个实力品牌，为广州皮革皮具行业的加速发展奠定了基础。"十二五"规划中提出，要实施企业集群化发展战略，以国家级开发区、现代服务业功能区和高技术、先进制造业基地等为主要载体，注重提高企业规模水平和行业集中度，加速形成以大企业为核心、专业化程度高的小企业协同配套企业集群，减少皮革皮具行业不必要的劳动力浪费，加快从劳动密集型行业向技术导向型行业转变。广州皮革皮具市场的生产成本长期以来低于国内外市场，如广州花都狮岭、白云等企业集群地，许多企业拥有自己的工厂、外来劳工众多、原材料充足，并且政府实施了许多扶持和优惠政策减少企业生产成本。

三 未来新发展阶段（2016年至今）

2015年，广州皮革皮具行业的利润总额为1.81亿元，虽然2016—2017年利润总额有所回升，但2019年的利润总额降到0.47亿元（见图5-5）。皮革皮具制造业作为传统制造业的一种，利润空间小是传统制造业的通病，近年来利润空间又遭不断压缩，主要有以下三个方面的原因。

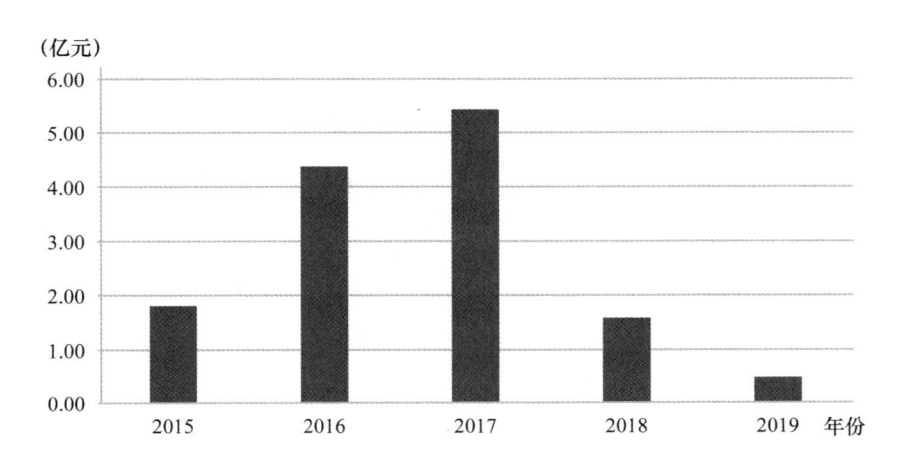

图 5 – 5　2015—2019 年广州规模以上皮革皮具企业利润总额

数据来源：历年《广州统计年鉴》搜集整理。

一是产业结构不合理，产业附加值过低。广州花都区狮岭镇皮革皮具产业链条主要集中在"微笑曲线"的底端，缺少处于上游的研发设计和终端营销，直接导致了产业的低附加值。皮革皮具产业属于传统的劳动密集型行业，狮岭镇拥有生产性的皮革皮具企业超过 8000 家，占总生产经营性商户近一半比重，主要集中在生产制造和封装批发环节，员工超 20 万人，从事技术含量不高的工作，资源和能源消耗较大。另外，处在链条低端的企业缺乏议价能力，企业之间价格竞争激烈，进一步压缩了企业利润。二是劳动力减少，人口红利逐渐消失。广州位于珠三角地区，虽然城乡壁垒破除后，皮革皮具行业享受到人口自由流动带来的廉价劳动力，但近年来人口红利逐渐下降，皮革皮具行业面临招工难和用工难的困境，外来人口劳动力从最高峰的 30 万人下降至 2019 年的 21 万人，工人薪酬标准不断提高，也进一步压缩企业利润。三是可持续绿色发展倒逼产业转型。"十二五""十三五"规划中提出了可持续发展和绿色发展，从中央到地方开展了严格的环保督察。皮革皮具行业的污染主要集中在原辅材料生产中的废水、废气和废料三个方面，由于广州皮革皮具企业多是中小企业，存在大量不规范的家庭式小作坊，如果上游的原材料供应出现问题，那么中下游的加工生产也会中断，将造成严重的客源流失和经济损失。广州皮革皮具业工业总产值近年来不断下降，到2017年产值为190.16亿元。广州皮革皮具行业多以外销为主，多为欧美订单，但近年皮革皮具行业的成本和竞争优势不断被削弱，出口额不断下降，2015年广州皮革皮具业出口额为119.54亿元，2019出口额仅有77.02亿元，下降35.6%（见图5-6）。

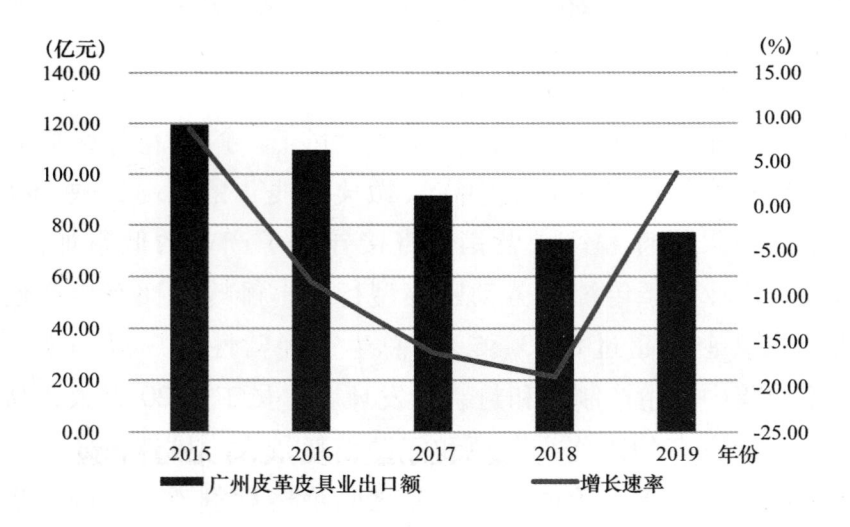

图5-6 2015—2019年广州皮革皮具业出口额及增长速率

数据来源：历年《广州统计年鉴》搜集整理。

目前，广州皮革皮具行业面临着产值持续走低、产品竞争力低、劳动力缺失等问题。2018年，美国与中国之间的贸易战使广州皮革皮具行业形势更加严峻。2015年，《皮革行业发展规划（2016—2020 年）》正式发布，《发展规划》提出了2016—2020 年即"十三五"时期皮革行业十大发展目标：生产与效益平稳增长；研发设计创新能力不断提高；产业结构更趋合理；出口结构进一步优化；质量品牌效益显著提高；智能制造水平大幅提升；绿色制造水平大幅提升；产业集群建设稳步推进；全渠道营销能力不断优化；行业人才梯队基本形成。

未来，广州皮革皮具行业将向成为具有高生产力和具有创新驱动力的行业转变。广州作为"粤港澳大湾区"和"一带一路"的重要战略地，也给皮革皮具企业带来了转型升级的好机会。皮革皮具产业在继续推进技术改造的同时，要进一步加大力度推进产业链向皮具产品研发、创意设计延伸，扶持本地创意和设计创业做大做精，努力培育龙头企业，促进产业由"制造"向"创造"升级。提高行业整体信息化水平，鼓励皮革皮具企业使用云上平台。推动本地皮革市场优化提升，发展电子商务，使用和推广线上电子交易平台替代传统"现货交易方式"。并且坚持品牌提升战略，重点围绕三大皮革皮具产业基地，吸引国内外皮革皮具工业研发、设计、营销、产品展览展示等企业总部集聚，以此来促进本地品牌建设，提升本地"区域品牌"和"企业品牌"的影响力。

第三节　广州皮革皮具制造业发展的先进经验

广州皮革皮具制造业发展至今经历了 3 个阶段，从世界生产链条的最低端向中上游攀登，逐渐从劳动密集型行业向技术密集型行业、从数量主导型行业向质量服务、出口效益、品牌带动型行业转变。

一 建设"区域品牌",推动皮革行业发展

早在2003年,广州白云区开展皮革皮具行业"区域品牌"建设,将"白云"打造成皮革行业世界性的区域品牌。广州皮革皮具行业总体生产技术水平、生产规模、产品质量和创新能力均在世界平均水平之上,但缺少名牌产品,"区域品牌"就是广州皮革皮具行业的新突破点。广州皮革皮具企业要想做大做精,需要坚持品牌发展,唯有拥有了"广州品牌",广州的皮革皮具产业才能真正跻身世界高端生产行列,在竞争激烈的国际市场中获得一席之地。目前,广州白云区的销售收入占比排全市重点区域第二,利润总额占比也是全市第二,"区域品牌"建设为白云区皮革皮具行业带来了不可忽视的优势(见图5-7、图5-8)。

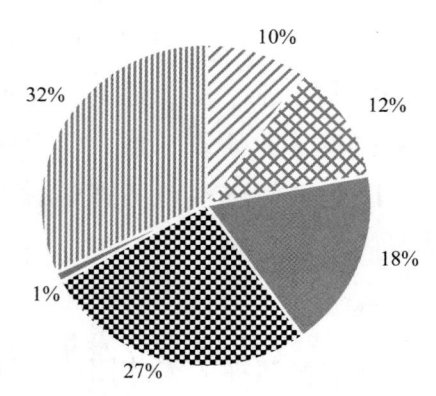

图5-7 广州各区皮革皮具产业销售收入占比

数据来源:国家统计局数据库。

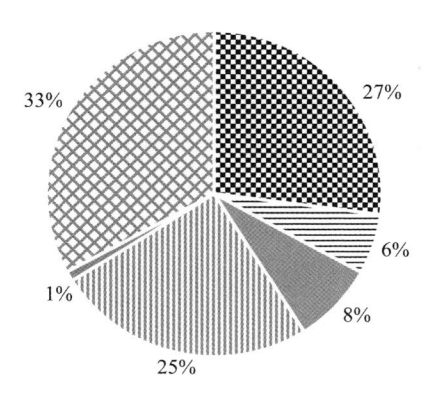

33% 27%

6%

1%

25% 8%

▪增城区 ▦花都区狮岭 ▪花都区 ▣白云区 ╲海珠区 ▣番禺区

图 5-8 广州各区皮革皮具产业利润占比

数据来源：国家统计局数据库。

二 培养专业型人才，创造行业生命力

广州皮革皮具特色区域的发展与决策者的创新精神和宏观计划制订实施密切相关，特色区域的管理和发展能体现人才的巨大价值。区域发展需要基层企业支撑，企业由企业家的创新创业精神、管理水平、个人能力和企业员工共同决定。广州皮革皮具企业之间竞争激烈，要想在竞争激烈的市场中生存、谋得持续发展，需要正确的战略目标、良好的团队组织能力、有创新精神、负责任、有道德精神的人才团队。新员工经过基础知识、产品知识、职业化塑造、企业文化的全方面培训，以及专业的讲师队伍指导学习，能加速皮革皮具行业人才的培养，养成有志向、有能力、有归属感、有责任心的企业人才。总体来说，广州皮革皮具行业的领导者、企业家、专业人才的优秀品质是促进皮革皮具行业不断发展的重要推力。

三 发挥产业集群优势，加速行业发展

目前，广州皮革皮具行业主要以花都狮岭为中心，其产值占广州比重的80%以上，狮岭的皮革皮具产业经过数十年的发展，已经拥有超过8000家企业，18000多家商铺和近30万从业人员。近十年来，随着广州成为国际皮革皮具产业中心以及广州大力发展皮革皮具产业的集聚区，狮岭皮革皮具城抓住了发展机会，从一开始的"一无所有"，到现在的"应有尽有"。如今，狮岭皮革皮具城内不仅有"八大工业园区"，而且还有"十大专业市场"，是国内皮革皮具产业的发展前沿地区。生产模式也从最低端的"贴牌加工"到产品制造，再到位于全球产业链高端的"自有知识产权品牌的创造"。2002年，狮岭镇被授予"中国皮具之都"的美称，2006年还被确定为广东省皮具产业集群升级示范区，狮岭产业集群优势明显，稳居国内市场龙头位置，甚至在皮革皮具业处于顶端的法国、意大利等欧美国家也有很高的知名度。

四 搭建网上平台，带动行业转型升级

2016年上半年，广州花都成功搭建了市场采购贸易方式网上交易平台，同年下半年，实现了对网上交易平台的试运行。2016年全年成交总额达300亿元，出口额超过120亿元。2020年，广州花都实现市场总成交额500亿元，出口额超过260亿元，其中通过网上交易平台实现的交易额30亿元。网上交易平台的建设抓住了"一带一路""对外贸易开发"的国家战略机遇。广州是传统的商贸之都，各行各业都迫切需要转型升级，花都网上交易平台的成功搭建，带动了花都周边8000多家皮革皮具相关产业生产型企业和六大箱包生产工业园区的转型升级，使广州皮革皮具产业进一步与国际接轨，将狮岭皮革皮具城打

造为外贸发展转变的示范区和带动皮革产业转型升级的重要基地。

第四节 广州皮革皮具制造业存在的问题

一 自主品牌稀缺，产权保护意识薄弱

打造"广州品牌"是广州皮革皮具行业多年以来的目标，商标品牌作为经济发展的核心要素和重要战略资源，是广州皮革皮具行业发展的重要驱动力。广州狮岭镇政府十分重视品牌保护和打假，分别制订了《狮岭镇重点产品专项打假行动方案》《狮岭镇整治无证照经营、打击制假售假专项行动工作方案》《狮岭镇开展重点区域市场群打击制假售假专项整治行动方案》等工作方案，之后狮岭镇政府成立了专项领导小组，及时研究解决皮革皮具业商标品牌管理层面的问题。2016年，狮岭镇共立案查处皮革皮具打假案件110宗，其中11宗情节严重者移交公安机关，共查收侵权皮具成品27727件、半成品9880件、切片59859片、面料皮革57卷250码、侵权皮具五金配件551190件，对违法造假侵权的犯罪分子给予了沉重的打击，但同时也看出广州皮革皮具行业侵权造假现象严重。

广州皮革皮具业的品牌创建之路困难重重，国外知名品牌长年占据市场，导致相当一部分消费者对国内很多知名度不高的新秀产品存在接受障碍；企业经营自有品牌面临高风险，相较于做代工订单的稳定收入，自主品牌的研发需求资金数额庞大，回报却不可预期；同时，皮革皮具市场品牌保护环节薄弱，自主研发的品牌上市后，短时间内模仿品就出现在市场中，造成了不可逆的恶性循环，敢做的人越少，"广州品牌"就越少。

二 技术水平落后，位于产业链低端

广州皮革皮具产业主要以中小企业为主，一方面大部分中小企业进行着简单的"贴牌加工"工作，产品以中低档为主，高附加值产品少，企业利润低，居于国际市场低端。另一方面中小企业融资困难，资金短缺。中小企业实力不强，资本金少，信誉不高。许多皮革皮具企业都是依靠租赁厂房建立而成，没有房产物业的担保，很难获得银行贷款。这两方面原因直接导致中小企业缺少资金购买高端设备，投入新技术开发新产品。

三 政策实施存在困境，难以有效推动行业发展

政府在推动皮革皮具行业发展方面存在明显的动力不足。在广州皮革皮具行业完全发展至由市场占主导调控地位前，政府的宏观调控以及相关政策的制定都对皮革行业有着至关重要的作用，主要可以归纳为以下几点原因：一是皮革皮具行业税收政策有漏洞，直接导致政府获得的税收少，难以推动行业发展。根据近几年数据显示，狮岭镇皮革皮具产业的税收占总比25%左右，而皮革皮具产业作为狮岭镇的主导产业，占狮岭镇总产业产值比重80%以上，税收与产值比重差距大，直接影响了政府对皮革皮具行业的资金扶持，影响了产业的可持续发展。二是环境污染与保护以及资源铺张浪费的问题。箱包"全生命周期"产业链的生态环境风险评价研究显示，箱包产业链的污染源主要是上游生产过程中处理五金、织布、PU革、真皮等原辅材料产生的废水、废气和废料。虽然造成的污染并不是很严重，且所使用的胶水和边油挥发性有机废气较少，但保护环境、可持续绿色发展是社会重视的话题。另外，由于广州皮革皮具业企业多以中小规模居多，土地利用率低，布局较为分散。政府在扶持企业的同时还要面对环境污染和资源利用问题，大大

降低了政策的实施效率。三是治理成本高,使得政府进退两难。广州皮革皮具产业吸引了珠三角地区乃至全国各地的外来人口,外来人员密集分布在各大皮革皮具区域中,给社会治安、出租屋流动人员管控带来巨大挑战。除此之外,如广州花都狮岭镇是日薪制市场,每天面对着大量的流动劳动力,"日薪制"劳务管理承受巨大压力,政府不得不在社会治安方面投入大量的人力和物力,并且每天的市场环境卫生也交由政府管理,每年仅狮岭镇的治安和卫生环境经费支出就高达1亿元,几乎等同于地方财政一年的收入。

第六章 化妆品制造业

第一节 化妆品制造业概述

随着我国人民生活水平的不断提高，化妆品市场也得到了迅猛发展，目前已成为全球第二大的化妆品市场，2010年，我国化妆品市场规模约为2100亿元，2015年超过3100亿元，短短5年间，市场规模便提升了近1000亿元。广州的化妆品制造业发展居全国前列，属于典型的朝阳行业。随着人民生活水平和社会发展的进一步提高，对化妆品的需求还会更高。近年来，消费者对中高端产品的需求越来越旺盛，化妆品市场整体消费水平在不断提高，这些都将推动化妆品产业进一步发展。

一 化妆品行业自身特点

我国化妆品行业具有非常典型的行业特点，整个行业迈入成熟期、属于技术密集型行业、投入低收入高，并且多为外资企业。一是产品市场发展迅速，迈入成熟期。经过长期的优胜劣汰，市场已进入较为成熟的阶段，主要以规模较大、品牌效应较强的几家公司为主，且各公司在市场中占有相对较为固定的市场份额，初步形成了市场进入壁垒。化妆品企业之间不再依靠价格优势竞争而是转向其他非价格手段，如提高产品质量、改善性能、增加品牌知名度和提升售后服务能力等。个别大厂商占据市场垄断地位，因此行业的利润达到了较高水平，行业风险也因为市场比例的确定而降低。如化妆品代工行业中的龙头企业科丝美诗在代工行业里的价格报价往往高出平均报价水平的三成左右，但订单依旧爆满。这个时期的化妆品行业进入壁垒较高，新企业很难打入市场，主要原因是市场已基本被大企业垄断，产品的价格只能低于这些企业的产品。另外，很难扩大自己的知名度来占取市场份额，如果靠广告来提升自己的知名度，成本过高且风险太大。二是属于技术密集型高科技产业，发展态势明显。化妆品制造业属于技术密集型高科技产业，化妆品既是一种现代文化也是一类不断发展的高科技产业，化妆品的生产与化学等相关技术密切相关，如胶体化学、有机化学、香料化学等，在产品设计方面也与医学、心理学、美容学和美学等有关。近年来，化妆品的开发研究力度较大，在高科技浪潮的影响下，产品的变化瞬息万变，推动着化妆品产业飞速发展，每年都有大量的化妆品新原料、新技术、新工艺、新设备和新包装等不断推出。化妆品行业科技是多种学科的结晶，使其成为一个技术密集型高科技产业。三是化妆品行业是全球新兴行业之一，投入低收益高。在20世纪90年代之前，中国居民的化妆品消费观念几乎没有成型，消费者只是购买简单便宜的产品进行最基础的护理。20世纪90年代之后，我国化妆品产业与国际接轨，紧接着我国加入WTO，使我国化妆品市场进入一个前所未有的发展时期，化妆品的发展势不可当，发展速度远高于全国国民经济和轻工业增长的发展速度。经过这一时期的快速发展，化妆品行业形成了部分企业分割市场的局面，企业具有决定价格的优势。再加上化妆品产品生产成本极低，一款化妆品从工厂到零售终端，其价格放大了至少十倍，是典型的低投入高收益行业。四是化妆品行业市场密集度高，多为外资或合资企业。经过长期发展，我国已成为全世界第二大的化妆品市场，企业之间多为品牌和品质竞争，整个行业日渐成为集产业化、市场化、国际化为一体的综合性产业，并且市场整体规模逐步扩大，整个行业呈现逐步稳定的发展趋势。我国拥有超过3000个品牌的城市化妆品市场，外资及合资企业占据主要地位，占整个市场份额的80%左右，但我国本土品牌市场份额增长也十分显著，从2012年到2013年，本土护肤品品牌的市场份额增加5.5%，彩妆品牌增加6.3%；2014年与2013年相比，本土护肤品品牌市场份额增加4.8%，彩妆品牌增加3.8%。2017年，我国化妆品市场占有率前十的公司中，大多为欧美以及日韩的跨国企业，其中占比最高的是宝洁（美国），仅有3家内资企业跻身前10行列，分别是上海上美、百雀羚和伽蓝集团。但本土化妆品品牌更容易贴近国内消费者需求，了解消费者的偏好，如今越来越多的本土品牌备受国内消费者青睐，如完美日记、自然堂、佰草集、百雀羚、相宜本草、美素、珀莱雅、欧诗漫、丸美等（见表6-1）。

表6-1　　　　2017年中国化妆品市场占有率前10的公司

公司名称	市场占有率（%）
1. 宝洁	10.1
2. 欧莱雅	8.4
3. 资生堂	3.1
4. 上海上美（内资）	2.6
5. 联合利华	2.6
6. 雅诗兰黛	2.5
7. 太平洋爱茉莉	2.5
8. 百雀羚（内资）	2.3
9. 伽蓝集团（内资）	2.2
10. 玫琳凯	2.2
合计	38.5

数据来源：《中国化妆品行业研究——行业概况、行业发展现状》。

二 化妆品行业在广州的地位及发展状况

近年来，我国化妆品行业发展迅猛，已经成为全球第二大化妆品市场。根据数据显示，2019年我国化妆品限额以上的单位零售额为2992亿元，相比2018年增长12.6%，2020年上半年受疫情影响零售额同比下降4.9%，2020年1月至5月零售额为1146亿元。我国化妆品行业发展前景良好、市场需求不断，吸引了大量资本入驻。有数据表明[①]，目前我国共有1000多万家化妆品相关企业，其中在业存续773万家，2019年化妆品相关企业注册量为244.6万家，同比增加近一倍。

广州作为全国化妆品生产行业的领头羊，被誉为"化妆品代工之都"，根据有关数据显示，截至2019年4月24日前，全国拥有化妆品生产许可证的企业共4883家，其中一半以上的企业集中在广东省内，共有2680家，广州持证化妆品生产企业约占全国67%，拥有超过1800家化妆品企业。同样，国产非特殊用途化妆品备案平台的备案产品超过184万种，广州地区的备案产品超过100万种，占比高达54.3%。广州的化妆品企业主要分布在白云区、花都区、黄埔区和开发区，几乎占全市化妆品企业的90%。其中，白云区主要以中小型民营企业为主，开发区主要以外资、合资的大规模企业为主（见图6-1）。

黄埔区作为后起之秀，在化妆品行业已经拥有了一定规模的跨国企业和国内龙头企业。2018年，黄埔区化妆品工业产值达到400亿元，化妆品产业规模达800亿元，占广州化妆品行业规模一半。截至2019年，黄埔区共有持证化妆品生产企业59家，注册资本亿元以上的占比超过30%。白云区拥有超过1300

---

① 《2020年中国化妆品行业前景分析报告——市场竞争现状与发展前景评估》，2020年，观研报告网。

116　第二篇　传统制造业篇

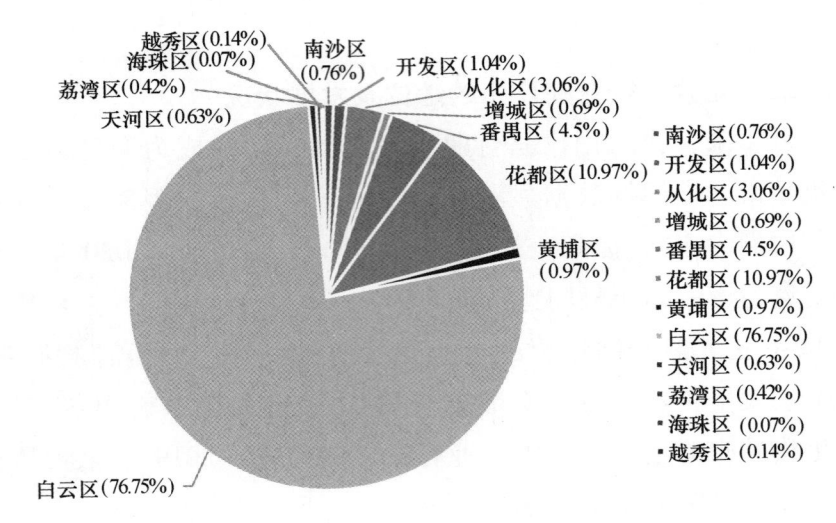

图6-1　广州化妆品企业分布

数据来源：《广州市化妆品安全监管问题研究》。

家持证化妆品企业，占全国总比的1/3，其化妆品市场规模在全国范围内无出其右，白云区的化妆品流通企业规模全国最大，产业集群优势十分明显，被誉为"中国化妆品行业硅谷"。2020年7月23日，广州市白云化妆品产业促进会第一届第六次会员大会暨2020年年中总结大会成功举办，会议提到：白云区化妆品行业"白云美湾"品牌效应已经显现，2020年白云区上半年化妆品行业产值超过33亿元。统计数据显示，截至2020年上半年，广州白云化妆品产业促进会目前共有会员企业212家，上半年促进会贡献整体产业链合计产值47亿元，白云区限额以上化妆品零售业企业累计销售额超过12亿元，与2019年相比增长86.4%。白云区之内以三元里街的发展最为突出，三元里街不仅有浓厚的历史气息，同样也是全国化妆品时尚潮流的风向标。三元里街化妆品商圈有超过3000家化妆品商铺，各处都是明星代言的化妆品海报以及陈列在柜台上琳琅满目的化妆品。几千个商铺分布在三元里街中的七大化妆品市场之中，分别是兴发广场、怡发广场、怡发国际、泰安广场、鸿发广场、润发广场和顺发广场。凭借着近30年的快速发展，兴发广场占据着七大化妆品市场龙头的位置。兴发广场中的化妆品品种最为繁多，其香水洗护、美容美发、护肤彩妆等化妆品生产厂家众多。30年前，第一届化妆品商圈美发美容用品化妆品采购节暨广州白云化妆品品牌博览会就在兴发广场成功举办，数以万计的国内外消费者慕名而来。不仅如此，从2007年开始，白云区政府着手打造了白云化妆品节，其影响力较前者更为深远。白云化妆品节的核心区域在兴发广场，再以白云区内各大化妆品商圈为展览地点设计而成。白云化妆品节每届参展企业超过6000家，吸引国内外参观人数100多万人次，完成交易额超200亿元，带动白云区周边经济发展60亿元。白云化妆品节是广州化妆品行业品牌战略的重要一环，推动广州化妆品行业飞速发展。

广州化妆品消费能力十分强，且有巨大发展空间。根据广州统计局数据整理，2019年前三个季度化妆品类商品零售额增长13.3%，增速比2018年提高4.8%，2019年前10个月广州社会消费品零售总额达8207.42亿元，增速为8.3%，其中与居民生活品质改善有关的化妆品类商铺销售额增速达到44.1%。可见，广州不仅仅是我国化妆品加工生产的重要基地，同样也是化妆品消费的重要城市。但目前广州化妆品产业发展仍主要以低附加值的代加工为主，在全国有影响力的本地品牌太少。未来，广州化妆品产业应该向"颜值产业"转型升级，走高品质的发展道路，完成"广州制造"到"广州创造"的飞跃，向全球化妆品价值链高端布局，让化妆品这个朝阳行业继续发光发热迸发出"新活力"。

第二节 广州化妆品制造业发展历程

20世纪80年代初期，我国化妆品人均消费额为3元，20世纪90年代上升至5元，1999年上升到23元。同时期的广东、上海、北京化妆品人均消费水平已经达到80—100元，高出全国人均水平4到5倍，占全国人均年收入的1%。但是在同时期的发达国家，其人均化妆品消费水平在35—70美元，只占人均年收入的0—1%。这一时期是我国化妆品工业崛起的时刻，化妆品的人均消费水平上升迅速。改革开放后市场经济不断发展，我国的化妆品工业逐渐发展。1982年到1994年间，我国化妆品工业年增速在30%—50%之间，标志着我国化妆品行业正式崛起。广州化妆品行业在20世纪90年代间获得飞速发展，化妆品企业数量在这一时期达到高峰。这一时期创立的主要企业有广州市嘉丹婷化妆品有限公司、广东艾圣日用化学品有限公司、广州市中通生化制品有限公司、雅兰国际碧斯化妆品厂（广州雅纯化妆品制造有限公司）。依据收集到的有关数据和广州化妆品行业的发展情况，可将广州化妆品行业的发展历程分为两个阶段，分别是"快速稳步发展阶段"和"变革创新发展阶段"。

一 快速稳步发展阶段（2000—2015）

中国于2001年加入世界贸易组织，促进了广州化妆品行业加速发展，广州化妆品行业企业队伍不断扩大。广州市皓雨化妆品有限公司于2001年成立；广州栋方生物科技股份有限公司的前身广州栋方日化有限公司成立于2003年；2004年，广州黛莱美化妆品有限公司成立，后来更名为广州狄宝娜生物科技集团有限公司；2006年，广东芭薇股份科技股份有限公司成立，后又于2016年在新三板挂牌上市；2011年，广州花安堂生物科技有限公司和广州科玛生物科技有限公司成立。广州化妆品企业数量逐年增长，既有广州本地新建的企业，也有从其他地区转厂搬迁而来的企业。2016年，广州白云区化妆品企业1106家，到2018年上升到1300家。

在这一时期，民营经济得到较快发展，化妆品企业中的民营企业数量占据的比重越来越大。广州作为私营经济较发达地区，股份制及私营化妆品企业占比80%左右。2003年，规模以上私营企业780家，2015年1557家，数量增加一倍多。

此阶段广州化妆品行业快速发展，化妆品制造业生产规模大、技术含量高、劳动力充足且性价比高，不少国际品牌选择在广州落厂生产。1998年，澳资公司澳恩美日用化工（广州）有限公司最早在广州成立，这是一家综合代工服务企业，业务范围囊括设计、开发、生产化妆品或其他日化产品。2001年，澳思美投入5000万元购买先进设备，先后从法国、美国、澳大利亚等化妆品产业成熟的发达国家引进了一批高精尖的生产、检测设备，打造出了一条规范化、科学化、现代化的生产线。同年，澳思美相继得到了"美国FDA机构（美国食品药品监督管理局）的化妆品GMP认证（即GMPC认证）"和"欧盟化妆品ISO 22716质量管理体系标准认证"。2005年，随着化妆品代工行业竞争越来越激烈，澳思美将业务重心集中到母婴化妆品制造上，母婴化妆品制造便成了澳思美的主营业务。许多知名品牌都与澳思美达成合作，其中包括露安适、子初、亲润、袋鼠妈妈等极具知名的母婴品牌，以及万宁、宜家、H&M等大型零售商，澳思美为他们提供化妆品代工服务。从2008年到2018年10年间，澳思美代工生产化妆品产品三亿多支，产品销售到世界各地，全球超过1亿消费者使用了这些产品。

有着"化妆品界富士康"称号的韩国第一大化妆品制造厂科丝美诗也发现了中国化妆品潜在的发展能力，于2004年在上海成立了科丝美诗（中国）化妆品有限公司，2006 年科丝美诗开始与上海本土品牌合作，这一年是科丝美诗在中国发展的爆发点，也是发展历程中一个重要的转折点。随着科丝美诗的订单量日益增多，韩国国内工厂压力太大且运输成本高昂，科丝美诗决定在上海投建自由工厂。2008 年 1 月，科丝美诗在中国的第一家生产工厂竣工，标志着科丝美诗在中国的发展迈出了一大步。2007 年 4 月，科丝美诗开始在广州发展，科丝美诗（广州）化妆品有限公司成立。2011 年 12 月，广州新工厂动工。2013 年 3 月，广州科丝美诗工厂正式投入生产。以目前的情况来看，科丝美诗的展现舞台很大，不仅在上海站住了脚，同时也开始在广州夺取市场份额，形成了一北一南的协同发展战略。科丝美诗凭借领先的科研水平、先进的管理经验、高端的生产设备和先进的技术，在广州乃至全世界的化妆品行业都具有很强的竞争实力。

这一时期中国化妆品零售总额逐年上升，且每年增速平稳（见图 6-2）。广州化妆品市场庞大，吸引了众多海外知名品牌

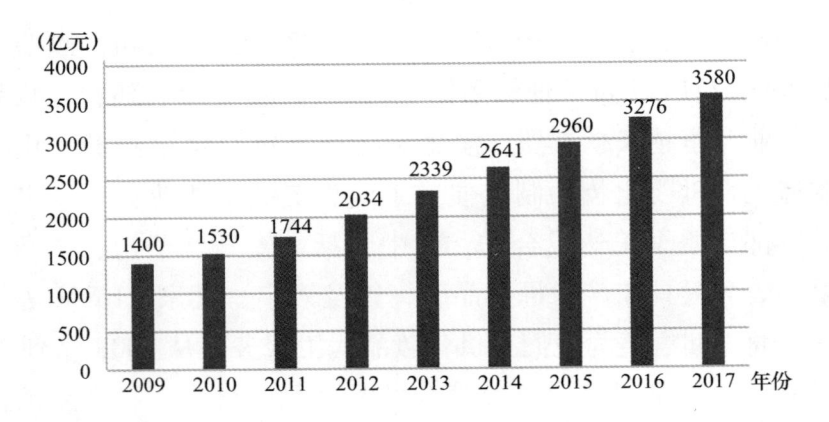

图 6-2 2009—2017 年全国化妆品零售总额

数据来源：《2018 年中国化妆品市场现状及行业发展趋势分析》。

入驻。但广州本土化妆品企业仍多以低附加值的代理加工为主,缺少具有全国影响力的本土品牌。

二 变革创新发展阶段(2016年至今)

"十二五"时期,广州化妆品行业发展迅速,逐渐成为广州经济支柱之一。化妆品行业对促进广州经济发展做出了应有贡献,如在税收、就业等方面,并且政府也认可了化妆品行业的发展潜力,给予化妆品行业更多扶持,促进了化妆品行业发展。"十二五"时期,化妆品行业的发展具体表现为以下几个方面:一是行业进一步集中,生产结构越来越优化;二是本地品牌得到大力扶持,发展迅速,占据越来越多的市场份额;三是对技术研发越来越重视,投入日益增加,科技成果显著(见图6-3)。但化妆品作为广州一个相对发展时间较短的行业,在"十二五""十三五"时期仍然存在一些不足,"十三五"之后广州化妆品行业还需要不断地变革以谋求更高质量的发展。

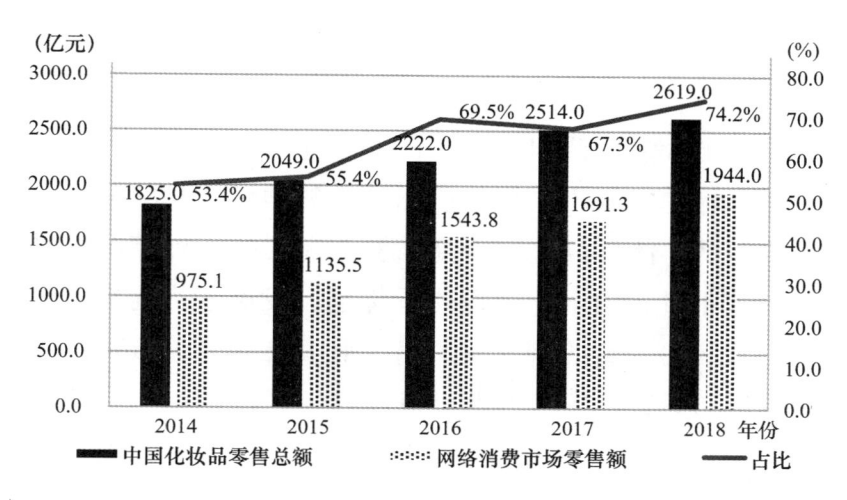

图6-3 全国化妆品零售总额和网络消费市场零售总额及占比

数据来源:https://www.iimedia.cn/c460/66718.html。

经过第一阶段的发展后，广州化妆品行业原料价格不断上涨，以代工为主的企业之间同质化现象越来越普遍，更多的外资企业进入市场加剧了竞争，政府对市场的监管力度日益加强。中国品牌研究院高级研究员朱丹蓬曾说："现在整个化妆品行业良莠不齐，大品牌相对较少。当前包括广州在内的化妆品产业要想在竞争中处于不败之地，必须实现品质升级。在中国化妆品市场上，国际品牌长期占据优势，未来进一步开放市场，将倒逼我们自己的化妆品产业转型升级。"

白云区作为广州最大的化妆品企业集聚区，在2016年率先做出了调整。2016年11月，白云区兴发广场开启了亚太美都建设项目，该项目意在打造白云区域产业生态链，形成一条集产品设计、研发、展示、体验、交易等环节于一体的产业链，不仅能推动白云区域的经济发展，而且可以加快化妆品行业转型升级的速度。2017年，地处白云区的均禾街开始了一场更为宏大的变革，从"丑小鸭"转变为"白天鹅"。均禾街虽然聚集了许多化妆品企业，其中不乏芭薇（新三板挂牌）、皓雨（大牌代工）、添姿彩（自主品牌）、诺菲（亚洲最大的脱毛产品生产基地）等企业，并且还形成了自主品牌，但均禾街内的化妆品产业并不突出，多为低端的"小散乱"企业，化妆品产业结构零零散散，均禾街属于典型的广州城中村地区，化妆品产业投入高、收益低、能耗高、污染高，整个街区的发展情况与城市差距较大。不过，均禾街地理位置优越，发展潜力无穷，结合广州、白云和均禾街的整体发展情况和发展规划，效仿浙江特色小镇的成功经验，将均禾街打造成白云区内的一个化妆品特色小镇，"丑小鸭"的变革之旅由此开始。2017年3月，均禾街街道办事处签订《化妆品特色小镇项目战略合作框架协议》，标志均禾街化妆品特色小镇开始全面建设。特色小镇规划的核心区域面积约为3.8平方公里，建设面积约为1.8平方公里。

不久，政府制定了企业环保统一门槛标准，并建成了高标准环保设施，淘汰了大量高污染、低产值的不合格企业，同时引进和扶持大量优秀企业、培育本土优质品牌、做大做精龙头企业、提高产业综合品质，最终打造出世界知名品牌。

白云区计划以化妆品特色小镇为核心构建"五中心一园区"的化妆品产业格局，目标成为"国家级化妆品流通示范基地"，以此来吸引更多的国内外优秀化妆品企业，形成化妆品产业集聚地，发挥集群效应。2018年，白云区化妆品经营企业数量达4000多家，产业规模空前宏大。同年白云区委、区政府决定打造千亿级规模"白云美业大湾区"，推动区域经济发展，成立了以区委书记任组长的白云区化妆品产业发展领导小组，制订《白云区化妆品产业提质增效三年行动计划》，以将化妆品产业打造为白云区支柱产业及提高产业竞争力为目标，坚持产业改造升级，提高产业品质、优化产业布局、强化完善产业链条、规范市场环境。2020年白云区化妆品产业基本实现以上目标，且保持产业规模的增速，基本建成千亿级规模的化妆品产业，产业创新能力位居全国顶尖水平并跻身世界先进水平行列。

广州化妆品行业的营销模式在这期间也有很大变化，线上交易已经成为主流交易方式。随着互联网的高速发展，电商销售规模不断扩大，2017年阿里平台交易额达到4.6万亿元，从2009年到2017年淘宝销售额年均复合增速为47.37%。从2014年到2018年，化妆品网络市场销售额从975.1亿元增长到1944亿元，增长1倍多，占总销售额比例总体呈上升趋势，化妆品电商行业处于红利期，越来越多的品牌加入电商平台销售中，极大地推动了化妆品行业的发展。

从2016年至今，化妆品行业已经成为广州重点发展行业。《广州市先进制造业强市三年行动计划（2019—2021年）》中提到六大行动，给广州化妆品行业改革发展添加了新动能，借助粤港澳大湾区先进化妆品制造业之间协同发展的局面和"互联网+"，努力向集群化、智能化、数字化发展。未来广州化妆品行业的发展不仅要加快化妆品加工转型升级，还要积极打造本土化妆品知名品牌，发动品牌战略推动化妆品集群发展。搭建化妆品产业研发设计平台，吸引国内外具有高端技术的产品设计研究机构入驻，打造出在全国范围内处于顶尖水平的化妆品产品研发设计平台。科学谋划化妆品产业分布，在化妆品重点发展区域设置企业准入标准，统一化妆品企业分类标准，优化资源配置，促进广州化妆品行业良性发展，其中以白云区和花都区为重点建设区域，建成广州乃至全国的化妆品改革示范基地，加快化妆品产业价值园区建设，搭建化妆品全产业链品类交易平台、建设化妆品总部大厦、筹建化妆品检测备案中心、打造化妆品网红直播基地。

第三节　广州化妆品制造业发展的先进经验

广州化妆品制造业属于新兴行业，发展时间不如其他传统制造业时间长，但经过数十年的发展，化妆品行业已成为广州经济发展中的重要一环，以下是广州化妆品行业发展历程中的些许经验。

一　吸引大量国外优秀企业，带动整个行业发展

21世纪初期，中国加入世界贸易组织，化妆品行业受国际影响明显。广州化妆品制造业有完备的技术和廉价的劳动力，发展前景广阔，但缺少行业龙头和国际知名品牌。国外知名品牌开始抢占广州化妆品市场份额，如资生堂、欧莱雅、雅诗兰黛等世界著名化妆品牌，之后国外知名化妆品代工企业开始入驻广州，如澳思美、科丝美诗等知名企业，给当时广州的本土

品牌和企业带来了一定程度上的冲击，但同时也带动了广州化妆品行业的整体发展。

随着广州化妆品市场逐渐开放，消费者的理念越来越受西方文化影响，出现了越来越多中西文化结合的化妆品产品，主要以东方文化修饰外表包装，以西方技术生产产品本身。国外的品牌和企业给广州化妆品行业带来了不一样的营销模式，铺天盖地的海报宣传、引人注目的电视广告，这些国际品牌本身就有高质量、好口碑的优势，最终成功打进了广州市场，夺取了大部分市场份额。同时，国外品牌还带来了直销模式，极大地推动了化妆品行业的发展。直销模式有效地解决了买到高仿假货的风险，在国内市场中，抄袭一直是一个很严重的问题，通过直销模式，不经过传统渠道中的代理商和经销商等环节，而是直接从厂家到消费者手中，极大节约了物流时间，提高了产品流通速度。

国外品牌的入驻一方面给广州化妆品行业引进了新技术，另一方面也激发了广州本土品牌的活力，通过投入大量经费进行技术研发和人才引进，在巨大的竞争压力下，广州最终在化妆品行业的多个领域获得了卓有成效的突破，例如生物技术（包括基因重组、发酵、干细胞提取、组织培养、皮肤模型建立等生物技术）、微电子技术（包括皮肤检测、生产程序等）、乳化技术（包括低能乳化、超声乳化等）、植物萃取技术、皮肤传输技术（包括微囊技术、脂质技术等）、液晶技术等。广州化妆品行业如今已是一番包罗万象、百花争鸣的景象，不仅高中低档次的产品应有尽有，而且本土和国外品牌形成了良性竞争，其中洗发水、沐浴液、护肤霜膏和牙膏等产品市场占有率都稳居全国前列。

二 借助智能与互联网技术，深化改革化妆品行业

AI 技术的应用满足行业纵向需求。AI 技术在化妆品领域的应用主要体现在用户体验、营销宣传、创新与研发、生产与改良。AI 技术的具体应用就是 AR 试妆、用户数据分析、AI 智能语音、云计算等。虚拟试妆、私人定制护肤系统和生产环节改良是如今的 AI 技术应用的热点，这些都可直接通过 AI 的人脸图形图像识别技术和机器人技术来完成。许多品牌企业甚至是 App 软件都推出了此类 AI 技术，譬如欧莱雅推出的"千妆魔镜 App"可实现实时动态试妆；丝芙兰推出应用"Virtual Artist"，可实现超 1000 种腮红、修容高光粉的试用；还有屈臣氏推出的"Style Me 来彩我"和天猫、京东、美图推出的 AR 试妆。这些 AR 试妆 App 都只需要客户拍照上传，App 就会对上传图片的人脸肤色、眼袋、黑头、黑眼圈、痘痘等特征进行评估，然后给出对应的评价以及产品推荐。除了此类 AR 试妆 App，还有不少品牌推出了 AI 私人定制护肤系统，如资生堂集团推出的个性化定制护肤系统，花王集团推出的个人定制护肤品牌 Skinsei，都旨在为消费者提供专业的私人服务，根据消费者皮肤的检测结果和皮肤特性为消费者提供完全个性化的定制护肤方案和护肤品，消费者不再需要大量时间去挑选适合自身的产品。AI 技术极大地便利了化妆品行业，并且企业还能对 AI 智能收集到的数据进行分析和挖掘，生产出更受大众消费者青睐的产品。

电商运营的崛起横向扩宽行业市场。化妆品以实体流通为主时，广州中小化妆品品牌产品难以进入市场走进大众视线，化妆品市场几乎被国际中高端品牌分割。但在 2003 年淘宝网成立时，电商运营模式开始萌芽。随着互联网的飞快发展，2009 年后，电商渠道迅速崛起打破了渠道壁垒，满足了客户的性价比追求和企业扩宽市场的需求。广州化妆品行业逐渐从传统零

售模式向互联网电商销售模式转型,传统线下品牌通过直营、代运营和经销等多种方式入驻线上电商,以多种方式入驻以获取最大的线上销售市场份额。随着商场超市等传统零售渠道的销量占市场销量的比重日益减少,电商渠道销量逐年增长,不仅国内外的知名化妆品品牌入驻天猫、京东、拼多多等电商平台,不少中小品牌也借此机会纷纷进入线上市场。由于线上销售成本低、风险低、回报高,效率也远远高于线下,不仅扩大了传统知名品牌的市场规模,也给新的化妆品企业更多生存发展空间。近年来,电商平台的销售业绩不断增长,2009年中国化妆品网购市场交易规模只有124.9亿元,2018年交易规模近2000亿元,广州拥有国内最大的化妆品市场规模,也是互联网改革的先行地,未来互联网技术的应用仍然是广州化妆品行业发展的主要方向。

第四节 广州化妆品制造业存在的问题

广州化妆品制造业虽然近年来发展迅速,但在高速发展过程中也暴露了许多问题,加之政府监管跟进缓慢,问题逐渐凸显。

一 科研投入较少,研发能力薄弱

我国目前有4000多家持证化妆品生存企业,广州本地持证企业数量约占全国总量的1/3,但绝大多数都是中小规模企业,企业分布分散导致生产要素分散,化妆品产业和企业结构都有待进一步优化。广州化妆品行业的研发投入不足总产值的1%,而欧莱雅集团在2010—2016年间的研发费用率在3.1%—3.5%之间,宝洁公司研发费用率在2.4%—2.9%之间,在2016年间，欧莱雅集团申请的专利数量为473件，研发投入达8.5亿元。①

二 产品同质化严重，缺少自主品牌

广州化妆品企业多是提供代加工服务，很少有自主品牌，加工的产品基本集中在越来越趋于饱和的化妆品市场上，例如洗发、护发和护肤类，在性能、外观甚至营销方式上都较为雷同。中小企业和大品牌企业不仅在技术开发和创新方面有较大差距，在营销概念方面也有一定差异，中小企业大多停留在传统的以价格优势和多渠道销售方面的竞争，忽略了品牌建设和管理，只关心眼前短期利益，而没有考虑长期发展，导致一些企业在初期通过广告和传统营销手段尝到了甜头，但没有可持续发展的支撑点，在长期的市场竞争中容易被淘汰。

三 政策法规落后，监管力度不足

广州拥有全国最多的化妆品生产企业，但行业监管力量较弱。广州最主要的化妆品安全监督法规是1989年颁布的《化妆品卫生监督条例》，40余年来，化妆行业本身以及消费价值观、法治环境等都已发生天翻地覆的变化，但该条例从未进行修订，导致广州化妆品行业在"化妆品安全"方面的界定和处罚未能与时俱进，与其他化妆品行业发达的国家相比，该法规显得过于"弱小"且不具有威慑力。除个别严重的违规企业责令企业停产和吊销经营许可证以外，其他"情节不严重"者往往都是处以罚款，罚款力度与化妆品违法生产所谋得利润相比显得微不足道。

---

① 观研天下：《2018—2023年中国化妆品行业市场发展现状调查及前景评估报告》，2018年。

四 标准体系不完善,检测能力不足

广州化妆品最主要的检测标准是《化妆品安全技术规范》(2015年版),虽然充分借鉴了欧美等国家的化妆品相关法规标准,但仍不能满足如今化妆品行业的检测需求。如今化妆品成分越来越复杂,而标准中的检测方法并未涉及新成分的检测,导致执法人员在判断产品是否有安全隐患、企业是否违法时缺少依据。以市场上较热门的产品面膜为例,国家检测标准GB/T 24800.2—2009仅提供了化妆品中41种糖皮质激素的测定方法,糖皮质激素是国家明令禁止使用的物质,但如今市面上可用于生产面膜的糖皮质激素超过100种。广州目前有19家指定的国产非特殊用途化妆品检测机构,这些机构都具备按照《化妆品安全技术规范》进行安全检测的能力,但化妆品安全事件仍频频发生,与检测机构设备落后、检测人员能力不足、相关法规落后密切相关。

五 假冒伪劣产品屡禁不止

2018年,丝露洁全年总销售额达到7000余万元,但最后净利润为负300多万元。主要原因有两点:一是化妆品上游原材料不断上涨,导致成本不断提高;二是假冒伪劣产品过多,这些产品凭借更低廉的价格占据了市场。造假企业利润高达50%,远远高于正常企业10%的毛利润。广州白云区虽是中国最大的化妆产业集聚地,但白云区的化妆品行业有严重的"假货"问题。广州化妆品企业多提供代工服务,在代工过程中不少企业选择了造假,且白云区有着完整的上下游产业链,从原材料到包装再到物流运输,生产化妆品的成本全国最低,加之监督力度不足,致使假货现象较为严重。

第七章 灯光音响制造业

第一节 灯光音响制造业概述

灯光音响在我们生活中越来越常见,不仅应用在家庭影院、汽车、体育馆、影剧院、音乐厅、KTV包厢、广播电视台、演出表演等场所或娱乐活动中,还出现在北京奥运会、上海世博会、广州亚运会等盛大活动的开幕式里。特别是在大型演艺活动当中,向世界展现了中国的文化魅力,也是世界观赏"中国制造"的舞台。伴随着国民经济的快速增长和人民生活质量的不断提高,体育赛事、表演活动和文化产业等领域有力推动了灯光音响业的发展。经过数十年的发展和积累,众多灯光音响企业脱颖而出,通过在技术和品牌等方面的巨大投入,打造出了国内主流品牌,在国际上具有很强的竞争力,但目前领先企业数量不多,生产高端灯光音响的企业仍以外企为主。

一 灯光音响行业自身特点
(一) 竞争手段多样化

2003年以前,和绝大多数传统行业一样,灯光音响行业的竞争手段主要以价格战为主,尤其是处于同一层次的品牌,产品之间的质量相差无几,不同品牌为抢占更多的市场份额,不惜采取让利、降价销售等手段,价格战在灯光音响行业屡见不鲜。近年来，灯光音响行业已经进入微利时代甚至出现亏损。各品牌不得不将竞争手段从价格转移到产品本身，纷纷开始提升自身核心竞争力，如将自身产品与现代新科技融合，以此来拔高产品性能、扩充产品功能、提高调试技术；打造专业服务，保证产品售后服务完善；大力宣传自身品牌，投入资金设计广告，占领更多的市场份额。

（二）渠道形式多元化

以往国内的灯光音响渠道商要想拓展业务往往是以下三个渠道：一是发展下级区域代理商，通过下级渠道来拓展市场，主要靠下级代理商销售产品；二是工程销售，灯光音响企业直接参与工程投标，为工程直接提供灯光设备和技术支持实现产品销售；三是与工程商合作。这一渠道与第二渠道的区别主要是第二渠道是企业自己负责整个工程的灯光音响的建设，而第三渠道是通过与工程商合作的方式，提供工程设计、咨询服务，采用更加灵活的合作方式来实现产品销售。近年来渠道商能力提升迅速，开辟出了另外两条渠道。其一是电子商务。该渠道在一定程度上算是前三种渠道的补充和延伸；其二是利用自身专业做入户级大众消费品，即通过研发科技智能新型产品和做品牌营销来实现产品销售。可见，灯光音响行业的渠道发展越来越完善，更有渠道一体化的大趋势。

（三）技术升级加速化

近年来，电子信息行业总体规模稳步增长，灯光音响产品升级换代加速，促进了产业转型和结构调整。具体体现在智能、无线灯光音响技术与应用取得较大进展，如互联网＋、Wi-Fi、虚拟现实、主动降噪、新一代DSP声控中心、温控以及云音乐平台等新兴信息技术的快速发展，都推动了灯光音响产品供给端和需求端做出改变，给传统灯光音响行业带来了机遇和挑战。随着可穿戴设备、云音乐平台、智能家居以及物联网等市场潜力的爆发和需求的增加，有实力、资金雄厚的企业在这些领域投入资金研发或是并购其他企业，整合自身的产品线和业务体系，增强市场竞争力并在市场上站稳脚步，产品落后的企业则很快被市场淘汰。

无线传输技术正深刻影响着灯光音响行业的发展，整个灯光音响行业都在对新一代的无线智能系统进行开发研究。对音响行业而言，高品质数字音频无线传输技术应用面极广，但技术难度较大，其技术外延涉及编解码内容、云传输、音效处理等多种技术。灯光音响已经不仅仅是单独的一种产品，而是由芯片、软件、互联网、电信产业、硬件厂商、服务商、内容提供商等跨界资源整合而成的一个庞大的"内容+硬件+服务"生态产业链。无线传输技术的关键点就在于"Wi-Fi"，因此基于"Wi-Fi"应用的灯光音响产业技术已经是行业热点，是全国乃至全球消费者选择的必然方向。无线化和智能化已经渗透到了灯光音响行业的方方面面，是灯光音响行业发展的必然趋势，未来灯光音响行业必然会与互联网、大数据、云计算等更多的信息技术加速融合，产品的换代更新速度会更快。

二 灯光音响行业在广州的地位及发展状况

如今，我国已经成为世界灯光音响及演艺设备产品的重要制造基地。尤其是珠三角地区，已经成为我国灯光音响产品生产厂家的主要聚集地，全国70%以上的灯光音响企业聚集在此，该地区的灯光音响行业产值约占全国总产值的80%。2017年相关数据显示，全球80%以上的灯光音响产品为"中国制造"，而在"中国制造"中，60%以上为"广东制造"，广州占广东省总份额的七成以上。近年来，随着电子科技的飞速进步，广州的灯光音响行业迅速发展，灯光音响企业主要分布在白云区、花都区和番禺区。

目前，有数百家专业灯光音响企业坐落于白云区，随着白云区灯光音响行业制造产业链发展趋于完善，整条产业链的生产流程得以细分，配套生产也逐渐成熟。白云区拥有专业音响箱体厂、扬声器单元厂、电子厂和五金厂等，还有相当一部分企业主要从事 OEM 贸易。白云区灯光音响企业近年来发展迅速，实现了大部分企业从小规模经营向集约化大规模经营、从家族式管理向现代企业管理、从不规范经营到合格化经营、从向内发展到国际化发展、从劳动密集型向知识密集型等一系列转变。

有着"中国音响之都"美誉的花都区灯光音响产业起步于 20 世纪 80 年代，经过不断分流、整合与发展壮大，目前成为华南地区乃至全国最大的灯光音响产品生产基地，产品覆盖家用、专业、汽车、多媒体等各方面，拥有自主品牌近十个，单音响产品就超过 1000 种。花都区也是广州灯光音响产品的主要出口区域，每天都有超过 40 万只扬声器和 60 万只音响出口到世界各地，畅销至全世界五大洲超过 100 个国家和地区。2019 年 8 月"广州 2019 电子音响产业发展论坛"在花都区成功举办。

番禺区灯光音响产业从 20 世纪 80 年代末萌芽，经过数十年发展至今，从无到有、从小到大、从单纯的承接灯光音响设备焊接工作到生产专业高端设备、从以 OEM 为主的代工到建设自有品牌，灯光音响市场和企业规模均不断扩大，产业链不断延伸，专业化程度越来越高。番禺区专业灯光、音响产品占全国 70%，代理及经销世界知名品牌舞台灯光占全国 60% 以上，番禺区已经成为全国最大的灯光音响产销基地，灯光音响的名声已经响遍全世界。从 2008 年的北京奥运会，到 2010 年的上海世博会、广州亚运会和深圳大运会，再到新中国成立 60 周年、70 周年庆典等重大活动演出当中，都有"番禺制造"的灯光音响身影。番禺区内也涌现出不少灯光音响全国知名品牌，如锐丰音响、珠江灯光音响、巨大汽车音响、天逸音响等灯光音响企业，这些知名企业发挥出强大的溢出效应，形成了专业的灯光音响产业集群，带动番禺区整个灯光音响行业发展。

  随着灯光音响市场的不断发展，相关展会也得到了更多的支持从而带动行业快速发展。2003年7月第一届广州国际专业灯光、音响展览成功举办，经过近20年的发展，广州展受到越来越多国际专业人士的关注，成为国内灯光音响行业的一大盛事。2006年第四届广州国际专业音响、灯光展展馆面积20000m^2，300多家企业参展，吸引了超过1.3万多名专业观众前来参观。2019年，展馆面积达到130000㎡，参展商数量为1353家，超过8万名专业观众前来参观（见图7-1）。广州国际专业音响、灯光展已经成为国际专业音响、灯光行业的重要采购会之一，2019年吸引了超过25个国家和地区以及"铁三角""Adamson"和"飞利浦"等国际知名品牌商家参展，为厂家、专家和消费者之间提供了最直接、最有效的交流沟通平台。

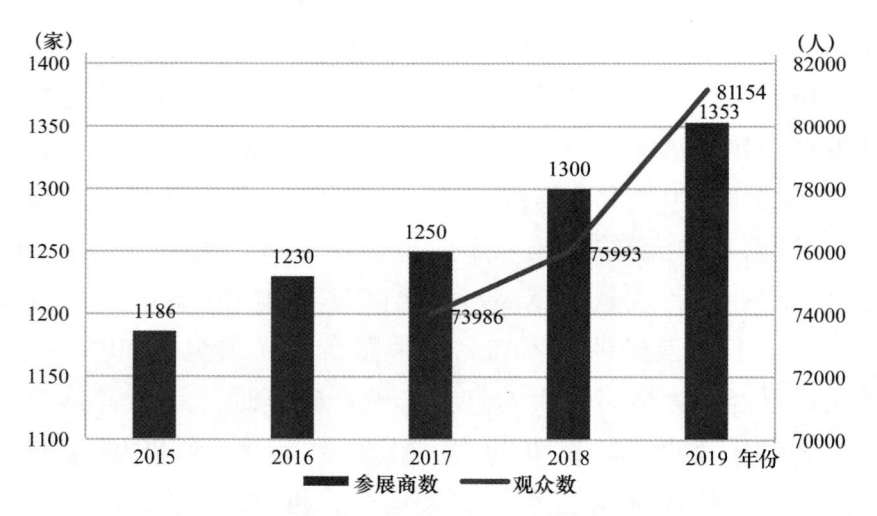

图7-1 广州国际专业灯光、音响展览参展商数及观众数

数据来源：广州国际专业灯光、音响展览会官网。①

---

① http://www.soundlight.cn/expo/_main.asp.

广州灯光音响行业正逐步从最初贸易销售市场转变为具有生产实力、研发实力的核心产业，从国际品牌的消费地区转变为以 OEM 企业为主的先进制造产业。广州从一开始就见证了灯光音响产业在中国的发展，是我国灯光音响产业的发祥地。

第二节　广州灯光音响制造业发展历程

广州灯光音响制造业经过多年的发展已经成为我国最主要的灯光音响制造都市，近年来广州电子设备制造业飞速发展，行业利润增长迅速，从 2003 年到 2019 年行业利润增长近 5 倍（见图 7-2）。根据现有的数据和资料，可大致将广州灯光音响制造业的发展历程分为两个阶段，分别是"快速发展阶段"和"转型升级阶段"。

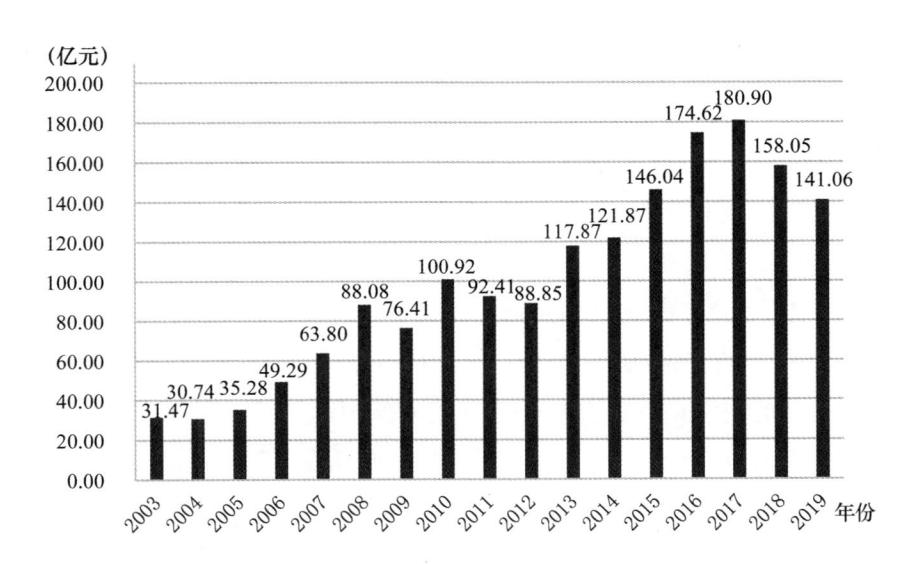

图 7-2　2003—2019 年广州电子设备制造业行业利润额[①]

数据来源：历年《广州统计年鉴》搜集整理。

---

① 数据采用电气机械和器材制造业及计算机、通信和其他电子设备制造业两个行业加总。

一 快速发展阶段（2006—2014）

"十五"时期，广州机电产品维持着"九五"时期高速增长的势头，2000年全市机电产品产值为42.4亿美元，2005年产值为134.1亿美元，增长了三倍多，机电产品占全市出口额的比重从35.9%跃升到50.3%。2003年第一届广州国际专业灯光、音响展成功举办。2005年，广州番禺易发（国际）电器灯光音响城开始修建，占地12万平方米，建筑面积10万平方米，内设商铺800多家、写字楼、国内外展览中心、大型音响试音区、网络电子商务中心等配套设施。该项目2006年修建完成并投入使用，标志着广州灯光音响行业的发展真正迈入正轨，开始了快速发展的阶段。

"十一五"时期，广州以提高使用外资质量与水平为中心，正确处理外资规模与效益的关系，继续发展"十五"时期"走出去"的跨国经营战略，通过对外投资来开拓国际市场，并借鉴国际市场上知名品牌的优点，致力于打造"广州制造"和"广州品牌"，以此来提升广州各产业的竞争力。在此期间，广州的灯光音响行业集中在番禺和花都两个区发展。

番禺区灯光音响行业发展迅速，众多龙头企业成型。在此阶段，番禺灯光音响行业已经形成了集科研、加工、自主品牌生产于一体的产业链，聚集了110多家生产灯光音响的企业，约100家贸易公司和100家灯光音响工程公司，灯光音响行业年产值超100亿元，出口总值超4亿美元。灯光音响产品种类繁多涉及面广，包括音箱、调音台、功放、分配器、耳机、话筒、电脑灯、激光灯、家庭影院、汽车音响、会议系统等。同时期还有10多家年产值超亿元的灯光音响企业脱颖而出，如锐丰音响、珠江灯光等，其中锐丰音响被选为2008年北京奥运会主会场音响，2010年的广州亚运会也有锐丰音响的身影。

花都区电子音响行业逐步形成产业集群区。据数据显示，2010年花都区全区共有规模以上电子音响企业60多家，小型企业200多家，年产值超过210亿元。该区电子音响产业产值占全省产值的一半，产品种类也占全国近一半。花都区的电子音响行业发展如此之快，主要是依托龙头企业的带动。2010年全国共有8家年产值超过2亿的著名音响企业，其中5家在花都区，5家当中还有2个中国驰名商标。这5家企业分别是：国光电器股份有限公司、广州飞达音响专业器材有限公司、广州市花都科达电器有限公司、广州市运生电器有限公司和广州花都区德胜扬声器配件厂，其中，国光电器股份有限公司是当时全国唯一一家上市的音响行业公司，2010年年产值20亿元。花都区电子音响产业极大地发挥了产业集群的优势，以龙头企业为核心，与电子音响相关配套企业形成产业集聚区，初步形成了以国光科技工业园为载体，集中在若干个镇，并向周边经济区域辐射的产业布局。

2008年到2009年间，广州灯光音响行业增长为负，除了国际金融海啸的影响外，还有很多深层次的因素。一是美国次贷危机。广州灯光音响企业主要以外销为主，且经历了十数年的发展，已经积累了相当数量的长期客户和买家，但从2007年开始，长期客户和买家的订单量便有了下降趋势，直到2008年金融危机爆发，这种趋势越发明显，有的企业甚至与自己合作多年的客户没有了往来，2008年来广州展参观的外国客商数与2007年相比减少50%以上。2008年到2009年，因受到全球金融危机的影响，不仅广州灯光音响行业受挫，全球灯光音响市场都陷入萎靡状态。二是物价与原材料价格上涨。广州灯光音响企业大多是代工企业，代工获利微薄。从2006年开始，全球原材料价格普遍上涨，石油、煤炭、粮食等生产生活必需品价格上涨带动了其他产品价格上涨，与灯光音响产业密切相关的交通运输、塑料、钢铁等行业上涨明显。根据资料显示，2008年与前三年相比，灯光音响行业生产制造成本上涨20%，但企业的产品销售价格平均涨幅低于20%。除个别具有一定品牌知名度的灯光音响企业上涨10%左右的销售价格外，一般企业几乎维持了三年前的原价。如前所述，广州灯光音响企业早期依靠价格竞争，企业都不愿因产品价格的上涨而失去市场份额，因此企业的利润越来越低，成本优势逐渐丧失，不少外资开始从广州撤资并将投资转向东南亚、印度等国家。2008年《劳动合同法》开始施行，国内劳动成本不断增长，广州灯光音响企业经营成本越来越高，再加上大多数微中小企业难以获得银行信贷，银行信贷也因为金融危机而紧缩。当然，企业自身也有不少问题，譬如缺乏现代管理模式，企业经营混乱；生产流程环节过长，成本增加；增产不增收，随意经营和生产导致利润日益减少。广州灯光音响企业生存越加艰难，产业急需一条新的发展道路。

广州灯光音响行业不能再依靠成本和价格竞争优势，必须提升行业自身核心竞争力。2009年，广州加快"稳一产、优二产、促三产"战略的实施，推进三大产业协调发展，互相促进。应用信息技术来提升灯光音响产业技术水平，促进传统制造业与高新技术产业的融合发展。2010年，广州以番禺国家数字家庭应用示范产业基地为中心，做出了数字化发展规划，广州灯光音响产业开始了产业数字化的第一步。"十二五"时期是广州灯光音响产业发展的一个重要时期。在此期间，确定了灯光音响行业的发展方向，产业稳步增长，为后面的一个阶段的发展打好了基础。2011年，广州开始发展新一代信息技术、新能源等战略性新兴产业。同年，花都区被评为"中国音响之都"，花都区正是以电子音响龙头企业为主，周边中小相关配套企业为辅，形成了强大的产业集聚效应。番禺打造先进制造业基地，吸引灯光音响企业聚集，通过科技创新提升灯光音响产业的技术含量和附加值。2012—2013 年，广州开始注重市场集聚和品牌集群。2014 年，广州作为"一带一路"桥头堡，开始大力发展新一代信息技术和研发新材料，加快了灯光音响产业的转型升级。

二　转型升级阶段（2015 年至今）

2015 年我国专业音响市场规模创新高，达到 419.46 亿元，根据当时国内的灯光音响产品现状，全国范围内的数字化和集成化企业仍占少数，大部分中小企业在产品技术方面还处于模仿阶段，缺乏自身产品核心技术。广州灯光音响行业开放程度处于国内整体水平之上，情况稍好，再加上规模化、全集成的数字控制平台给应用带来极大便捷和较低的成本，广州灯光音响行业确定了未来发展方向。2015 年后，广州灯光音响行业进入"数字化年"，数字信息化技术已经成为灯光音响行业发展的核心技术。谁能在产品数字化方面实现新的创新，谁就能在行业竞争中获得先机占领更多的市场份额。除了数字化，信息化、电子化等全新的技术与手段也是灯光音响企业实现创新突破的切入点。不少企业在此期间完成了突破，通过技术更新对产品进行反复升级，不断优化产品性能。在此阶段，比较突出的企业转型升级主要有以下三个。

（一）珠江灯光（广州）尊能 2000 系列

2018 年，广州市珠江灯光科技有限公司推出尊能 2000 系列产品，尊能 2000 切割灯被应用到各大舞台剧表演当中，如杨丽萍老师的《春之祭》《孔雀之冬》《平潭印象》等，大型实景演出《印象·刘三姐》和获得文华奖的《沙湾往事》。该系列产品有四大技术创新点，分别是：融合了珠江灯光的自主专利无极切系统发明技术，该技术解决了一大国际难题，使得灯光设备可以任意连续旋转造型角度；采用飞利浦最新推出的 PHILIPS MSR GOLD TM 2000/1 FastFit 高亮度、高显色灯泡。光源光效上采用了 2000W 超高亮度光源，亮度高、显色效果非常好，显指达 96 以上，色彩还原度高；有效光通量的输出远优其他灯具，尊能 2000 系列超越了传统的 HID 光源电脑灯上不能同时有高亮度又能提高显指数的瓶颈；产品采用大范围变倍光学系统设计，强大的光斑变化角度达到 7.5—63 度线性变焦，利用小角度就可以进行远距离投射。

（二）湖森（广州）数字视听管理平台

Husion 推出的数字视听管理平台主要创新点有四个，低视频压缩比率，带宽 150M 及以上，常规运行系统自动预留至少 800M 带宽给每路信号，确保信号质量，并且可以根据实际应用在 50M~1000M 之间灵活调节，避免出现类似 H.264/H.265 高损压缩方案下带来的画质损失；Husion 的传输技术方案采用先进的 JPEG2000 压缩算法和流程优化，网络传输延迟小于 40ms；Husion 共有六套全 IP 化系统，实现了应用随需而变，可按客户需求定制方案；可视化 KVM 协作系统产品通过单根 CAT6 及以上电缆传输 VGA/DVI 视频、立体声音频、红外及 RS—232 信号至 200m 远的距离。

（三）斯尼克音响数字音频处理器

斯尼克这款产品同样有四个创新点，实现通过手机、IPAD 等设备对音响系统进行一键式控制管理；可通过音频矩阵处理器实现对整套音响系统的电源管理；通过此设备结合同品牌的网络产品能形成一整套数字网络化扩声系统；可实现对音频系统的远程可视化控制和管理。

广州灯光音响企业在创新发展这条道路上始终扮演着"领头羊"的角色，并且将自己的产业优势辐射到临近区域。政府对于广州灯光音响制造业还给出了其他发展方向。2019 年广州发布《广州市先进制造业强市三年行动计划（2019—2021年)》，为广州灯光音响行业的发展指出了六个方向：实施产业集群战略，专注于做大做精龙头企业、着力培育未来市场主体，再通过龙头企业带动整个行业的发展，形成以龙头企业为主、周边中小企业为辅的企业产业链；实施创新引领战略，以创新为行业动力，打造灯光音响制造业创新中心、补强核心技术、促进创新成果产业化；实施智能制造全覆盖战略，促进灯光音响行业向集群智能化、产业数字化转型升级；实施融合赋能行动，推动"灯光音响制造＋5G"加速发展、"灯光音响制造＋服务"融合发展、"灯光音响制造＋绿色"提升发展；实施体系优化行动，建设灯光音响行业服务组织和价值创新园区，促进村级工业园整治提升；实施开放合作行动，在"一带一路"和"粤港澳大湾区"两大战略目标的引领下，推动灯光音响制造业与其他制造业协同发展、扩大产业招商和出口、促进国际化合作水平提升。

这一时期广州灯光音响行业的发展可以说是机遇与挑战并存，创新是灯光音响行业"突围"的唯一途径，也是广州灯光音响产业从成长期迈入成熟期的唯一办法，只有更多的创新，更新的商业模式、更新的产品生态，才能引领行业完成转型升级、创造出新的竞争力，在国际市场上稳住位置。

第三节　广州灯光音响制造业发展的先进经验

广州灯光音响制造业作为一类细分传统产业，从近年来的发展情况来看，有向先进制造业升级的趋势，广州灯光音响制造业经历了成长期，如今正处于向成熟期过渡的重要时刻，回顾广州灯光音响制造业的发展历程，可以总结出以下几点先进经验。

一 形成产业集群区,持续带动区域行业发展

广州灯光音响行业从20世纪80年代开始萌芽,发展至今,产业规模不断扩大、产业链不断延伸、专业化程度越来越高,龙头企业带动效应越发强烈。近年来,广州灯光音响行业涌现出了如CAV、锐丰公司、汇丰公司、珠江灯光音响、君悦音响、国光电器、飞达音响、科达电器、运生电器等一批在业界享有相当影响力的知名龙头企业。这些企业大多分布在番禺区和花都区,在番禺区内形成了以锐丰音响、珠江灯光音响、巨大汽车音响等全国知名品牌为主的专业灯光音响产业集群,发挥出了强大的溢出效应。"十一五"时期,番禺区灯光音响企业有532家,年产值150亿元,占据整个灯光音响行业的1/4。花都区的电子音响靠龙头企业带动发展起来,形成了庞大的电子音响产业集群,2010年花都区电子音响企业共有261家,年产值210亿元,占据整个行业的"半壁江山"。

二 创立自主品牌,不断创新提高核心竞争力

"新常态"下,灯光音响行业进入门槛不高,因此真正具有核心竞争力的企业并不多。不少灯光音响企业什么都做,为迎合市场大批量上线各种产品,有的企业甚至有几百个产品类型,产品同质化现象严重。2008年北京国家体育场"鸟巢"90%的专业灯光音响设备均为进口,2010年广州亚运会80%是国产的灯具,2014年的青奥会则是100%的国产灯具。创新创意始终是灯光音响行业的主旋律,广州灯光音响行业中的龙头企业都是靠创新不断做大做精,不断挖掘自身核心竞争力,最后成为名牌企业。

珠江灯光于1984年成立,到2000年一直在进行OEM加工。1996年珠江灯光创立人梁志远在参加了德国法兰克福国际

灯光音响展后立志要做自主品牌。2001年珠江灯光毅然舍弃OEM业务，开始全球化的自主品牌之路。首先，珠江灯光花费大量资金招聘国际化人才，从行业顶尖公司中聘请负责研发、销售的人才来为珠江灯光做产品技术研发和海外市场开发以及品牌推广。其次，提升企业管理能力。公司先后建立了两大管理系统，2001年，公司投资数百万建立了"ERP—企业资源网络管理系统"，2002年引入ISO9001质量管理体系管理质量。最后，敢于创新，自主研发。公司每年从销售收入中提取超过8%的利润作为研发资金，2014年的研发费用超过2000万元。公司目前已经有自主研发团队，2008年前就已有80多项技术专利，2004年珠江公司被认定为国家"高新技术企业"，2007年"珠江"被认定为广东省著名商标。

第四节　广州灯光音响制造业存在的问题

虽然经过多年的发展，广州灯光音响制造业已经在全国乃至全世界占据着重要位置，"广州制造"的灯光音响产品遍布世界各地，但广州灯光音响制造业还有一些亟待解决的问题。

一　产品价格逐渐透明，行业利润率趋于下降

灯光音响行业是一个细分行业，灯光音响产品相对于其他行业的产品需要消费者具有更高的专业诉求。但大部分消费者往往会通过品牌和价格来判断产品质量的好坏，因此灯光音响卖家之间便有了"炒作"现象，品牌知名度相差甚多但产品质量相差不多的产品价格高低不一，有时差价高达几万元，甚至知名品牌的产品质量不如小品牌产品质量，但是价格却高出几倍甚至几十倍。随着消费者对行业产品的了解逐渐加深，消费心理趋于理智，灯光音响产品的价格越来越透明，加上企业的

运营成本越来越高，整个灯光音响行业的利润开始呈下滑趋势。

二 创新不足，核心竞争力缺乏

广州灯光音响行业中 OEM 企业依然普遍存在，一方面是珠三角廉价的劳动力让广州灯光音响行业赚足了"相对优势"带来的暴利，习惯了简单的贴牌加工，磨灭了企业的创新创造激情，未形成企业自身的核心竞争力。随着近年来国内的劳动力优势逐渐被其他发展中国家所替代，国内灯光音响市场上充斥着"山寨"盗版抄袭产品。另一方面，OEM 代工获利简单，但企业也因此承担了高额的专利费用和专利市场上不规范的恶性竞争，导致企业的实际利润并不高，国内灯光音响行业 OEM 业务中 90% 的利润都被国外企业赚走，国内企业只有 10% 的利润。即使广州灯光音响行业的产量和出口量每年都在增长，但在技术和产品研发上得不到足够的资金支持。广州大部分中心灯光音响企业缺少核心技术，产品主要以模仿抄袭为主，无法与国内外名牌企业抗争，致使广州的灯光音响产品逐渐沦为广大消费者眼里"低廉""便宜"的代名词，即使产品本身质量与知名品牌相差无几，但因为缺乏知名度而不被消费者接受。

三 缺少行业引导，监管力度有待提高

行业标准缺失、监管缺位导致广州灯光音响制造业没有明确的发展方向，从而导致行业发展无序、缺乏核心竞争力。面对竞争日益激烈的市场，广州灯光音响企业规模小、缺乏核心技术、研发力量薄弱，生存艰难，行业的引导和监管问题亟待解决。一是区域内投融资体系不完善，企业资金匮乏。近年来，政府的资助扶持对象多为生产经营困难的灯光音响企业，却忽略了对区域内企业生产运营、技术创新投融资体系的构建。特别是支撑高科技产业发展的风险投资体系仍未形成，资助技

创新企业的高科技风险投资基金和投资机制还有待完善，市场风险资本投资偏低，熟悉风险资本运营的专业人才严重缺失，融资渠道受限使得企业创新能力无法得到足够释放。尤其是规模不大的中小企业，在面临2008年金融危机时，很难从银行获得贷款，加上融资渠道受限，最终只能选择破产倒闭。二是中介组织服务缺位，缺少引导力量。目前来看，广州灯光音响行业的中介服务机构数量较少，且服务效率低。灯光音响行业的服务对象覆盖面很广，行业专业性强，又多以中小规模企业为主，企业不具备承受高风险的能力，因而需要中介服务机构的相关服务和引导。中介服务机构在消费者和生产经营者之间起着至关重要的作用，既能为消费者提供服务也能为企业谋取发展道路。但目前广州灯光音响行业的中介服务机构匮乏，且中介服务机构对中小企业的发展冷淡。三是行业标准不完善、体系不全，难以与国际接轨。我国灯光音响行业与国外相比起步时间较晚，国家标准与国际标准界限模糊，国家标准与发达国家灯光音响产业标准还有很大差距。部门演艺设备产品因为标准问题难以跟上国际发展或与国际接轨，标准化推广实施体系、产品质量检测体系、企业监督服务体系、服务评价体系等都还有很大的完善空间。我国灯光音响行业主要以《公共广播系统工程技术规范》《红外线同声传译系统工程技术规范》和GB 3096—2008《声环境质量标准》为国家标准，但这三项规范和标准是2008年到2011年间推出的，距今已有十余年时间。

四 产能过剩严重，企业间恶性竞争加剧

数据显示，全国总共24个行业中有21个行业已出现产能过剩的问题。其中，传统制造业情况较为严重，产能过剩也是广州灯光音响行业的一大问题。自20世纪80年代以来，广州灯光音响行业便开始快速发展。经历了2008年北京奥运会、

2010年广州亚运会、G20峰会等大型活动之后,广州灯光音响行业开始向大行业的方向发展。但中小企业创新能力弱,市场上存在大量从外部包装到功能都相差无几的产品,企业大量生产同质产品想要占领更多的市场份额,产品同质化现象严重。如今灯光音响产品生产远远大于市场需求,广州灯光音响行业内出现了严重的产能过剩,加剧了广州灯光音响行业的竞争,直接导致产品价格大跌,企业利润锐减。

五 品牌意识匮乏,品牌影响力不足

广州灯光音响行业的大量企业主要是从小作坊的基础发展而来,在发展的最初,企业只关心如何在行业中生存下来,忽略了品牌建设,先天缺乏品牌意识。近年来,不少企业通过广告、展览会等方式来提高自身品牌知名度。但大部分灯光音响企业知名度有限,与国际品牌相比相差甚远,广州大部分灯光音响企业缺少品牌美誉度、品牌内涵以及品牌核心价值观,难以与国际知名品牌分庭抗礼。如今,广州灯光音响行业的竞争早已过了价格取胜时期,品牌竞争力越来越受到行业关注。在日益激烈的市场竞争中,没有品牌建设的企业注定会失败甚至被淘汰,行业低迷的时期能转"危"为"机"的往往是具有自主核心技术和自主品牌建设的企业。

第三篇

先进制造业篇

第八章　高端装备制造业

第一节　高端装备制造业概述

一　高端装备制造业概念

装备制造产业主要为工业发展提供生产装备，又被誉为"工业中的工业""工业之母"。高端装备制造相较装备制造业，其重点在于传统行业的转型升级与新兴产业的持续发展，为企业提供所需的高端工业设施装备。其"高端"主要体现在三个方面：其一，高端装备制造业具有高技术含量，在生产过程中需要较高的技术水平以及多学科多领域交融的复合知识储备，从而支撑整个装备的设计制造与生产；其二，该行业处于产业价值链的最顶层，集聚大量技术、资金、人力等资源，有较高的附加值与经济效益；其三，高端装备制造业在现如今的产业链中居于核心位置，对整个产业链的运转效率起着至关重要的作用，甚至决定着整个产业的竞争实力。因此，高端装备制造业也被普遍当作现代产业体系的脊梁。对工业而言，高端装备制造是推动传统工业转型升级的内生动力。对国家而言，是一国产业提高核心竞争力，在世界工业体系占据一席之地的重要筹码与必要选择。

随着新一轮科技革命的到来，装备制造业本身也在经历着发展变革。一方面，制造业与服务业的相互融合趋势日渐加强，发达国家和地区在发展装备制造的同时,也在不断提高制造业服务的质量与水平,提升服务业的附加值成为下一个利益增长点。另一方面,人工智能与微处理器的出现与发展推动装备制造业向智能化发展,制造环节逐渐体现出低消耗、可回收、可重复利用的绿色化特征。

二 世界高端装备制造业格局

长期以来,先进装备制造业的世界发展格局已基本稳定,西欧、北美等发达国家掌握核心技术,站在全球高端装备制造产业链的制高点,在整个行业中占据主导地位,新兴国家在短期内依旧难以突破其主导地位(见图8-1)。我国依托国内庞大的消费市场,在多个五年计划的合理规划下,逐步建立起良好的工业制造基础,支撑着高端装备制造业在国内的发展。当前,中国在国际装备制造业中的地位逐渐攀升,成为一股不可或缺的新兴力量。

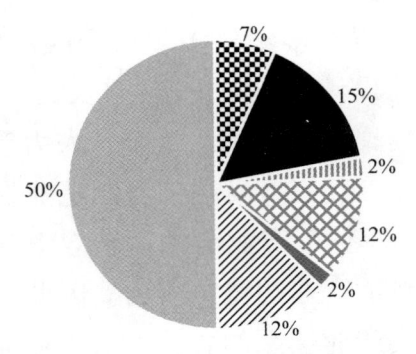

图 8-1 2018 年全球工程机械市场销售额

数据来源:《中国工程机械工业年鉴(2018)》。

三 中国高端装备制造业现状

目前,我国高端装备制造业主要集中于航空装备业、轨道交通设备制造业、卫星制造与运用业、智能制造装备业、海洋工程装备制造业等五大领域。历经 40 余年的发展后,我国已初步建立起完整的产业体系。2018 年,中国制造业新增产值 40027 亿美元,美国制造业产值 21733 亿美元(2017 年),日本 10073 亿美元(2017 年),德国 8324 亿美元。中国制造业产值分别为美国的 184%,日本的 397%,德国的 481%,从 2009 年始,已是连续 10 年位居世界第 1。2020 年,我国装备制造业逐渐摆脱新冠肺炎疫情的冲击,装备制造相关产成品总规模为 20329.1 亿元,较 2019 年增长 6.82%,基本恢复至疫情前 7% 左右的增长率水平。其中计算机、通信与其他电子设备制造业产值规模为 4658.1 亿元,占比 22.91%,较 2019 年增长 9.51%;电器机械与器材制造业产值 3691.3 亿元,占比 18.16%,较 2019 年增长 6.92%(见图 8-2)。高端装备制造业在生产能力、产业规模、科技含量等方面增长迅速,载人航天与探月工程、"蛟龙"载人深潜器取得重大突破,1000 千伏高压交流输变电设备、±800 千伏直流输变电成套设备等高端装备也不断涌出。

从高端装备制造业开发区分布来看,当前我国装备制造业集中分布在沿海与中部地区,已形成以环渤海、长三角地区为核心,向珠三角、东三省、两湖地区聚集的分布特征。环渤海地区包括河北、辽宁、山东等,三省的装备制造开发区数量皆位居全国前 5,是我国重要的高端装备制造设计研发与制造基地。江苏、浙江等长三角地区的装备制造开发区数量位于国内前 10,已初步形成了包括开发设计、生产制造的完整产业链,在航空、海洋与智能装备制造领域较为突出。同时,地域分工

152　第三篇　先进制造业篇

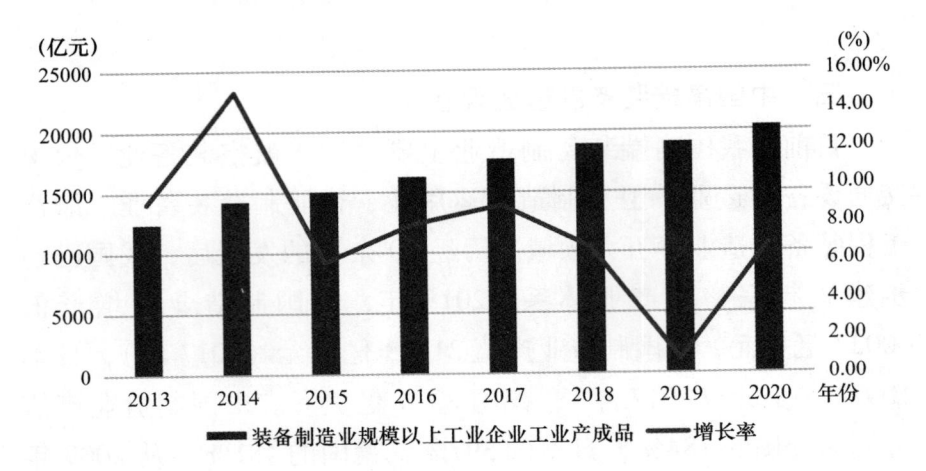

图 8-2　2013—2020年中国装备制造业产成品规模与增长情况

数据来源：国家统计局。

趋势也逐渐明朗，北京、上海凭借强大的高校与科研机构优势，逐渐成为高端制造产业的研发设计中心；江苏、辽宁等地凭借工业基础与沿海位置，逐步成为中国高端装备的生产制造基地（见图8-3）。

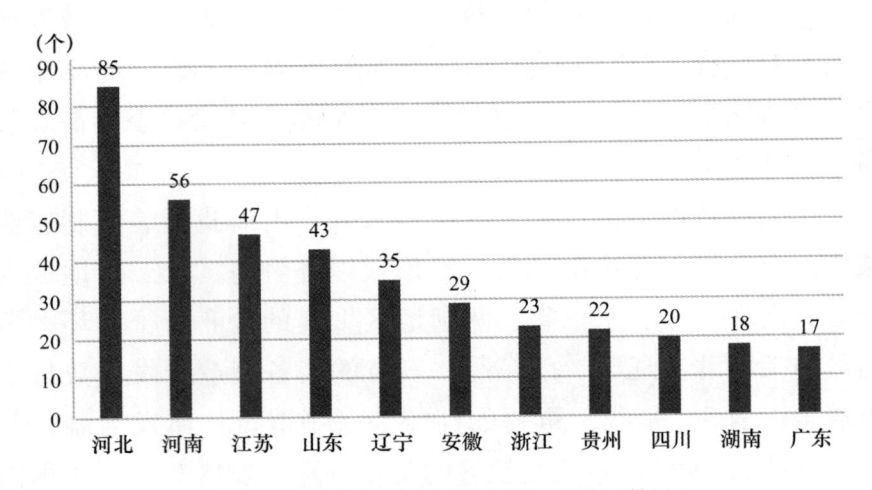

图 8-3　中国部分省份装备制造开发区数量

数据来源：国家统计局。

四 广州高端装备制造业地位及发展现状

虽然广东省在装备制造开发区的数量上未能跻身全国前十，但发展实力依旧不容小觑。作为华南地区工业基础最为牢固，综合配套实力与科研能力最强的工业大省，广东已逐渐形成了完整的高端装备制造体系，航空装备、轨道交通设备、卫星制造与运用业、智能制造装备业、海洋工程装备制造业五大领域齐头发展，制造规模不断壮大，科技含量不断提升，成为全国高端装备制造业的中坚力量。在2020年《中国装备制造业100强》排行榜中，广州共入围8家企业，位居全国前五（见表8-1）。

表8-1　2020年《中国装备制造业100强》广州企业

排名	企业名称	所属行业
2	华为投资控股有限公司	通信设备制造
8	广州汽车工业集团有限公司	汽车及零部件制造
12	美的集团股份有限公司	家用电器制造
18	珠海格力电器股份有限公司	家用电器制造
24	比亚迪股份有限公司	汽车及零部件制造
31	广州医药集团有限公司	药品制造
38	中国国际海运集装箱（集团）股份有限公司	金属制品加工
48	玖龙纸业（控股）有限公司	造纸及包装

资料来源：中国装备制造行业协会。http://www.cmea.com.cn/zt/zhizao2020.html。

从产业布局来看，广州围绕"一区三城十三节点"产业发展布局，坚持产业集聚，逐步整合各大园区的地域资源，不断优化工业空间布局。南部以南沙经济技术开发区为核心，重点发展临港产业集群、汽车产业集群和石化产业集群；东部不断充实完善广州经济技术开发区、广州高新技术开发区、广州出口加工区、广州保税区，重点发展电子信息产业集群，汽车与石化产业集群等；北部花都、从化以汽车产业集群为中心，以空港经济为载体推动地区工业布局；中部以都市型工业集群为主，四大工业组团推动广州高端制造业发展。产业布局的优化有利于推动广州市高端装备制造业的集聚式发展，并以此为基础，在未来重点推动汽车、石化、钢铁、船舶、海洋工程、航空与核电装备等高端制造业发展，立足于珠三角，辐射整个华南与东南亚，力争在华南地区建成一批世界级高端装备制造业基地。

第二节 广州高端装备制造业发展历程

广州装备制造业始于 2003 年，在此之前，广东省重工业发展基础实力却并不雄厚。改革开放前，受资本主义国家的经济封锁和国内计划经济体制的影响，以传统商业为发展主体的广州很难发挥其固有的商贸价值，更无法为后来的制造业发展提供资金。从"一五"计划开始，我国的装备制造业逐渐发展起步，但受到当时沿海政治战略的影响，国家装备制造业发展重点集中于东北及中部地区，广州作为南部边陲的沿海城市错失发展机会。1978 年，广州国内生产总值 35.95 亿元，仅占全国的 0.98%，第二产业增加值 1.711 亿元，对全国工业增加的贡献率仅 0.1%。从 1952 年到 1978 年，广州工业增加值多年徘徊在 1 亿元左右（见图 8-4），制造业发展水平停滞不前，许多年份甚至出现第二产业负增长的情况。

1978 年，在"先行一步，把经济尽快搞上去"的指示精神下，广州制造业迎来发展机会。20 世纪 70 年代适逢国际上第三

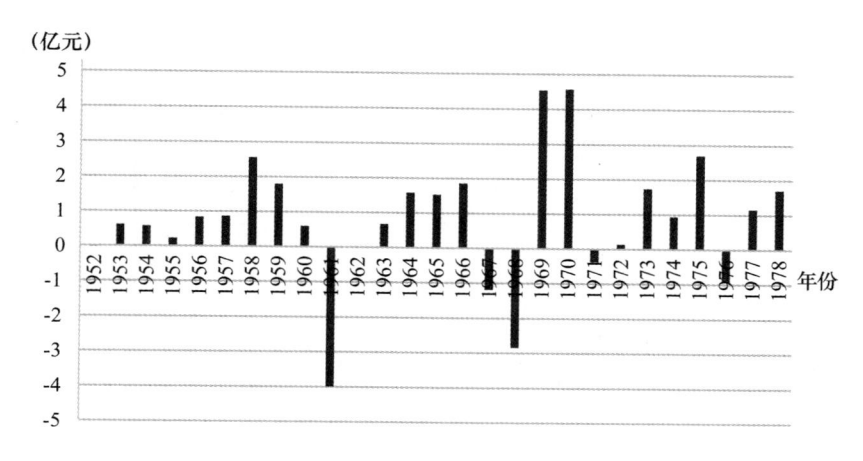

图 8-4　1952—1978 年广州第二产业增加值

数据来源：广州市统计局。

次产业转移在亚洲不断延伸，劳动密集型、低附加值的纺织服装和纺织工业等简单加工制造业开始从亚洲四小龙向中国转移，广州利用改革开放的政策以及毗邻港澳的地理优势，采取"三来一补""前店后厂"的发展模式，不断承接来自这些国家的转移产业，先后在食品、纺织、服装等轻工业与彩电、冰箱、空调等耐用消费品产业实现跳跃式发展，但此时广州的工业集中于纺织服装等轻工业，重工业发展基础依旧薄弱。1990 年，广州市全市工业总产值 442.44 亿元，其中轻工业 283.04 亿元，占 64%，重工业 159.41 亿元，占 36%，作为重工业重要组成部分的装备制造业，其发展依旧没有起色。从 1978 年改革开放开始，广州轻工业总产值一直大于重工业，增长率水平在较多年份超过重工业，此状况一直持续到 2004 年才出现逆转，重工业产值首超轻工业（见图 8-5）。

在 2003 年 10 月广东省委、省政府发布的《关于加快发展装备制造业的意见》中提出，到 2010 年把广东省打造成为装备

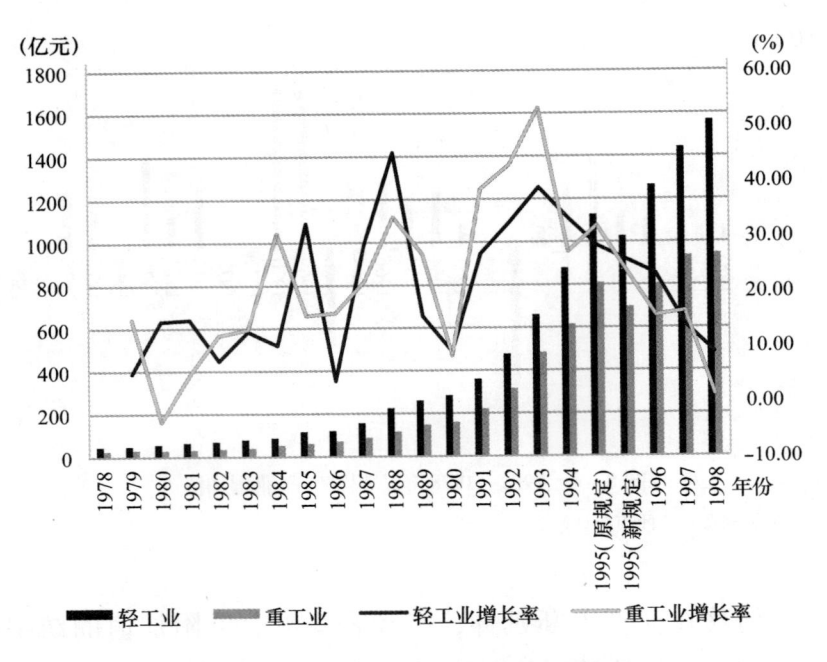

图 8-5　1978—1998 年广州轻重工业总产值及增长率

数据来源：广州市统计局。

制造业大省，到 2020 年进一步成为装备制造业强省，至此，吹响了广东省发展装备制造业的先行号角。广州高端装备制造业已发展 17 年，纵观这 17 年的发展路径，可大体将其划分为三个阶段：第一阶段为高速扩张阶段，第二阶段为增长停滞阶段，第三阶段为智能发展阶段。

一　高速扩张阶段（2003—2010）

2001 年，广州市人民政府发布《广州市国民经济和社会发展第十个五年计划纲要》，确立将电子信息、汽车、石油化工三大产业作为支柱产业，并于 2003 年正式提出建设高端装备制造业的目标，历经"十五""十一五"两个五年计划后，广州重工业得到迅速发展，高端装备制造业也不断扩展。2004年，广州装备制造业年销售产值为2097亿元，2010年增长到6768亿元，增长近3倍，其中交通运输设备制造业发展最快，从2004年的800亿元迅速增长到2010年的3436亿元，增长近4倍；专用设备制造同样迅速增长，从2004年的45亿元增长到2010年的147亿元，增长近3倍。截至2010年年底，广州装备制造业企业数量达2635家，占全市工业企业数量总数的37.81%，与2004年的1865家相比，增加1.4倍，推动高端装备制造业工业增加值达1700亿元，占全市工业增加值的47.59%，其中生产的金属切割机床达10690台，较2009年增长49.2%，主营业务收入6784亿元，占全市主营业务收入的49.8%，与2004年相比，增长近3倍（见图8-6）。

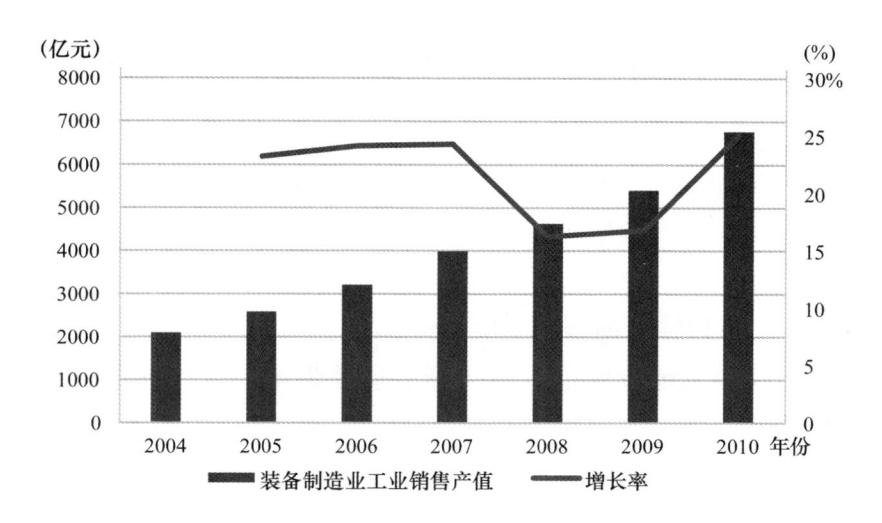

图8-6 2004—2010年广州装备制造业销售产值

数据来源：广州市统计局。

《广州市工业发展和空间布局调整第十一个五年规划》《广州装备制造业"十一五"发展规划》《广州市工业产业集群布局规划》等政策颁布实施，促进高端装备制造企业逐渐在广州形成聚集效应，空间聚集趋势逐步加强，推动整体效益提高与资源要素集中，为装备制造业的长久发展提供了不竭动力之源。2008年6月，中船集团签署《关于加强合作进一步推进船舶工业发展的框架协议》，在番禺南部大岗镇投资270亿元新建船舶配套产品产业园，同时省、市、区三级政府共建大型装备配套产业基地，为广州海洋工程装备制造业发展夯实了基础。各大龙头企业占据行业制高点，在规模实力、科研能力等方面突飞猛进。2004年，广州广日电梯工业有限公司独立研发的全新一代GreenMax智能环保绿色电梯系列产品面世，标志着中国电梯行业就此走上特色自主创新道路。2009年，由东方电气（广州）重型机器有限公司全权负责设计制造的我国首台国产化百万千瓦级核电站核反应堆压力容器于南沙正式发运，填补了国内在相关领域的空白，东方电气至此一跃成为我国最大的承压设备和重化工业的制造基地。作为船舶装备制造领域的代表，文冲船厂把握时代机遇，一举建成为我国华南地区最大的现代化修船基地、国内最大的挖泥船研发制造基地、国内最先进的支线集装箱船生产基地。

二 增长停滞阶段（2011—2015）

2008年全球金融危机给全球制造业带来了巨大的消极影响，企业利润摊薄、人民币升值压力增加、出口难度增大，企业面临着巨大挑战，对广东的影响尤为强烈。广州凭借着改革开放的政策优势与地理区位条件，制造业在第一阶段实现了高速发展，然而其背后很大程度上是凭借外资的支持与依赖。2010年，广州规模以上大中型工业企业工业总产值为2791亿元，其中外商及港澳台投资企业总产值达7366亿元，占72%，占广州工业发展总产值的半壁江山；从企业数量上来看，2010年广州市大中型工业企业共有842家，其中外资及港澳台投资企业554家，占 66%，国有企业仅 25 家（见图 8-7）。

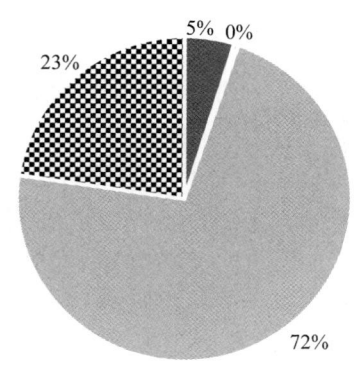

图 8-7　2010 年规模以上大中型工业企业工业总产值

数据来源：广州市统计局。

与此同时，广州对外商品出口地较为集中且单一，商品出口过分依赖中国香港、美国与欧盟地区。2011 年广州主要出口地区中，中国香港地区出口额占比最大，为 134.23 亿美元，在所有地区中占 33%；其次为美国，出口额为 100.06 亿美元，占 24%；欧盟地区出口额为 88.37 亿美元，占 21%，增长速度较快（见图 8-8）。

在 2008 年金融危机影响下，许多工业企业为了压缩成本，稳定现金流量，只能停止企业转型升级转而保本扩销，工业增长乏力使得生产装备设备的更新换代暂停，国际装备市场上的需求顿时急剧萎缩。同时，国际大宗商品价格持续高位，能源等生产要素价格不断上升持续摊薄企业利润，这对于一直以外向型经济为主体，依赖外资与国际市场的广州高端装备制造业而言，企业可持续发展压力巨大。广州高端装备制造企业利润额在 2010 年曾经历增长高峰，达 604 亿元，较 2009 年增长 47%，随后在 2011 年开始减缓，总利润额 604 亿元，基本与

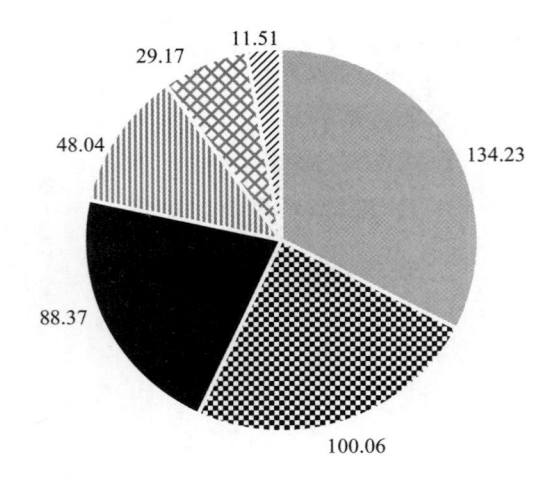

图8-8　2011年主要国家和地区出口额（亿美元）

数据来源：《2011年广州市国民经济和社会发展统计公报》。

2010年持平，而后增长率突然下降，2012年负增长，下降28%，虽然在2013年实现回升，但已难以达到2010年40%的增长率，高端装备制造业增长逐渐放缓（见图8-9）。

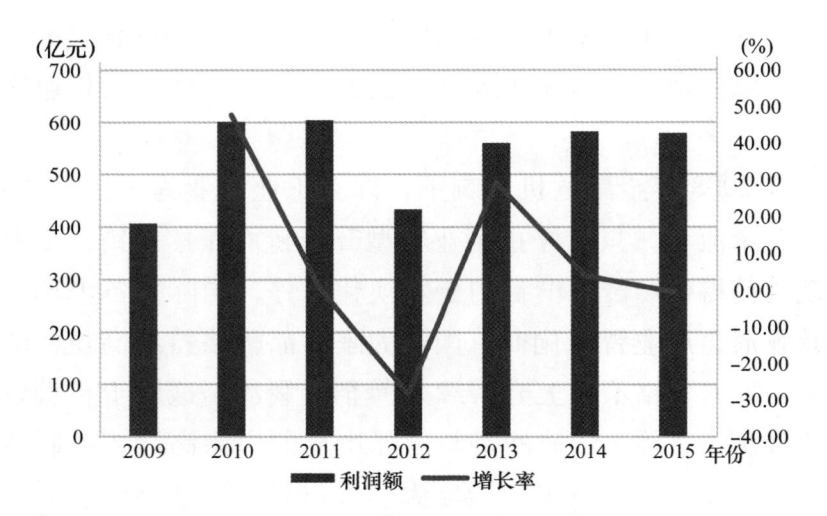

图8-9　2009—2015年广州高端装备制造企业利润额与增长率

数据来源：历年广州市统计年鉴。

各大龙头企业在经济萧条时期增长缓慢，广州中船龙穴造船有限公司是华南最大的现代化船舶制造组装企业，因经济萧条，其国际航运市场逐渐萎缩，2012年经营接单量基本为0，第四季度甚至出现船坞空置，上万名员工被迫闲置。2008年入驻大岗基地的中船集团低速柴油机项目在此期间也几乎陷入停滞。

三　智能发展阶段（2016年至今）

2011年，一名美国学者曾在美国能否重夺全球制造业领导权地位问题中提到，推动人工智能、机器人和数字制造技术相结合，能够极大限度地节约制造企业长期的生产成本，提升工厂整体效率。面对来自发展中国家的低廉生产要素比较优势，生产制造智能化下的工业产品具有无可比拟的价格优势与规模效益。对于美国等发达国家而言，推动高端装备制造业智能化是制造业回归、工业复兴的重要路径，对于我国而言，能否抓住新一轮技术革命的机会，是决定能否保住世界工厂地位的关键。

我国在2011年《智能制造装备产业"十二五"发展规划》中提及，要推进智能装备制造产业发展，但彼时我国智能制造产业存在着技术创新薄弱、核心技术受制于人、产业组织结构小散弱等问题，主干产业如机器人、智能仪器仪表、自动控制系统等高端市场份额不足。这些问题长期阻碍着高端装备的智能化发展，产业智能化变革产生的阵痛依旧强烈。2015年，广东省政府先后出台《广东省工业转型升级攻坚战三年行动计划（2015—2017年）》《广东省智能制造发展规划（2015—2025年）》，提出到2025年建成全国智能制造发展示范引领区，广州高端装备制造业逐渐从"装备"过渡到"高端"，其中，智能装备制造成为这一时期乃至未来高端装备制造业的主要方向。

凭借着前两个阶段逐步积累的工业产业基础与搭建的较为完善的工业体系，广州高端装备制造业已形成上游数控机床与电主轴、减速器等关键零部件，中游工业机器人本体，下游细分领域的系统集成与检验检测的较为完整的产业链条。

研发设计方面，广州拥有中国（广州）智能装备研究院、广州机械科学研究院、广州中国科学院沈阳自动研究院分所、清华大学珠三角研究院等众多高水平科研机构与创新平台。在上游关键零部件方面，海瑞克隧道设备公司、一道注塑机械公司实力在全国名列前茅。在中游整机制造方面，广州启帆在经济型机器人本体领域国内市场占有率排名第一，广州粤研公司在钢铁清洗机器人品牌方面排名第一。在下游细分领域的系统集成与检验检测方面，工信部电子五所、国机智能、中国电器科学研究院等产品综合检验检测能力位居华南第一。目前，广州数控、广州机械院、广汽集团、广州万宝集团等12家单位已成立"广州工业机器人制造和运用产业联盟"，联合广州地区从事工业机器人及其相关零部件的机构，大力推动高端装备制造业的智能化升级（见表8-2）。

表8-2　　　　广州先进装备制造业产业链公司分布

研发设计	关键零部件	整机制造	系统集成
中广智	广州启帆	广州数控	工信部电子五所
广州机研院	广州数控	广州启帆	国机智能
清华珠三角研究院	海同机电	广州粤研	
工信部电子五所	一道注塑机械		

从2016年到2019年，广州工业机器人产量不断上升。2019年广州工业机器人产量为4200套，较2018年的2985套提高40%（见图8-10）。

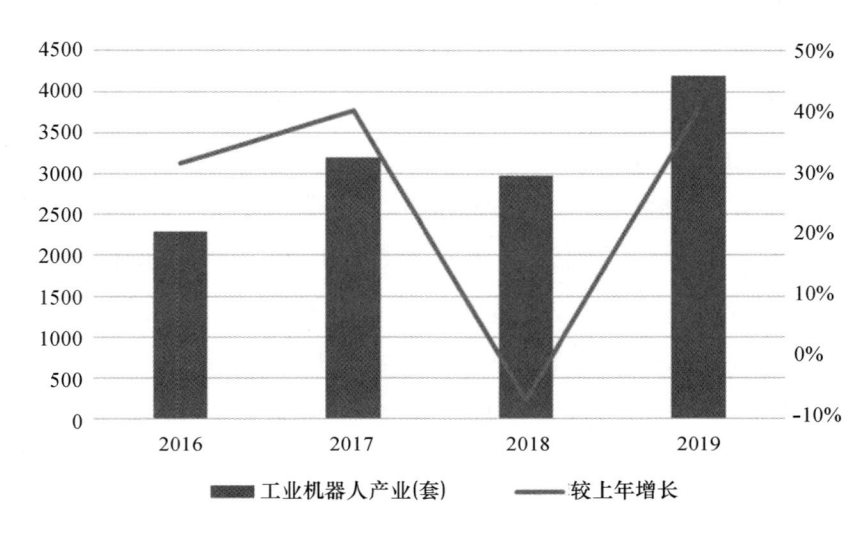

图 8-10　2016—2019 年广州工业机器人产量

数据来源：历年《广州统计年鉴》搜集整理。

2019 年，广州智能装备制造产业产值约 1310 亿元，实现工业投资 1038 亿元，同比增长 9.1%，工业投资首次突破千亿元大关。在技术改造专项资金上，共安排 4.49 亿元专项资金，支持 239 个项目，拉动技改投资约 360 亿元。广州开发区全区集聚人工智能企业 200 多家，年产值近 200 亿元，同以色列联合打造的机器人研究院与智能产业制造产业基地于 2015 年落户该区。全球机器人四大家族中，发那科、安川首钢机器人有限公司、库卡机器人 ABB（中国）有限公司拟在该区落户，中国智能装备研究院新型研发机构、广州瑞松科技机器人与系统集成技术基地、巨轮机器人及智能制造产业化基地等项目均已动工或投产，广州开发区已逐渐成为智能装备制造的核心力量。

2021 年 5 月《广州市国民经济和社会发展第十四个五年规划和 2035 年远景目标纲要》正式发布，规划中将智能装备与机器人产业作为"十四五"时期五大新型优势产业之一，重点发展智能软硬件、智能机器人、智能运载工具、智能终端、工业控制设备、增材制造等智能产业以及智能工厂、"人工智能+制造"等运用服务领域。同时支持引领产业变革的颠覆性技术突破，重点突破数控系统、工业软件、高端金属材料、高性能化合物材料、轴承、切削刀等技术短板，广州高端装备制造智能化进入纵深发展阶段。"十四五"时期，在海洋工程装备制造方面，广州将依托龙穴造船基地，推动高技术船舶和新型海工装备技术创新发展，围绕南沙海工装备制造基地，建设世界级船舶与海工装备制造业集群。在轨道交通装备方面，2021年4月，广州轨道交通装备产业园内新建设高端电器设备制造基地，该地块总投资约1.74亿元，将建设成产研办结合的轨道交通装备产业基地，预计达产后年产值3.48亿元。同时，由白云电器、佳都科技、广电运通等企业共同出资设立的百亿级项目——广州大湾区轨道交通产业投资集团有限公司成立，预示着广州轨道交通装备建设高潮来临。广智集团作为广州装备制造产业龙头企业，同力合科创、中国长远等互联网科技企业牵手合作，发挥5G物联网智能终端设备制造的科技优势，带动智能终端及设备一体化创新产业链的发展升级。聚焦智能装备、智能制造和工业互联网等领域，广州积极探索以智能工厂、智能生产和智能物流为核心的工业4.0模式，2018年广智集团已完成（全口径）工业总产值440.92亿元，营业收入增长11.25%，营业利润增长9.01%，并首次入围中国企业500强。广州装备制造业智能化进程有望在"十四五"时期实现从上游智能制造研发到下游各领域运用的全产业链重大进展。

第三节　广州高端装备制造业发展的先进经验

回顾广州高端装备制造业的发展历程，从最开始的工业基础薄弱，到现如今逐步迈向装备制造高端化、智能化。广州高端装备制造业的发展留下许多先进经验。

一　加大智能化投入，促进传统产业改造

广州在高端装备制造业发展的第三阶段大力开展高端装备的智能化发展，主要体现在两个方面：一方面营造智能化发展氛围，为智能化发展提供便捷有效的交流互动平台。通过广州开发区的建设吸引世界高科技企业落户，引入全球高新技术，同时促成"广州工业机器人制造和运用产业联盟"建立，推动企业的协同创新，联动发展。诸多举措都以建立一个以智能化为主题的知识共享平台为目标，为各企业高端装备制造的优秀经验与发展模式提供有效推广渠道，相互学习，团结协作，促进全行业在智能化制造方面进行有益探索与实践。另一方面积极鼓励传统制造业转型升级，扶持高端装备制造企业智能化发展。从2017年到2019年，广州为鼓励技术改造，推动企业转型升级，不断提供专项资金帮扶，2017年共提供5.53亿元技术改造专项资金，拉动技改投资248亿元。2019年技术改造专项资金为4.49亿元，拉动技改投资360亿元，资金回报率逐渐上升，运用效率得到进一步提高，为广州传统制造业转型升级提供了源源不断的资金支持（见表8-3）。与此同时，为减轻制造业企业成本，广州市政府出台《广州市人民政府关于落实广东省降低制造业企业成本若干政策措施的实施意见》，加大制造业降成本措施和省"实体经济十条（修订版）"的宣贯服务力度，每年为全市制造业企业降低成本40亿元。

表 8 – 3　　广州 2017—2019 年技术改造专项资金支持情况

年份	技术改造专项资金（亿元）	支持项目	拉动技改投资（亿元）
2017	5.53	310	248
2018	6.3	252	257
2019	4.49	239	360

数据来源：广州市科学技术局。①

二　形成产业链模式，促进全产业链协同发展

装备制造业本身是链状经济特征十分明显的行业，高端装备制造的产业链延伸则更为广泛，各环节联系交流更为密切。一旦产业链中的某一环节生产技术出现问题，将直接导致整个产业链条的断裂，阻断行业的进一步发展。广州十分注重产业链条部署，现已初步形成了全产业链条，最源头的研发设计有中广智、清华珠三角研究院等科研机构与创新平台；上游数控机床与电主轴、减速器等关键零部件生产有广州启帆、广州数控等行业龙头企业；中游工业机器人本体及整机制造有广州粤研、广州数控等企业；下游细分领域的系统集成与检验检测有工信部电子五所、国机智能等。上下游企业间联系紧密，各环节协同共进，有利于形成装备制造业链条优势，提高整个行业的弹性与安全性。

三　不断加深数字化信息化，带动高端装备制造业新发展

高端装备制造业具有个性化、产业链延伸广、集成程度高、管理难度大的特点，高端装备制造业智能化发展道路中必须依托产业的数字化与信息化。国际上装备制造业正向全面信息化方向发展，具体表现为柔性制造系统（FMS）、计算机集成制造

---

① http://kjj.gz.gov.cn/xxgk/sjfb/sjjd/.

系统（DIMS）的开发与推广。广州近年来不断跟上信息化、数字化的发展脚步，推动虚拟制造、智能化设计发展。通过虚拟制造、系统创新、成套设备集成、网络远程操控，产品数据管理等信息化技术发展，不断推进全球供应链管理、物流管理、客户关系维持、后期维修服务等环节完善升级，在制造过程中通过自动化生产线来实现信息化，在数据管理上通过智能化先进信息系统以达到精细化，推动"机械+数字化"进程，以信息化带动装备制造业发展。

四 形成产业集群化，实现规模化发展

产业集群化发展有利于强化生产企业作为一个整体同外部主体要素进行互动，降低资源获取成本，实现规模效益；从内部来看，能够推动区域内人力资源等生产要素以市场为基础不断流动更新，提高企业要素流动活力，增强企业经济效益。广州在装备制造业发展之初就积极组建产业园区，分行业分领域建设产业基地，实现集群化发展，逐步形成区域型、共生性、开放式的产业网络体系。围绕产业网络体系，高端装备制造业的产业链不断延伸，产业配套体系随之不断完善，最终促进广州高端装备制造业的聚集力与凝聚力不断提高。在船舶配套产品方面，早在2008年就开始建设番禺南部大岗镇建设船舶配套产品生产园，形成大型装备配套产业基地；在工业机器人方面，同以色列联合建设机器人研究院与智能产业制造基地。

五 重视人才培养，持续吸引高端技术人员

人才是推动广州高端装备制造业向规模化、高端化发展的重要因素，主要需要两类人才，一是掌握核心技术、具备国际科技活动能力的行业带头人；二是受过职业教育、熟悉装备制造数字化操控技术的人才。广州一直注重高端装备制造业人才

建设，不断建立完善人才激励机制，大力引进装备制造业所需技术人才。2019年《中共广州市委广州市人民政府关于加快集聚产业领军人才的意见》中指出，为实施羊城创新创业领军人才的支持计划，广州每年对30名先进制造业、战略性新兴产业发展和传统产业转型升级做出卓越贡献的产业领军人才给予薪酬补贴。同时，通过建立人才绿卡制度，广州积极探索推进政府购买人才公共服务制度，支持发展技术交易、技术评估等一批专业化科技中介服务机构，装备制造业人才队伍建设。

六 加强产学研合作，落实企业成果转化

推动研究开发同市场生产紧密对接、提高成果转化率、打造良好的产学研合作模式，可以为高端装备制造业提供源源不断的动力。2015年，广州有国家级技术开发中心22个，省级187个，市级29个，相比2014年新增省级新型研发机构28个。广日集团、东凌、白云电气等30多个装备制造企业与清华大学、浙江大学、上海交通大学、哈尔滨工业大学等众多理工高校建立全面产学研战略联盟与合作。广东威创与中山大学、华中科技大学等高校合作，成功研发拥有自主知识产权的"100M像素特高清巨屏显示系统"产品；广州数控与上海交通大学共同承担国家863项目，研制出的DA98全数字交流伺服驱动装置，填补了我国在该领域的空白。良好的产学研合作模式为高端装备制造业的科技创新提供了有力支撑，提高了企业的创新积极性与技术水平。

第四节 广州高端装备制造业存在的问题

虽然广州高端装备制造业发展已朝着高质量、智能化方向发展，但其发展道路依旧十分漫长，还有许多问题亟待解决。

一 缺乏核心技术，产业定位低端

近年来，广州高端装备制造业的技术水平随着资金和技术密集型产业的扩展布局有了明显改善，但核心竞争力与技术优势的产品实际上并没有实现完全"国产化"，核心技术与高端设备依旧依赖进口，在中低端市场，广州装备制造业在前端研发设计和后端的销售环节的本土化率达到85%，但核心零部件依旧依赖国外进口。每年引进外国技术的经费中，设计图纸、工艺专利所占费用高达60%以上，具体来看，集成电路芯片装备进口率达80%；汽车制造关键设备进口率达70%；大型石化装备等关键技术与设备进口率达40%；国外可编程控制系统的市场占有率甚至达到95%。许多合资的装备制造业实际上只位于国际产业链条的最低端，主要从事工程配套和售后维修等工作，无法接触到研发设计、核心装备制造这些高端领域。例如，广重集团与德国海瑞克公司合作生产的盾构机，广重集团完成盾构机80%的加工量，而实际的产出只占整个盾构机产品价值的1/8。这一问题在广州工业机器人与数控机床两大板块体现尤为明显。在工业机器人领域，工业机器人核心部件包括四个部分，分别为机器人本体、减速器、伺服系统和控制系统，这四个部分是高端装备制造业产业链中必不可少的模块，然而除了机器人本体相关部件的核心技术外，剩余三个部分的核心技术基本上全部掌握在德国、日本等发达国家手中。在数控机床领域，数控机床在整个中国的拥有率不足30%，尤其3D打印技术在3D打印材料限制、打印技术投入巨大差距等诸多限制因素下，广州乃至整个中国都处于较为落后的水平，与发达国家相比差距巨大。

二 内部竞争模式单一，企业经济结构失衡

2019年，广州规模以上工业企业中，内资私营企业共计3543家，占比61%，三资企业共计679家，占比12%，外商投资企业649家，占比11%，从企业数量分布上可以看出，广州三资及外资企业数量并不多，规模以上工业企业大部分为内资私营企业。但比较各企业生产总值可以看出，2019年广州"三资"及外资企业工业总产值10554.71亿元，占全市工业总产值的54%，利润总额为777亿元，占全市总利润额的58.29%；而包含私营营业、股份有限公司、有限责任公司在内的其他企业工业总产值为8928.38亿元，占比46%，利润总额为553.28亿元，占比41.51%。广州私营企业数量约是"三资"及外资企业的2.5倍，但不管是工业总产值还是企业盈利能力都明显低于后者，说明私营企业整体竞争力不如"三资"与外资企业（见图8-11及图8-12）。

"三资"与外资企业对于外向型经济的广州而言，很大程度上支撑着其工业发展，国有控股企业和集体企业，不管是数量还是盈利能力抑或对工业总产值贡献方面基本可以忽略不计，其生存受到严峻考验。私营企业虽数量众多、规模庞大，但盈利能力、经营水平、产出水平均不如"三资"与外资企业。各类型企业难以在统一赛道竞争，未形成良好的竞争格局，不利于广州高端装备制造业内部结构的稳定与健康发展。与此同时，国际资本相比于国内资本而言无疑具有更强的流动性，对风险的敏感性也更高，如果客观经济环境有微小变化，都有可能影响到行业的稳定性。装备制造业国际资本的短期逐利倾向要大于长期投资获利意愿，有些外资股东会为了短期利润而牺牲企业的长期盈利能力，对装备制造业的长远持续发展带来不利影响。

第八章 高端装备制造业 171

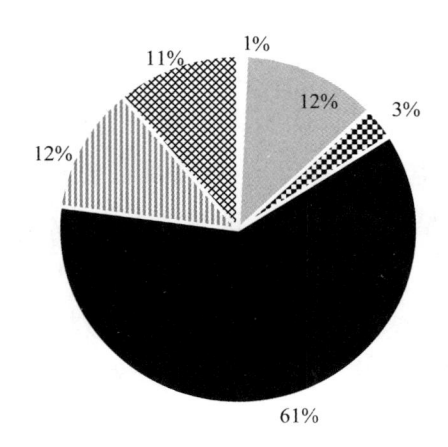

```
           1%
      11%     12%
   12%           3%


          61%
```

■ 国有企业　　　　　　■ 集体企业　　　　　■ 股份合作企业
■ 有限责任公司　　　　☒ 股份有限公司　　　■ 私营企业
॥ 港、澳、台商投资企业　☒ 外商投资企业

图 8 – 11　2019 年广州工业企业数量（按登记注册类型分）

```
 51.31亿元   20.51亿元


  8928.38亿元

                10554.71亿元
```

■ 国有企业　　■ 集体企业　　■ "三资"及外资企业　　■ 其他企业

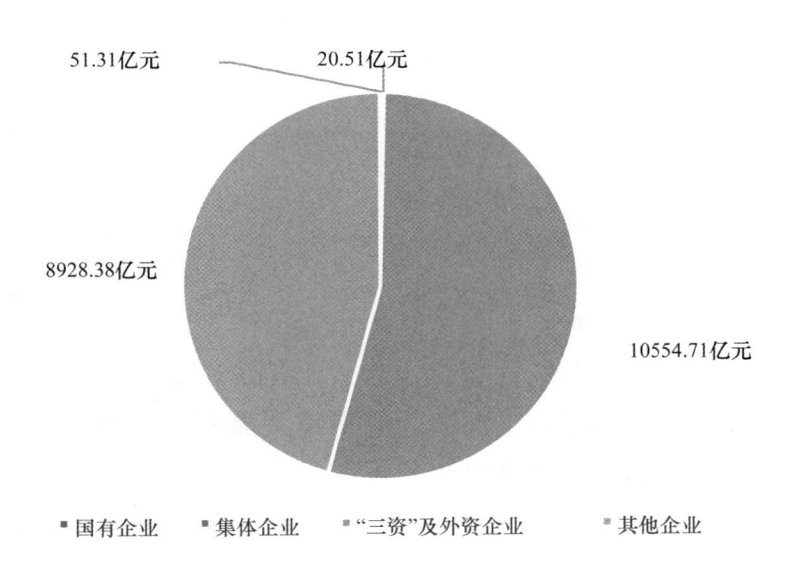

图 8 – 12　2019 年广州工业企业生产总值（按经济类型分）

数据来源：历年《广州统计年鉴》搜集整理。

三 产品结构不均衡，出口产品耗能过大

广州高端装备制造业出口多年一直以机械、电气设备为主，2018年机械、电气设备、电视机及音响设备出口最多，为139亿美元，其次是核反应堆、锅炉、机械设备及零件，总出口额为92.55亿美元，金属及金属制品为560亿美元。从高端装备制造业出口结构来看，广州电气设备、机械等设备制造业有着较为良好的发展前景，但这类出口产品对能源的间接消耗巨大，不符合低碳环保理念，产品附加值较低。机械电气设备出口是排名第二的核反应堆、锅炉、机械设备零件的1.5倍。具有良好发展基础的金属制品、交通运输设备制造、仪器仪表及文化办公用机械制造等都未能形成出口优势。高端装备制造业出口产品结构需进一步优化，低碳化、智能化的新竞争优势依旧有较大培育空间。

四 自主创新投入不足，研发投入强度不高

2017年，广州规模以上工业企业的R&D经费支出占主营业务收入的1.22%，远远低于世界发达国家2.5%—4%的高强度研发投入水平。依照国际经验，研发投入强度低于3%的企业，其科技创新能力会逐渐落后于世界科技变革速度，难以适应日新月异的科技大环境，在未来的产业竞争中难以形成自己的技术优势，影响企业的长期生存。对广州而言，低水平的研发投入强度将会对高端装备制造业的可持续发展造成影响。在生产规模和财力支持等诸多因素的限制下，许多中小企业的科技创新呈现出"小作坊"式的生产特征。企业技术集成与经验积累都十分有限，产品科技含量较低、生产技术更新缓慢。同高端装备制造业的跨国巨头相比，广州中小企业难以形成自己的竞争优势，产业链条整体科技水平不高，工艺标准不规范，造成

许多产品生产的重要关键环节依旧依赖国际进口。在高端装备制造业竞争日益激烈的环境下，大量中小企业难以为技术创新提供充足的资金支持、长期的研发时间以及有力的抗风险措施，渐渐失去创新土壤，长期经营压力不断增大。企业缺乏自主研发创新的内生动力与物质条件，对市场变化的反应速度慢、更新时间长，进一步激化了长期创新发展与短期生存经营之间的矛盾，制约了广州高端装备制造业走向技术集成与创新发展。另外，相比国际装备制造业大国，广州知识产权的保护力度不够，对高端装备制造业产品的技术研发与科技创新的服务供给依旧有很大差距，许多企业即使有创新成果也不愿申请技术专利，而是选择将其作为企业的技术机密加以保护，不愿公开，导致核心技术只停留在引进与模仿上，打击了企业进行科技创新的积极性。

第九章 汽车制造业

第一节 汽车制造业概述

一 汽车制造业概念

汽车制造业又称汽车工业,主要生产汽车、相关零部件及其他衍生产品。相比其他工业产品,汽车是一个涉及领域多、产业链条长、产品综合度高的工业产品,整个汽车工业体系庞大且复杂,具有高投入、高产出、效益高、关联强、发展高度集群等特点。汽车的生产、研发、销售、服务、信贷、保险等牵涉一国经济体系中的方方面面,因此,汽车产业在一国工业体系中往往占据着重中之重的地位,其研发设计推动着一国制造业科技创新实力的增强,生产制造拉动着钢铁、冶金、机械等基础工业的增长,售后服务推进着工业服务业的发展,信贷保险则扩展了金融市场在工业体系中的业务。

二 世界汽车制造业格局

从汽车消费角度看,2018年全球汽车销量达9505万辆,其中中国汽车销量最多,为2808万辆,占世界总销量的29.54%;美国排名第二,全年销售1770万辆,占世界销量的18.62%;日本总销量为527万辆,占5.55%(见图9-1)。

从生产角度来看,2018年全球汽车生产量为9570万辆,其

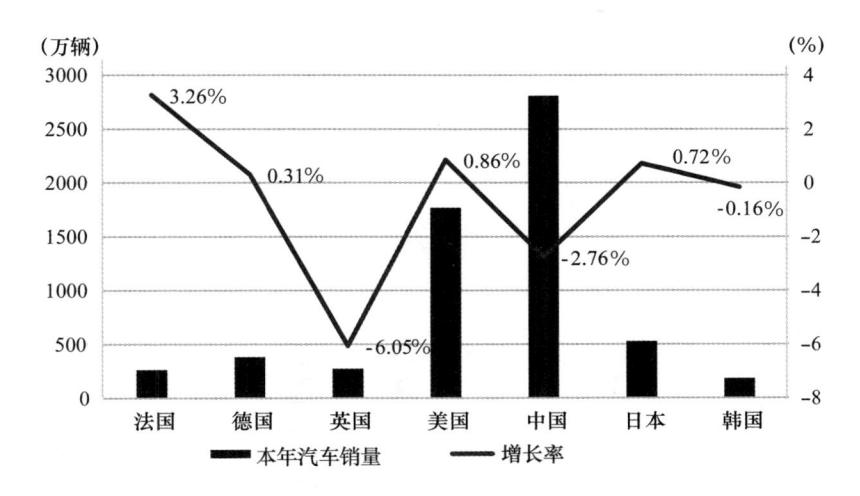

图9-1 2018年世界主要国家汽车销量及增长率

数据来源：中国汽车工业协会。

中中国汽车生产量最多，为2808万辆，占全球总生产量的29.06%；第二是美国，2018年共生产汽车1770万辆，占全球产量的18.5%；第三为日本，共生产527万辆汽车，占5.51%。整体而言，全球汽车生产与销售相差并不大，产量略多于销量（见图9-2）。

目前，国际汽车产业布局已开始从美国、日本等老牌工业国家逐渐向中国等新兴国家转移，美日等国的汽车制造业在产量与销量两个方面均显示颓势，在全球的比重逐渐减少。中国已成为世界上当之无愧的汽车生产销售大国，产销比重不断增加，在国际上的地位与日俱增。当前的世界汽车产业格局正发生重大变革。一方面，发达国家的汽车工业销售中心逐渐出现转移趋势。欧美日本等地的汽车销售市场已趋于饱和，而亚太发展中地区人口总数庞大，汽车拥有率不高。随着近年来经济高速增长，汽车需求与日俱增，开始成为众多汽车厂商的必争之地。通用、福特、克莱斯勒、大众、本田等国际大公司纷纷在亚洲设厂增资，将扩展亚太市场作为自身未来发展的重要战

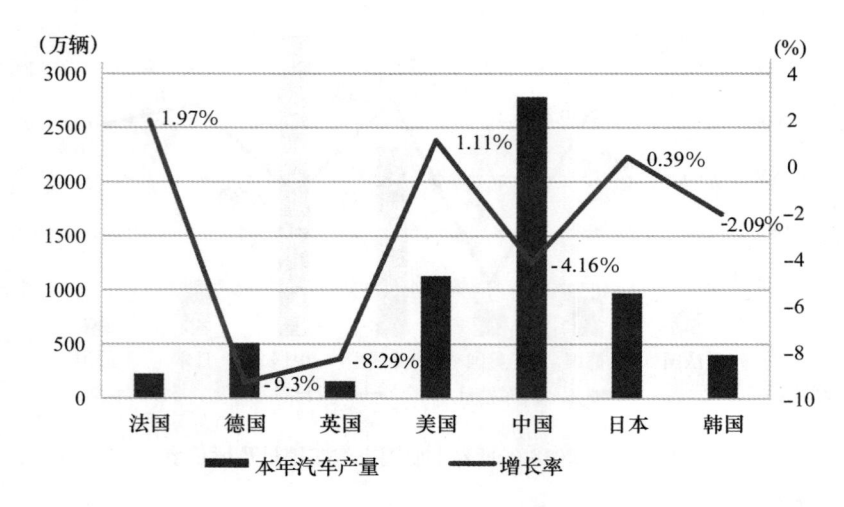

图 9-2 2018 年世界主要国家汽车产量及增长率

数据来源：中国汽车工业协会。

略。另一方面，产业集中程度越来越高，逐渐形成寡头垄断格局。随着汽车行业的不断发展，行业兼并浪潮逐渐兴起。跨国集团为扩大市场份额，整合自身资源，纷纷加入兼并收购浪潮之中。韩国大宇集团为开辟四轮驱动大型货车市场，收购双龙汽车公司，戴姆勒—奔驰与克莱斯勒强强联合，宝马收购劳斯莱斯打入高级轿车市场。

三 我国汽车制造业发展现状

汽车工业从我国"一五"计划起就被作为国家重点投资与发展对象，经过多年探索，已形成良好的产业基础。2018 年，中国在汽车产销两方面皆位列世界第一，汽车产量超出第二名美国近 60%，具有强大的汽车生产制造能力，与之对应的是汽车产业规模的迅速扩大，且逐渐在我国工业体系中占据着越来越重要的位置。然而，2017 年后，中国汽车产业增速逐渐放缓，

2018年甚至出现负增长,近两年虽然有所回升,但2016年前高速扩张的时代已逐渐远去,传统汽车市场逐渐饱和,汽车产业如何找到新的经济增长点,满足新时代绿色环保智能的需求成为当前整个汽车行业所面临的共同问题(见图9-3)。

从地域分布来看,国内汽车工业主要分为五大生产区,分别为:以北京天津为中心的华北地区;以上海为中心的长三角地区;以广州为中心的珠三角地区,以长春沈阳为中心的东北地区和以湖北为中心的中部地区。其中,长三角地区围绕上海,带动江苏、浙江、安徽三省协同发展,逐步建立起具有国际竞争力的汽车产业集群;珠三角地区随着本田、丰田汽车在广州的落户成为日本汽车公司在中国的聚集地;东北地区作为老工业基地,长春为中国重要的汽车生产基地之一,历史悠久,产业基础良好。

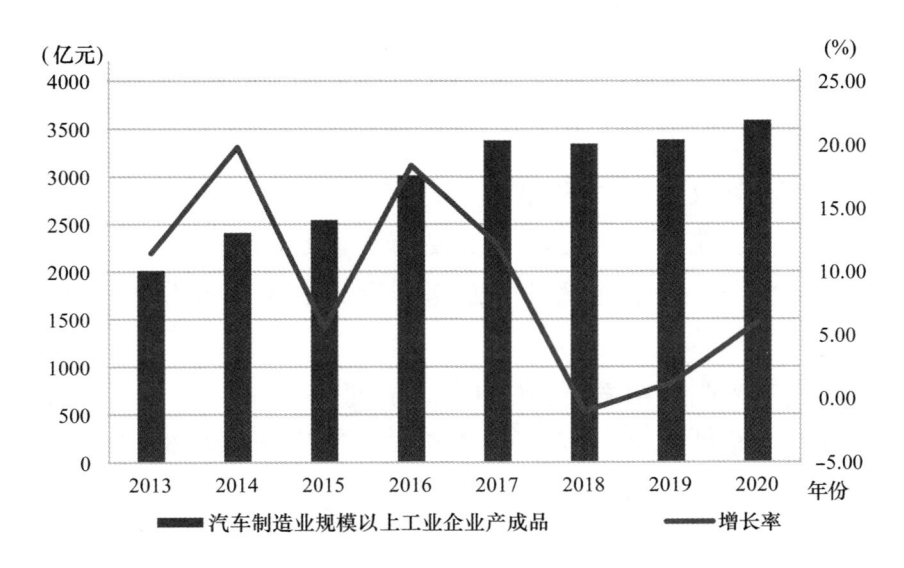

图9-3 2013—2020年中国汽车制造业规模以上工业企业产成品与增长率

数据来源:国家统计局。

四 广州汽车发展现状

广州作为国内最大的商埠城市和连通国际市场的开放窗口，对汽车制造业打开国际市场、整合国际资源有着先天的区域与交通优势。同时，广东省还是国内 GDP 和人均可支配收入均居全国首位的经济大省，在发展汽车制造业方面有着优越的资金优势与庞大的消费市场，健全的工业门类与雄厚的产业基础也为汽车制造业的发展提供了有力 5 支撑。2017 年，广州汽车工业总产值为 5117.04 亿元，较 2016 年增长 13.35%，在电子产品、石油化工、汽车三大工业支柱中，占比 54.4%，基本为其余两大支柱产业的总产值之和；利润总额为 465.19 亿元，较 2016 年增长 24.17%，在三大产业中占比 60.16%。同时，广州吸引了世界多家知名汽车制造企业入驻。广汽本田汽车有限公司、广州斯坦雷有限公司、加特可（广州）自动变速箱有限公司、欧姆龙（广州）汽车电子有限公司等。其中，广汽集团作为广州汽车制造业的龙头企业，已连续多年入围世界 500 强企业。2016 年，该企业年收入为 491.18 亿元，占当年全市汽车制造业主营业务收入总额的 11.57%。在汽车零部件方面，增城、番禺、南沙、花都、从化都为重要的汽车零部件产业基地，在电子控制系统、轻量化部件、变速器等高端零部件业务方面发展迅速。

在汽车产业分布方面，广州汽车产业不断优化"三大板块、七大基地"功能体系，逐渐形成了东部、北部、南部三大产业带，三大产业带已逐渐形成自身的产业集聚效应，推动广州汽车产业布局向多层次、差异性方向发展。东部产业带已逐步扩展为完备的产业链条，构建了较为完整的汽车制造业工业体系。汽车整车方面，广汽本田、北汽广州、本田（中国）出口基地等为广州龙头企业。随着企业集聚效应增强，广州开发区、黄埔和增城汽车产业基地逐一落地，在产业链条上扩散到汽车零部件领域，广州东风本田发动机、日本电装、福耀汽车玻璃等近200家汽车零部件企业入驻该区域。2016年，增城汽车及零部件产值为30.88亿元，同比增加31.98%。整个东部产业带汽车制造业产值占全市汽车总产值的50%以上，逐渐成为广州汽车制造业的生产核心区域。北部产业带主要包括花都汽车城和从化明珠工业园两个汽车制造园区，其中花都已入驻包括东风日产、广汽日野等多家汽车制造企业。零部件企业则聚集了阿尔法、康奈可等180多家汽车零部件企业，产业覆盖到整车制造、汽车零部件、汽车研发、汽车贸易、汽车维修保养、汽车物流、汽车进出口等汽车产业链条的各个方面，产值超过全市汽车制造总产值的1/3。从化明珠工业园已入驻广州比亚迪汽车，零部件企业则以万力轮胎为首，涉及轮胎、车身、底盘件、换热器等众多零部件制造。2016年明珠工业园汽车工业产值达42.55亿元。南部产业带包括南沙与番禺两个区，广汽丰田、广汽菲亚特、广汽智联新能源汽车等企业的入驻为区域内汽车制造业注入活力，由整车制造所带动的包括鞍钢广州汽车有限公司、日本电装在内的190多家汽车零配件企业形成了集聚效应。2016年番禺区汽车制造业总产值为367.05亿元，同比增长95.4%。南沙拥有广汽商贸南沙国际汽车产业园、黄阁国际汽车产业城等众多园区，分布于黄阁镇、小虎岛和沙仔岛等地，进口汽车类型超过20种，是广州汽车制造的重要对外窗口之一。

第二节　广州汽车制造业发展历程

广州汽车制造业最早可以追溯到20世纪50年代。1985年，广州标致拿到广州汽车工业发展的"准生证"，广州汽车制造业正式开始腾飞征程。直至今日，广州汽车制造业经历近 70 年的发展。回望这 70 年，可以将广州汽车制造业分为三个时期，第一时期为广州标致阶段，第二时期为日系汽车阶段，第三时期为智能与新能源汽车发展新阶段。

一 广州标致阶段（20 世纪 50 年代—1997）

广州汽车工业的起步并不落后于中国其他省市，早在 20 世纪 50 年代，广州就开始制造公交车。到 20 世纪六七十年代，广州的汽车制造开始探索道路，广州汽车制造厂的"红卫牌"汽车、羊城汽车厂的轻型车、交运系统生产的越野车等众多汽车的诞生，为广州未来汽车发展积累了宝贵经验。但由于历史与政策的限制，此时广州汽车制造业处境艰难，广州"红卫牌"汽车无法同一汽"解放牌"、二汽"东风牌"竞争，至 1979 年停产，近 10 年的总产量只有 1 万辆左右。这一时期广州的汽车制造业发展速度缓慢，在汽车制造领域也未能积累较强的工业基础。

1978 年，改革开放为广州汽车制造业带来了新的发展机遇，广州汽车制造搭乘对外开放的快车走上了引进技术、中外合资的发展道路。1985 年广州标致汽车有限公司成立，该公司是由广州汽车厂、中国国际信托投资公司与法国标致汽车公司、巴黎银行、国际金融公司 5 家联合创办，总投资为 6.07 亿法郎，注册资本 2.4 亿法郎，共有员工 2000 余人，由广州汽车制造厂与法国标致公司共同管理。广州标致是紧随德国大众第二个在中国成立的汽车品牌，同时也是继北京吉普、上海大众后第三个定点生产轿车的公司。在 20 世纪 80 年代中国汽车工业刚刚起步的情况下，中国汽车消费市场上的产品结构还十分单一，消费者的车型选择也比较有限，上海大众只有一款桑普，北京吉普也只生产一款 6420。而广州标致汽车公司成立后，就推出

504、505SW8、505SX 这 3 大系列、6 个品种的汽车产品。其中 504 系列为轻型货车和客货两用车，505 系列定为旅行轿车、普通型和豪华型轿车，以满足市场多样化需求。广州标致汽车一经面世后就迅速风靡全国，20 世纪 80 年代中后期，随着改革开放的纵深发展，人们收入不断提高，居民的汽车需求开始逐渐上升，标致汽车凭借着多元产品结构与良好的产品质量迅速打入国内汽车消费市场。加之 20 世纪 80 年代是公款购置车辆的黄金时期，广州标致凭借其豪华大气的外观得到众多事业单位的青睐。1985 年广州标致开始采用 CKD 散件组装的生产模式，生产能力达到每年 1.5 万辆。1988 年广州标致第二期工程开始实施，引进 505 轿车生产工艺，生产能力逐渐达到年产 3 万辆水平，在标致汽车的拉动下，1988 年广东省汽车总产量达 4.13 万辆，占全国汽车总产量的 6.38%（见图 9-4）。

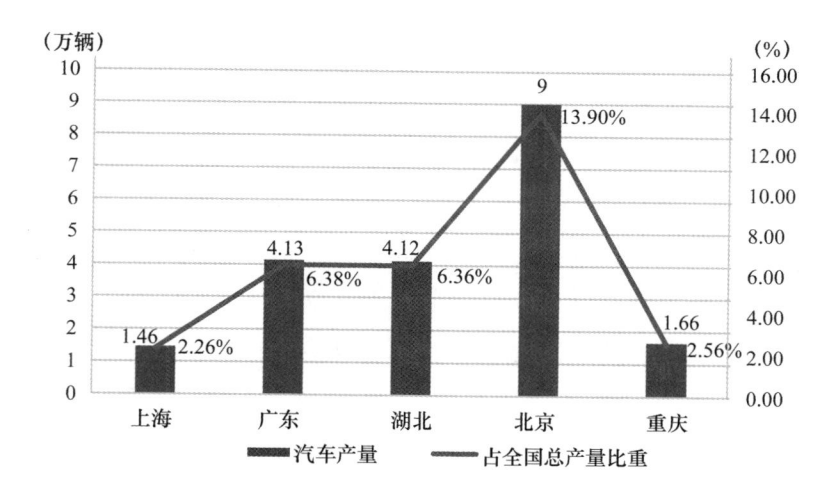

图 9-4 1988 年国内主要地区汽车产量及占全国总产量比重

数据来源：中国汽车工业协会。

1991 年，广州标致在国内的市场占有率已达 16%。同年，广州标致作为中国汽车代表企业，主动开辟国外市场，整车和配件走出国门，销往东南亚、非洲等地。在中国100家最大国外合资企业中，广州标致排名第三，在全国500家最大工业企业中，排名第58位。广州将广州标致汽车作为汽车制造业发展的倚靠，在1992年2月22日广州市人大九届五次会议的《政府工作报告》中提出：将汽车作为广州市工业发展的十大支柱行业之一，同时为了培育支柱产业，重点对广州标致汽车进行技术改造，计划"八五"时期形成年产5万辆标致汽车的生产能力，争取"九五"时期形成10万辆汽车的生产能力。广州标致汽车肩负着支撑广州传统工业改造，力促重工业前行的重担。在机械工业部、汽车工业司等部门组成的国产化鉴定小组对广州标致汽车有限公司的审查中，通过对主要产品505SX、505SW8的国产化工作进行严格审查，小组报告称两种车型国产化率分别达到82.35%和81.71%，引进产品技术和生产稳定性审查项目得分86，已达到良好水平。然而，标致汽车如日中天的发展趋势并未长久，进入20世纪90年代末期，汽车制造业在全国全面开花，以上海为核心的长三角地区汽车制造业逐渐成为国内发展重心，以长春为核心的东北地区依靠雄厚的产业基础发展实力强劲，武汉、十堰、重庆等中部城市汽车制造业凭借长江强大的航运能力沿江发展，全国开放格局业已形成，广州标致汽车面临巨大的内外部竞争压力。同时由于广州标致企业内部未能形成共同的价值观念，中法两方在战略目标、管理方式、思想观念等各个方面出现巨大的矛盾与冲突，公司治理模式混乱显现，广州标致汽车的发展势头逐渐出现颓势。1994年，广州标致开始出现亏损。1996年，广州标致遭遇了严重的财务危机，当年6月的财务报表显示，合资公司负债已超29.6亿，净资产为26.3亿，出现超过3亿多负资产。1997年，本田汽车公司以1美元价格收购广州标致，买入其所有的股份与债务。发展了12年的广州标致汽车就此消亡。

广州汽车制造业发展走势情况同标致汽车经营状况基本吻合。广州汽车产量在1990年至1993年间实现井喷式增长，1991年汽车产量直接从6333辆飙升至15583辆，上升2.5倍。但高速扩张的趋势随着广州标致的衰颓并没有持续太久，1991年后，广州汽车产量增长逐渐减缓，1994年汽车产量负增长68.89%，生产量直接跌至1990年水平，1996年由于广州标致的财务危机骤降至5716辆（见图9-5），最终，广州标致被本田汽车公司收购，宣告广州汽车制造第一阶段的结束。

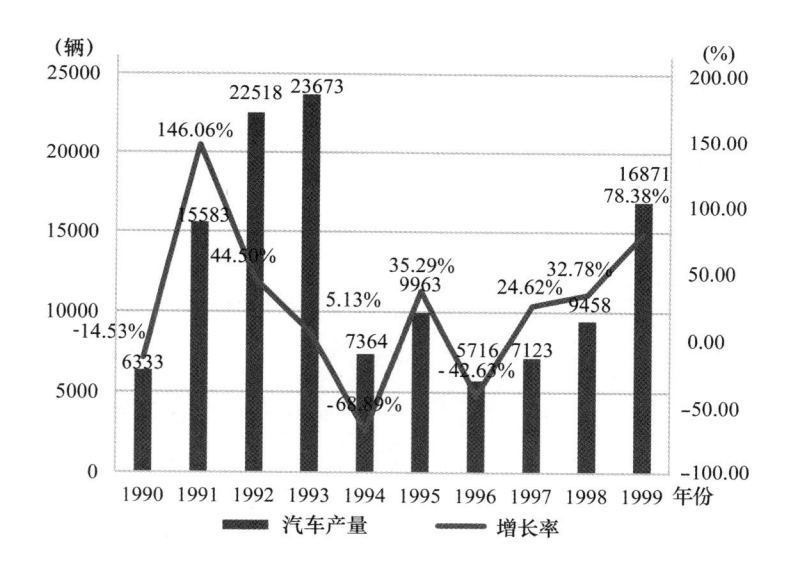

图9-5 1990—1999年广州汽车产量及增长率

数据来源：广州市统计局。

二 日系汽车阶段（1998—2016）

广州标致汽车失败后，1997年广州顶着失去中国汽车工业"三大三小"地位的压力（三大指一汽、二汽、上海，三小指北京、天津、广州），决定重组广州汽车工业，保住汽车制造业。

一方面，在包括日本本田、韩国现代在内的全球12家汽车制造企业中"货比三家"，同各企业高层展开艰难谈判，寻找新的合作伙伴；另一方面，加快组织建设，重组广州汽车有限公司，组建"广汽集团"。最终，1998年7月广州本田汽车有限公司组建，开创了广州汽车工业发展的新纪元。

广州本田汽车有限公司成立后，依靠着其"小投入、快产出、滚动发展"模式，"起步就与世界同步"，推出当时最为先进的车型——雅阁汽车。1999年3月26日，广州本田第一辆雅阁汽车下线。当年产量1万辆，一举创下了连续19个月位列我国中高级轿车市场销量第一的纪录，一时间成为行业标杆，"广本速度""广本奇迹"之声在业内震动。2000年起，广州本田在扩大生产的同时不断自我革新，实现滚动发展模式，生产能力从3万台到24万台只花了6年时间。2006年，广州本田在增城建立第二个工厂，广本生产能力一时间达到36万辆。

在广本迅速占据国内市场、高速发展的带动示范效应下，原二汽东风集团也开始其南下之路。2000年4月，东风集团在广州花都"京安云豹"的基础上，成立了风神汽车有限公司，当年生产蓝鸟轿车3400台，盈利5000多万元。近3年时间内，到2002年产销量达到4万辆，总资产达50多亿元。2003年6月，东风集团在花都成立东风日产公司旗下的乘用车公司（东风日产），盘活了花都西城开发区2000多亩土地和累积的不良资产，带动花都零部件工业、交通运输、房地产服务业协同发展，使花都一时间迅速崛起成为一座汽车城。

与此同时，在北方与一汽和天津合作的日本丰田公司也调整发展战略，将目光转向广州。2004年广汽丰田发动机和整车项目正式启动，克服南沙地区地质松软的不利条件，最终落户南沙。2006年，广州丰田第一辆凯美瑞轿车下线，7个月时间生产6万辆，跃居国内同级轿车月销量冠军宝座。2007年凯美瑞轿车产量达17万辆，销售额318亿元，总利润46亿元，实现高速发展。

至此，三大汽车公司在广州各地布局生产，广州东部的增城、黄埔以本田为中心，北部的花都、从化以东风日产为核心，南部南沙、番禺以广汽丰田为核心，广州汽车产业的空间布局逐渐形成。汽车制造相关产业也随之迅速跟进，产业链逐渐完备，形成了强大的"汽车产业集群"，广州汽车制造业步入崭新轨道。

从1999年的16871辆到2005年的413457辆，广州汽车制造业实现了跨越式发展，并在2005年一举超过吉林跃居全国产量第二。2006年广州共生产汽车55.52万辆，较2005年增产34.29%，广汽汽车与轿车产量分别占全国汽车和轿车总量的7.6%和14.2%。2016年汽车制造业总产值超过1000亿元，拉动全市工业增长4.6%，对三大支柱产业贡献率达64.6%，拉动三大支柱产业增长12.1%，汽车制造业成为广州第一大支柱产业与拉动工业增长的最大引擎（见图9-6）。

2006年三大汽车企业中，广州本田共生产约26万辆，占全市汽车产量的46.83%，其中，雅阁轿车12.3万辆，飞度轿车5.7万辆，奥德赛汽车3.6万辆，思迪轿车4.3万辆，在全国主要乘用车企业中排名第6，占据5%的国内市场。东风日产生产20.13万辆，其中天籁4.56万辆，颐达、骐达11.06万辆，蓝鸟、阳光2.74万辆，8月上市的轩逸1.53万辆，11月上市的俊逸4632辆。东风日产在全国主要乘用车企业中排名第9，占据3.9%的国内乘用车消费市场。广州丰田2006年才推出凯美瑞汽车，7个月时间生产61281辆，凯美瑞当年销量更是跃居全国高级轿车单车型上牌量第1位。广州本田、丰田母公司广汽集团在2006年中国企业500强中排名第56，在广东工业企业中排名第3，广州工业企业中排名第1（见图9-7）。

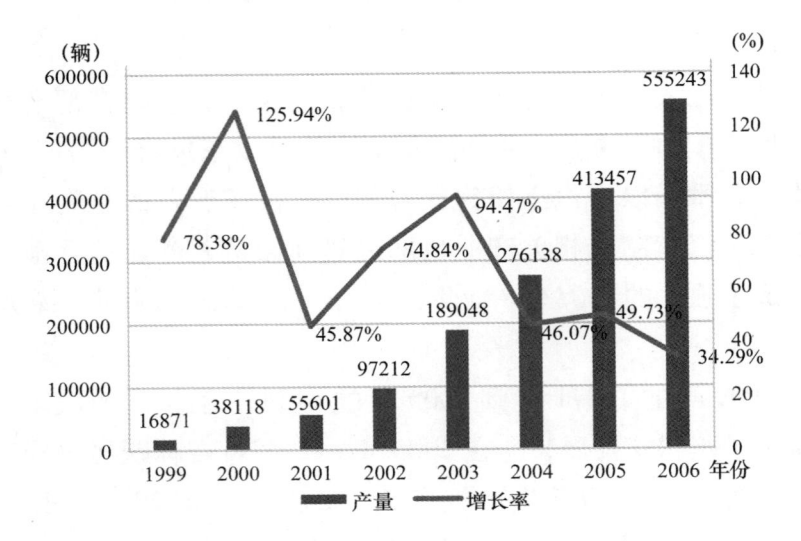

图 9-6　1999—2006 年广州汽车总产量及增长率

数据来源：广州市统计局。

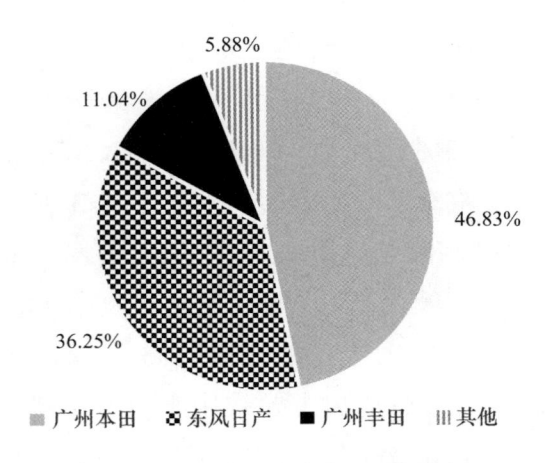

图 9-7　2006 年三大汽车公司产量占比

数据来源：《2006 年中国广州汽车产业发展报告》。

汽车产业对上下游产业的拉动作用明显，2006 年广州汽车工业总产值超过 1000 亿元，拉动金融、物流、商贸、研发等上游产业产值650亿元，拉动汽车零部件等下游产业产值合计可达2630亿元。在零部件方面，全市已投产的汽车零部件企业约270家，其中规模以上超65家，"中国汽车零部件百强企业"中广州有6家。在汽车贸易方面，广州物资集团汽车贸易公司代理60多个中国汽车品牌，拥有129家连锁店，经营面积超过50万平方公里，至2005年，累计销售汽车65万辆，销售规模达750亿元，二手车交易23万辆，维修汽车73万次，位列全国同类企业前茅。在汽车维修服务方面，汽车维修营业户达3379家，从业人员约6万人，主要汽车品牌特约维修企业122家，综合性能监测站11个。广州逐渐形成以各品牌特约维修企业为主，综合维修企业和连锁服务为辅的维修体系，成为全国维修车种最全、维修品牌最多的城市之一。在车展方面，广州国际汽车展是中国三大国际汽车会展之一，是全球汽车企业的盛会。

1998—2006年广州汽车制造业一路高歌猛进，保持30%以上的高增长率，汽车产业不断扩张发展。2007年后，广州汽车总产值增长率逐渐减缓。在此阶段，广州汽车制造业总产值增长率经历了三次较为显著的下降，分别为2008年、2012年与2015年（见图9-8）。

2008年受国际金融危机的影响，全球汽车产业受到巨大冲击，国内外汽车市场需求迅速萎缩，广州汽车制造业迎来艰难的一年。2008年广州汽车制造业总产值为1840.66亿元，较2007年增长11.93%，为近十年最低增速。2009年，广州市政府出台了包括《广州市汽车产业调整和振兴规划》在内的一系列文件来扩大汽车内需，调整汽车产业机构，推动行业增长。2009—2010年，广州汽车总产值增长率回升到25%水平，基本摆脱金融危机的消极作用。2012年受钓鱼岛事件影响，以日系车为主导的广州汽车制造业面临发展危机，2012年汽车产业总产值为2721亿元，汽车工业产值增长率跌落10.4%，其中，整

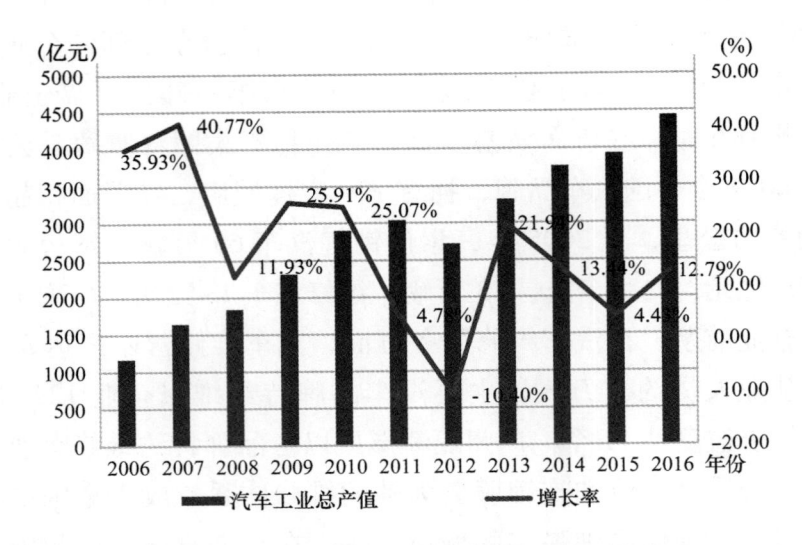

图 9-8　2006—2016 年广州汽车工业总产值及增长率

数据来源：广州市统计局。

车产值减少 300 亿元、汽车全产业链减少 450 亿元，汽车产量跌落 7.81%，生产汽车 138 万辆。随着生产的恢复，2013 年，广州汽车总产值 3318 亿元，恢复到 2011 年水平。2015 年，随着中国经济进入新常态，国内供给侧结构性改革深化，宏观经济增速放缓以及政府反腐倡廉工作的大力推行，国内高消费风气受到抑制，豪华轿车需求下降，广州汽车制造业发展速度放缓，进入中低速发展时期。

三　智能与新能源汽车发展阶段（2016 年至今）

广州新能源汽车发展起步较早，2008 年国务院批准了《珠江三角地区改革发展规划纲要（2008—2020）》，将广州电动汽车新型发展战略提升至科学发展试验区和深化改革先行区。同年广州建设科学发展新能源汽车示范区，成为打造"低碳广州、智慧广州、幸福广州"的重要环节。2010 年广东省出台《广东省电动汽车发展行业规划》，将新能源汽车列为广东省重点发展的三大新型战略产业之一。

2017年《广州市先进制造业发展及布局第十三个五年规划（2016—2020）》中提出，要在发展传统汽车的基础上重点谋划新能源及智能网联汽车、新一代汽车整车发展，新能源汽车、智能网联汽车的引入，形成以智能网联汽车为先导，汽车整车、关键零部件、新能源汽车三大板块齐头并进的发展方向。广州正式迈入智能与新能源汽车发展新阶段。广州新能源汽车产量近年来增长迅速，2015年广州新能源汽车产量为2613辆，至2019年广州新能源汽车已实现产量60606辆，增长近23倍，其生产量不断攀升，新能源汽车进入井喷式增长阶段（见图9-9）。

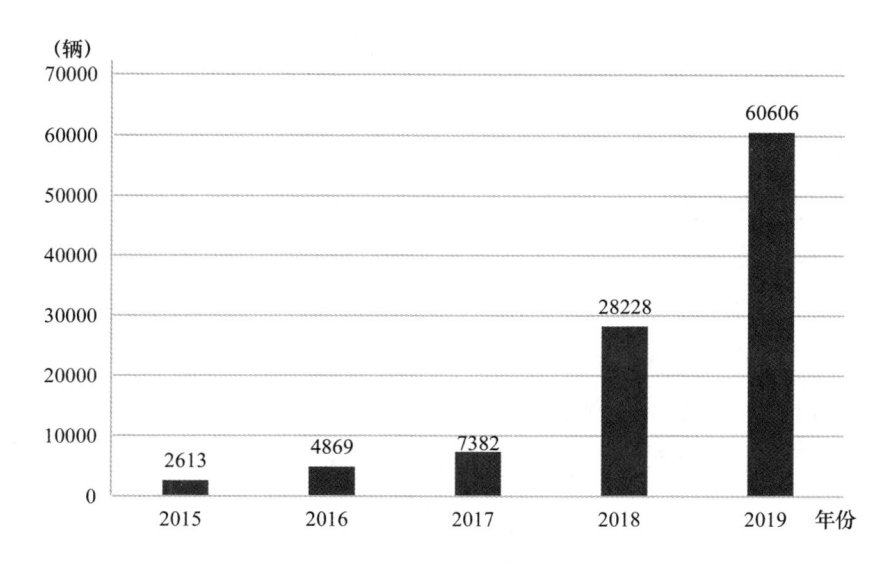

图9-9　2015—2019年广州新能源汽车生产量

数据来源：广州市统计局。

广州车展作为国内三大车展之一，将新能源汽车作为重要展示项目，展现未来汽车发展新趋势。2014年广州车展举办了业内第一场电动车展,共有 20 家电动车企业参展,展出 50 余辆,2015 年 22 家电动车企业参展,共展出 60 余辆;2016 年展出 146 辆,占总展出车辆总数的 12.9%,2017 年展出 131 辆,占展出车辆总数的 12.1%,2018 年(第 16 届)广州国际汽车展览会上,共展出新能源汽车 150 台,占展出车辆总数的 13.8%,其中,国内企业共展出新能源汽车 106 辆,国外企业展出 44 辆。

在以智能网联技术为代表的第四次科技革命将人工智能技术带入爆发式发展的时代,汽车行业格局必然随之改写,智能网联汽车将成为汽车未来发展新趋势。区别于传统汽车,智能网联汽车从内部构造上搭载了车载传感、控制器等智能装置,实现运行系统的全面升级,具有鲜明的"智能性";从外部系统上通过融合现代通信与网络技术,进一步实现车与人、车与路及后台等智能信息交换共享,最终实现自动操作,具有"网联"特征。无人汽车便是智能网联汽车的重要产品。2019 年被誉为国内 5G 商用元年,随着三大运营商大规模部署 5G 基站,5G 信号的成熟将会进一步推动智能驾驶技术迅速落地,无人驾驶汽车成本大幅降低,性能随即实现质的飞跃。广州迅速掌握这一汽车发展动向,走在时代浪潮发展前列参与科技竞争。2019 年 7 月,广汽集团联合腾讯、华为等战略合作伙伴发布 ADiGO(智驾互联)生态系统,通过整合大数据、人工智能等前沿技术,实现了对智能工厂生态、自动驾驶系统、物联系统的统合。该系统涵盖了"ADiGO 自动驾驶系统"与"ADiGO 智能物联系统"两大功能板块。"ADiGO 智能驾驶系统"当前已具备量产 L3 级自动驾驶技术水平,并可实现封闭场所 L4 级自动驾驶示范运行。广汽新能源 Aion LX 是全球首款量产 L3 自动驾驶 SUV,具备交通拥堵辅助功能(TJA)、主动制动辅助系统、盲区检测(BSD)、自动泊车(APA)、遥控泊车(RPA)、高速路全自动驾驶、交通拥堵驾驶（TJC）等功能，车辆可完成绝大部分驾驶操作。"ADiGO 智能物联系统"能够通过数据采集进行智能分析，通过技术处理实现人、车、环境和生活紧密相连。该系统包含了 FACE ID 人脸识别账号系统、ADiGO E-plan 电能无忧解决方案、Adi 智能 AI 伙伴、ADiGO world 生态养成游戏等功能，贯彻"先知、先觉、先行"准则，不断提升用户体验和产品价值。2021 年 4 月 9 日的广汽科技日发布会上，ADiGO 已升级至 4.0 智能互联生态系统，自动驾驶系统方面，领航驾驶辅助体统（NDA）可完成解放用户手脚，舒缓驾驶疲劳，记忆泊车系统（HPA）可实现中长距离的低速自动驾驶与自动泊车；云平台大数据平台方面，进一步加强用户洞察，对于用户习惯、需求、喜好实现精准定位，挖掘智能科技带来的驾驶乐趣。

2021 年 5 月，广州市政府印发最新的"十四五"规划，将"智能与新能源汽车"列为"十四五"时期三大新兴支柱产业之一重点发展，规划提出坚定实施"制造万亿计划"，打造高端装备制造、新能源汽车、新材料新能源、集成电路四大组团，在智能网联汽车、新能源等重点领域，推动一批关键共性、前沿引领和颠覆性技术取得新突破。同年 6 月，宝能集团同广州开发区签订战略合作协议，广州开发区国企将向宝能新能源汽车集团战略投资 120 亿元，联手打造宝能新能源汽车集团。集团总部落户广州开发区后，宝能汽车结合宝能汽车增程式 iREV 和纯电动 BEV 的主要技术路线，在 2021—2025 年宝能汽车将发布和改款数十款新车型。其中，2021 年将率先发布两款搭载 iREV 核心技术的产品，以及全新高端新能源品牌下的首款纯电动 SUV。广州一直是推动着中国汽车产业转型升级的重要力量，未来更将引领国内汽车制造业发展的新方向。

第三节　广州汽车制造业发展的先进经验

一　以合资模式紧跟世界步伐

广州汽车工业发展离不开对外开放，以合资模式引进资本技术使得广州在重工业基础薄弱、汽车制造落后的背景下迅速跟上世界发展潮流，跻身国际汽车制造业发展前列。纵观广州汽车发展的三个阶段，广州汽车产业第一个发展高潮源自中法合资的标致汽车，凭借着法国标致先进技术与经验，广州工业由原本的轻工业基地迅速转型升级，跻身全国汽车产业"三大三小"之一。广州标致的失败并没有影响广州汽车合资合作的产业发展思路，焦点转移到如何跨越文化鸿沟，在合资企业中建立统一价值体系，以解决文化冲突问题。在第二阶段同样吸引外资，建立合资企业，随着日系汽车企业的入驻，广州汽车产业迎来第二次腾飞。坚持中外合资，吸收先进管理经验，广州汽车工业已迅速崛起成为第一支柱产业及全国第二轿车生产基地，并改写了中国汽车"北重南轻"的格局。

二　围绕汽车产业链发挥集群效应

汽车制造业以涉及领域多、产业链条长、产品高度综合而著称，广州在广州本田整车项目实现滚动发展后，沿着整车及零部件制造、汽车服务及其他相关产业的整个产业链条开始新一轮布局。整车方面，日本三大整车企业本田、丰田、日产齐聚广州，扩展包括乘用车、商用车、摩托车等多类型产品，以差异化的产品结构满足消费者的多样化需求。在龙头整车厂的基础上，广州发挥其带动与辐射作用，不断聚集零部件制造及中下游相关企业，通过招商引资，吸纳日本相关零部件企业随着三大企业入驻，最终形成东部、南部、北部三大汽车产业基地。以花城汽车城为核心的北部汽车工业集群为例，该区域沿着产业链配套汽车各生产环节企业，聚集整车及零部件生产、整车贸易、乘用车研发、汽车教育及文化培训等多种产业，实现汽车产业集群式发展壮大，提高了整体竞争实力与发展后劲，成为省级汽车工业集群示范区和国家火炬计划汽车及零配件产业基地。

三 借助车展外溢效应延伸价值链

广州每年都会举办世界性的汽车产品及服务展会，已成为全国三大车展之一，为世界各大车企的汽车技术、汽车服务、汽车文化等提供展示平台，广州车展对当地汽车产业发展起着不可估量的作用。一方面，广州能够通过车展掌握全球汽车发展最新动态，交流先进技术与管理经验；另一方面，举办车展打开了广州汽车品牌知名度，为当地企业参与全球汽车产业市场牵线搭桥，以国际标准倒逼当地汽车制造业不断发展革新。

四 发挥政策支撑作用

在发展汽车产业问题上，历届广州市政府已形成高度统一认识，即将汽车产业作为广州主导产业来抓。这一认识从1978年改革开放起就深深贯彻在广州工业进程的每一步。第一阶段时，广州尽全市之力发展广州标致，在广州标致汽车岌岌可危之际依旧尽全力挽救。在重组广州标致与后来寻求外资合作过程中，中央与广东省对保留广州汽车户口、改善汽车工业发展环境、形成汽车产业集群等方面提供了众多政策支持，成为后来日系三大车企顺利入驻广州的重要保障。同时，广州吸收广州标致汽车失败经验，在处理利得损失、文化冲突、管理战略等各种合资问题时，以坚持底线为前提，给予企业自身发展灵活度，充分坚持市场经济原则，尊重汽车企业生产经营的自由，实现双方互利共赢，共同推动汽车工业日益强大。通过不断改善投资环境，考虑国内外汽车企业的发展战略以建设当地的汽车产业集群，广州不断完善基础设施建设，推动汽车产业基地"七通一平"基础设施建设，和整车厂同步建设通勤地铁、滚装码头、高速公路等基础设施，为汽车工业建设提供良好生产生活环境。正是政府在配套基础设施方面投入资源才促成三大日系车的顺利入驻，并不断吸引着世界各地车企的进入，广州逐渐成为国内汽车工业发展最具活力的城市之一。

第四节 广州汽车制造业存在的问题

一 自主创新能力较弱，高技术领域短板明显

核心技术较少、自主创新能力较弱是当前广州工业发展的共同问题。广州各大车型的核心技术依旧主要掌握在日本手中，尤其是发动机、底盘、传动、电子线路、变速箱等核心零部件，自主品牌依旧较少，整体实力同日本、欧美相比差距较大（见表9-1）。

表9-1 2018年度中国研发投入100强企业中汽车和零部件企业名单

国内排名	全球排名	企业名称	研发费用（亿欧元）	研发费用占销售比率
13	104	上汽集团	13.34	1.3%
28	237	东风汽车	5.47	3.4%
32	281	吉利汽车	4.32	3.6%
33	282	长城汽车	4.31	3.5%
35	290	长安汽车	4.14	4.3%
52	429	江铃汽车	2.6	6.8%
54	442	江淮汽车	2.53	4.3%
55	444	均胜电子	2.52	7.5%

续表

国内排名	全球排名	企业名称	研发费用（亿欧元）	研发费用占销售比率
72	539	广州汽车	2.05	2.2%
78	583	宇通客车	1.86	4.7%
88	638	潍柴集团	1.60	0.8%

资料来源：《2018年欧盟工业研发投资记分牌》。https://www.sohu.com/a/286349077_660408.

一方面，广州汽车制造业研发投入低。根据欧盟委员会（EU）发布的《2018年欧盟工业研发投资记分牌》数据显示，2018年，国内汽车及零部件制造行业中研发费用排名第一为上汽集团，研发总费用为13.34亿欧元，研发费用占销售比重为1.3%，在全国工业企业中排名第13，全球排名104；东风汽车研发费用为5.47亿欧元，占销售费用的3.4%，全国工业企业中排名28，全球排名237；广州汽车研发费用2018年为2.05亿欧元，销售占比2.2%，在全国排名72，全球排名539。从国际上来看，美国、日本、欧洲的汽车企业研发费用占销售比重一般高达3%—5%，广汽集团只有2.2%。美国底特律汽车产业集群中通用汽车公司每年花费50亿—60亿美元用于新品种的开发。可见，广汽集团研发费用较全国其他企业而言并不具备优势，研发费用占销售比重同样不占优势，广州汽车自主创新能力不高，亟须进一步加大科技研发力度。汽车科技研发落后将直接导致汽车制造核心部件受制于人，尤其是多挡位自动变速器、新能源核心零部件等领域。广汽乘用车GS4、GS8、GA8等热销车中使用的6速自动变速箱由爱信株式会社提供，其每月供货量仅为7000台，直接限制这类热销车扩大生产。同样，广汽新能源在英飞凌（德国）采购的IGBT模块，其供货量为每年1.3万件，IGBT模块是新能源汽车的核心零部件之一，使得广州在新能源汽车市场上发展受限。另一方面，广州缺乏汽车开发专业人才。2008年广汽集团研发人数为945人,研发人员占总从业人数的3.35%,上汽集团研发人数为9842人,占总人数8.62%,东风集团为6586人,占总从业人数4.92%。现代汽车工业需要设计、技术、外语、金融等各个领域的专业人才,但广州相比于其他省市的人力资源依旧不充足,专业技术培训不到位使得人员整体技术素质不高,尤其高技能服务人才较为紧缺。

二 服务业价值链不完善,利润攫取能力较弱

虽然广州已围绕东风日产、广汽本田和广汽丰田为中心建立起了完整的汽车产业链,但在零配件生产、汽车服务等环节依然较为欠缺。2017年广州汽车整车总产值与汽车零部件总产值比例为1:0.27,远低于西方汽车工业强国1:1.6的比例。在汽车生产环节,相当一部分的汽车零部件来源于进口,而日系车同广州本土汽车零部件制造业的合作关系未能长期确定,在工业配套、质量标准等方面依旧未能很好对接。

在国外成熟汽车市场中,产业链的利润分配一般为:汽车销售利润约占20%,零部件供应利润约占20%,汽车服务业占50%—60%,汽车服务业逐渐成为汽车产业可持续发展的重要推力之一。然而广州汽车售后市场和服务业发展较为迟滞,汽车售后市场和服务业总产值和汽车制造核心环节不成正比,仅占约20%的利润份额。目前,广州汽车售后市场和服务业发展缺乏统一的政策规划,整体发展模式散乱、低质。在汽车销售市场、汽车用品市场、汽车4S店、二手车市场、报废车回收循环市场、汽车维修(美容)市场等出现服务市场不均、服务质量低下、企业鱼龙混杂等问题。目前,政府的城市规划、土地利用规划重点依旧在汽车整车制造所需的土地空间,在汽车服务业方面缺乏统一规划与引导,导致各地区盲目建设汽车零售

和汽车服务市场，汽车服务市场地区发展失衡。同时，在汽车金融服务方面，轿车保险理赔服务和汽车消费贷款服务发展并不规范，业务市场规模不足。在汽车回收方面，废旧汽车回收利用和汽车循环经济发展尚未起步。

三　新兴领域发展较为滞后，竞争优势不够明显

2016—2017年，广州新能源汽车产量分别为5037辆和7706辆，两年新能源产量皆占全国市场的1%左右，相比于在传统汽车制造方面的全国领先地位，广州在新能源汽车领域发展依旧较为滞后。从新能源汽车产业链来看，广州有动力电车、电动空调等较为完整的零部件企业，落户了小马智行、景驰科技等一批自动驾驶研发企业，但企业规模较小，小鹏汽车、宝能汽车、睿驰汽车等新型汽车对新型汽车领域的贡献十分有限。在新能源汽车充电基础设施建设方面，广州充电桩总量偏少，重点集中在白云机场、广州南站、广州开发区、南沙自贸区等地，并且这些地方的供电能力也时常出现不足。在新兴产业的统筹规划方面，全市的新型汽车缺乏统一规划。花都、南沙、增城、番禺等各区的新能源汽车发展出现各自为营的现象，各地新能源汽车的产品方向与侧重点缺乏统一有效管理指引，导致新型汽车领域难以形成独有的竞争优势。

第十章　生物技术与新医药产业

第一节　生物技术与新医药产业概述

一　生物技术与新医药产业概念

生物技术与新医药产业是将现代生物技术这一新兴科技同传统新药研究、开发、生产相结合的产业，用于各种疾病的诊断、防治与治疗的产业，主要包括基因工程药物，如多肽激素、细胞生长因子、淋巴因子、凝血因子等基因工程多肽药物；基因工程疫苗，如基因工程乙肝、痢疾、霍乱疫苗等；DNA探针与基因诊断试剂，如DNA序列分析，遗传病和肿瘤诊断等；转基因动植物医药工程产品等方面。现代生物技术是随着遗传物质DNA双螺旋结构的发现和遗传密码的解密于20世纪70年代逐步发展形成的一门综合性科学技术，该产业具有开发周期长、投入资金多、风险程度高、未来利润大的特点，由于其研究开发期间没有收益，对投资者的风险承受度、资金稳定性等方面都有较高要求，但高投入的背后是极大的利润空间，近年来该领域成为发展最活跃、进展最快的领域，被公认为是21世纪最有前途的产业之一。

二　国际生物技术与新医药发展概况

在全球生物医药市场中，少数发达国家占据主导地位。美国率先占据现代运用生物技术研制新型药物的高地，欧洲随后迎头跟进，在生物药物研制与生产方面迅速成长，如今全球生物技术公司总数达4362家，其中76%的公司集中在欧美，占据全球生物技术公司总销售额的93%，亚太地区仅占3%左右的销售市场。

全球生物医药产业集群分布在北美、欧洲、日本三大地区，美国生物医药产业集群主要分布在波士顿、圣地亚哥、旧金山等九大区域，欧洲生物医药产业集群主要分布在英国伦敦、德国"生技河"以及瑞典—丹麦"药谷"等区域。其中全球生物技术专利的59%集中在美国，美国、欧洲和日本三地占据了全球生物技术专利的95%以上。在医疗器械制造领域，美国、欧洲、日本掌握全球大部分先进医疗器械制造技术，在2018年全球医疗器械公司前20名中，有11家为美国企业，是医疗器械领域无愧的行业龙头（见表10-1）。

表10-1　2018年全球医疗器械公司前20名中美国企业及销售额

全球排名	公司名称	2016年销售额（亿美元）	2017年销售额（亿美元）
1	美敦力	297	300
2	强生	251	266
3	雅培	99	160
6	史塞克	113	124
8	BD	114	110
9	GE	98	102
10	波士顿科学	84	90
11	丹纳赫	78	87
12	捷迈邦美	77	78
15	百特	71	73
18	3M	52	55

资料来源：环球医疗器械网。[1]

[1] https://www.sohu.com/a/298235572_120067396.

生物医药产业是世界主要国家21世纪优先发展的战略性产业，各国纷纷制订发展计划，加大政策扶植与资金投入以扩大本国核心竞争力与综合国力，美国实施"生物技术产业激励政策"加大对生物技术和产业化的投入；日本制定"生物医药产业立国"战略；欧美科技发展第6框架中明确将45%的研究经费用于生物技术领域；新加坡制订"五年跻身生物技术顶尖行列"计划以推动本国生命科学与生物技术产业在国际竞争中占据一席之地。生物产业是继信息产业后推进未来地区经济社会发展的重要力量。

三 我国生物技术与新医药发展概况

改革开放后，随着大量国外生物技术厂商、基础研究机构纷纷入驻，国内生物技术与新医药在吸收国外先进技术与经验的同时，依托丰富生物资源与产业基础迅速发展。2017年中国生物医药行业市场总规模达3417.19亿元，成为世界生物医药产业的一股重要力量。但与此同时，中国生物医药产业在全球价值链中依旧处于中低端，研发能力与自主创新能力不足。在我国经济进入新常态后，技术含量低的传统生物医药产业逐渐不能适应经济深化的步伐，开始进行供给侧改革。中国生物医药行业增长率逐年下降，产业发展已度过扩张期，进入纵深发展期（见图10-1）。

从地域分布来看，中国生物医药行业分布较为集中，2016年前十地区的生物医药销售收入占据全国总收入的80%以上份额，其中山东2016年实现销售收入1021.61亿元，占全行业销售收入比重的30.96%，江苏省排名第二，实现销售收入432.72亿元（见图10-2）。

当前，我国生物医药产业集群主要集中在湖北、长江三角洲、珠江三角洲等地区。湖北背靠其强大的生物资源，在原料

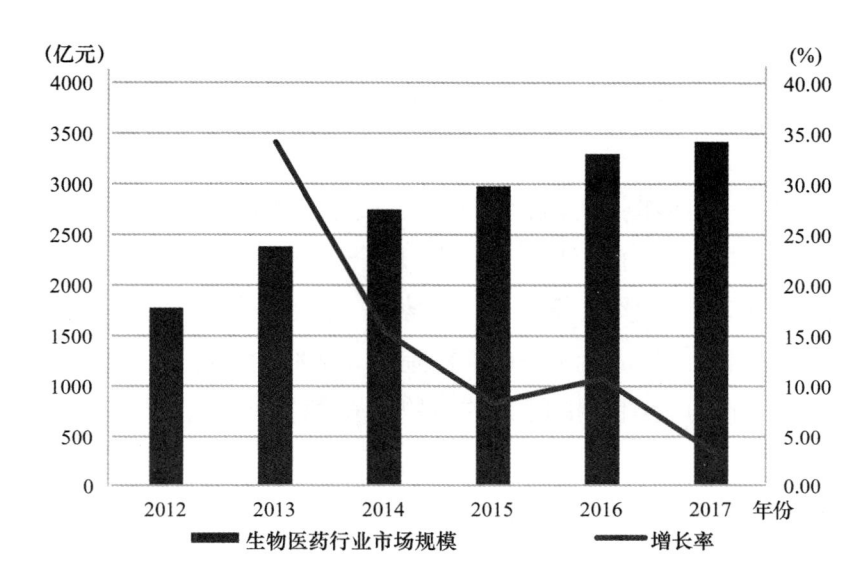

图 10 - 1　2009—2017 年中国生物医药行业市场规模走势

数据来源：2019—2025 年中国生物医药行业市场监测及未来前景报告。

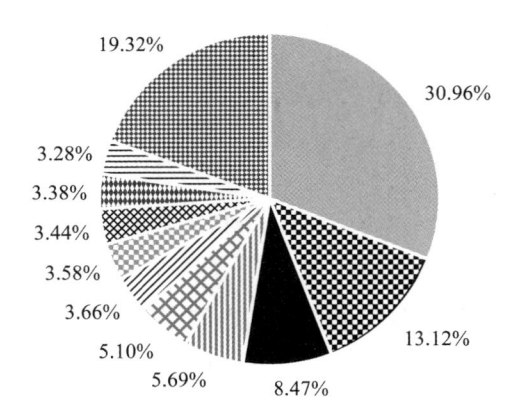

图 10 - 2　2016 年中国医药行业销售收入前十地区占比

数据来源：2019—2025 年中国生物医药行业市场监测及未来前景报告。

药的制造方面迅速占据世界市场，逐渐走上以资源禀赋为优势的集群式发展道路，宜都东阳光以红霉素原料药作为主打，其产品在国内占有率达 40%，位居世界第二。长江三角洲苏州产业集群以生物医药制造为主，依托长三角良好的区位优势，逐步向高端医疗器械制造方面发展，形成了门类齐全的生物医疗器械产业集群。上海张江"药谷"是全国重点以科研为主的生物医药产业集群，该地集聚了 14 家博士后科研工作站和流动站、12 家高校培训机构、20 多名院士、2000 多名博士与 6000 多名硕士，成为全国屈指可数的生物医药科技中心。

四　广州生物技术与新医药发展概述

广州作为华南地区的中心城市之一，医药业发展历史十分悠久，中医药文化博大精深，源远流长。广州中成药最早可追溯至秦末西汉的南越王时期，其制药工业兴起于明末，涌现出马伯良药房、保兹堂、潘高寿、王老吉等众多百年老字号。广州西医自晚清由外国商人、药师、传教士传入，1841 年英商屈臣氏在广州开设第一家西药房，后来在西医东渐及西药市场逐步扩大的冲击下，一些华商将西药中化，两者结合制造"新成药"。由于"新成药"药效显著，且符合中国人丸散膏丹的服用习惯，一时间异军突起，在后续的历史沉淀中不断发扬光大，独树一帜，为广州现代医药产业打下了坚实的基础。

新中国成立后，为响应社会主义工商业改造，广州众多分散药企合并重组，114 家中成药厂合并组成 11 家公私合营中药厂，80 家西药厂合并成 16 家公私合营化学制药厂，成为独立的工业行业。到 20 世纪 70 年代末，由于专业化调整，广州中药总厂成立，并对各分厂进行结构调整，导致百年老字号固有优势丧失，广州医药行业一时间进入混乱状态。

生物技术与新医药产业区别于传统医药产业，是将现代生物技术同传统医药结合，在基因工程层面上探究新药物。广州在 20 世纪 90 年代提出发展生物工程，探索生物技术与新医药产业。凭借着良好的制药产业基础，广州在中药新药、生化类新药、基因工程类新药等领域皆获得广泛声誉，具有一定的研发基础与优势。在 2016 年中国医药行业销售收入排行中，广东地区以 187 亿元的销售收入占比 5.69%，位列全国第 4（见图 10-3）。医药 CRO（Contract Research Organization）是专门承担新药研究开发某一部分工作的专门研究机构或公司，其产业集聚情况体现了该地药企的研发能力与创新水平。在 2019 年中国医药 CRO 企业数量中，广东以 51 家的数量占据全国总数的 10%，位列全国第 4，其代表企业博济医药、广州驭时研发实力强，技术优势明显。

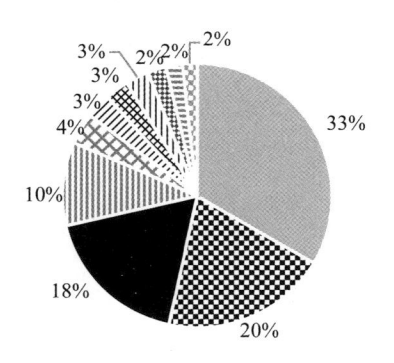

图 10-3　2019 年中国各地医药 CRO 企业集聚情况

数据来源：2019 年中国医药 CRO 市场分析报告。

与此同时，大量生物技术与新医药龙头企业纷纷涌现。特大型医药集团如广药集团，下辖"白云山集团"与"广州医药集团"两家上市公司，近 30 家成员企业，成为中国最大制药企业，在 2016 年中国企业 500 强中排名第 187。中大达安基因公司、康盛生物科技有限公司、金域医学检测集团等高新科技企业逐渐占据生物制药行业高地，技术力量辐射整个广州生物技术新医药产业，带动全产业在国内市场地位的提升。广州各骨干生物医药企业主要分布在中心城区，并不断发挥产业集聚效应，已形成较为完整的产业分布，形成了以广州科学城、广州国际健康产业城、广州国际生物健康岛为核心的"三中心多区域"产业格局，并在南沙、中新广州知识城、大坦沙、从化等区域建成了一批高水平国际高端医疗服务机构。

第二节 广州生物技术与新医药产业发展历程

从 20 世纪 90 年代广州提出发展生物工程开始，广州的生物技术与新医药至今仅 30 余年的发展历程。在 30 余年的历程中，广州生物技术与新医药呈现出四个阶段的特点，第一阶段为产业萌芽阶段，第二阶段为产业过渡阶段，第三阶段为蓬勃发展阶段，第四阶段为高质量发展阶段。

一 产业萌芽阶段（20 世纪 90 年代—2000 年）

20 世纪 70 年代西方现代生物技术以 DNA 双螺旋结构的发现而开始起步，80 年代人工胰岛素、干扰素、重组疫苗等产品面世，生物技术与新医药产业在国际上正式出现。截至 20 世纪 90 年代，广州的生物医药业主要以国有企业为主，国有企业贡献近 80% 以上的工业产值，但这些国有药企主营业务依旧集中在西药和中成药产业生产，在开发现代生物工程制药领域的比重几乎为零。与此同时，少量民营、股份制的新型生物医药企业开始出现，个别创业型生物医药公司如天普生化制药公司、燕塘生化厂等呈现良好的发展势头，并以此类企业为中心逐渐形成产业集群。但广州既没有国外大型医药集团的入驻，也缺乏著名研究机构，同上海、江苏、浙江等地相比，合资、独资的大型生物技术与新医药企业数量稀少，世界先进医药生物技术引进不足，科技创新能力较弱。

20世纪90年代，广州生物技术与新医药产业萌芽，但对全市产业的影响较低，工业总产值增长停滞不前，未来发展依旧存在诸多限制性因素。广州医药工业总产值在90年代总体呈现停滞不前的态势，同上海相比，两市之间的差距逐渐拉大，广州医药工业总产值多年保持在35亿元左右的产值水平，从1993年的50.9亿元到1997年的99.5亿元，上海市医药工业则多年保持着高增长率，至1997年增长近1倍（见图10-4）。

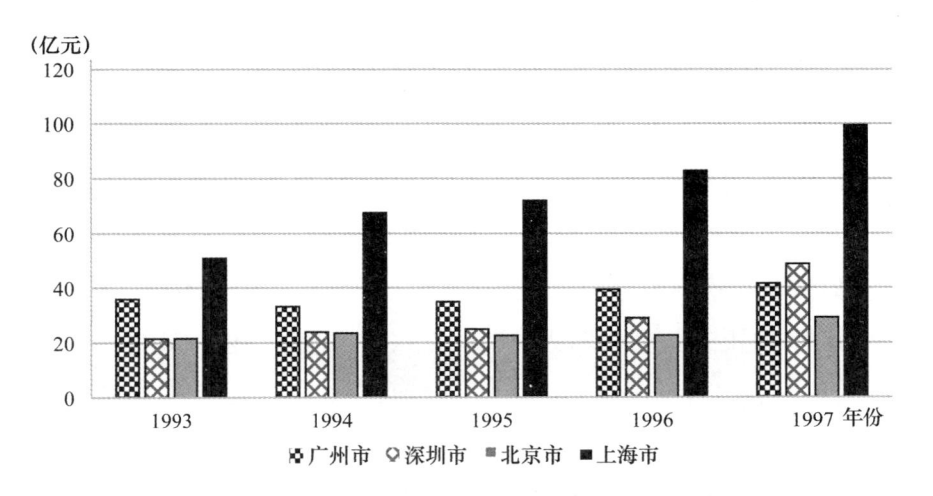

图10-4 1993—1997年主要城市医药工业总产值

数据来源：广东省药品管理局。

同省内其他城市相比，深圳医药工业发展后来居上，高速发展并逐渐赶超广州，虽然广州医药工业在省内依旧保持着领先水平，但不再是一家独大，深圳1997年医药工业总产值占全省的32%，超过广州的27%跃居全省第一（见图10-5）。

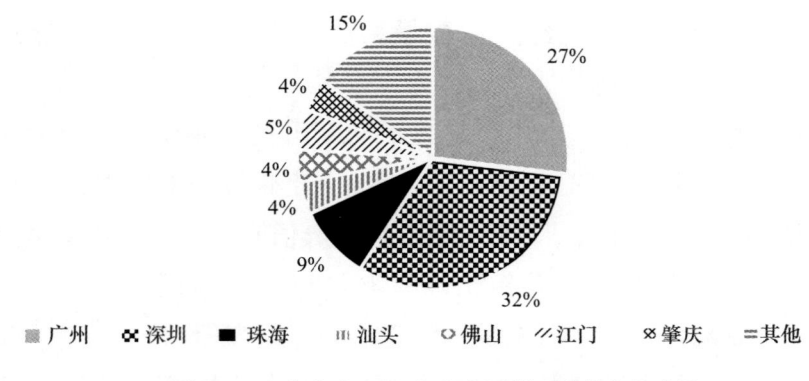

图 10-5　广东省 1997 年各市医药工业总产值占比

数据来源：广东省药品管理局。

二　产业过渡阶段（2000—2005 年）

20 世纪 90 年代后，随着国际上以生长因子、融合蛋白为主的生物创新药相继问世，生物技术与新医药产业进入蓬勃发展阶段。在关注到生物技术与新医药广阔的发展前景后，广州在《广州市国民经济和社会发展第九个五年计划及 2010 年远景目标纲要》中正式将生物工程列为"六大支柱产业"进行重点发展。2000 年，官洲岛获准立项建设成国际性生物技术研究及生产基地，并命名为"广州国际生物岛"，重点研发生物新药创制、生物能源、基因工程与蛋白质工程等。在政府政策的积极引导下，大量社会资本进入生物医药行业，投资建设中大达安基因公司、康生生物科技有限公司等众多著名生物技术与新医药企业，其资本结构以创办人初始资金与风险投资为主，政府参与其中并给予一定支持。此类生物医药企业主要围绕着基因多肽药物、生物诊断与诊断试剂、生物分离设备、医用生物材料与生物机械等领域，摒弃大面积全方位的战略布局，转向专业化、精细化方向发展，重点发挥长期以来广州中医药积累的产业技术优势，依托其自身品牌效应，将现代生物技术运用于传统中成药研制中，发展以中药现代化品种为核心的现代中药产业。

进入 21 世纪，广州生物医药产业改变了一直以来停滞不前的发展局面，2000 年，广州生物医药产业总产值从 47 亿元增长到 57.47 亿元，同比增长 22.18%（见图 10-6）。发展的新形势下同样蕴藏着众多不稳定因素，由于生物技术与新医药行业本身风险大、周期长，加之外来资本进入所带来的不稳定性，从后续增长态势可以看出，广州生物医药产业发展波动较大，2001 年与 2004 年均出现增长回落，而后又迅速回涨至 15% 以上。广州医药产业在经历了由传统西药中成药研制，到运用高新生物技术发展新医药这一跳跃式发展后，步入发展的适应期与过渡期。

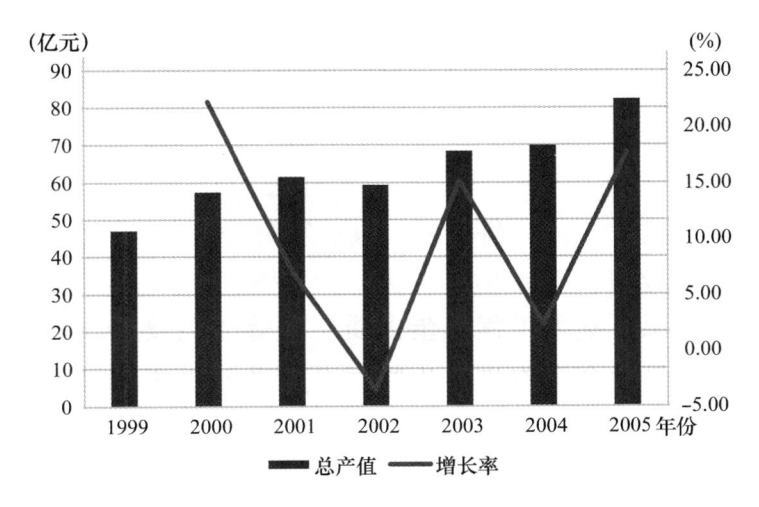

图 10-6 1999—2005 年广州生物医药产业总产值及增长情况

数据来源：广州市统计局。

为减轻产业转型的发展阵痛，给生物医药产业的稳定持久发展提供良好环境，广州生物技术与新医药开始集群式发展。在产业服务机构上，设置市政府生物医药工作组，由广州生物工程中心承担，专门为生物技术与新医药产业发展提供各项专业化服务。2003年7月5日，广州市政府联合中国科学院、广东省政府签署合作共建"中科院广州生物医药与健康研究院"协议书，为广州生物技术与新医药领域运用基础研究相关项目的开展提供平台支持。在产业基地方面，广州着力建设三大产业平台，实现产业集聚化，在广州科学城规划建设生物医药产业功能区；在广州经济开发区兴建海外留学人员回国创意园；同时重点建设广州市国际生物岛，逐步推进生物医药产业布局建设合理化，为产业集聚提供功能齐全、开放共享的研究生产网络布局；促进基因功能研究、细胞连续培养、蛋白质抗体工程等研究项目的交流平台支撑。在融资渠道方面，市政府投入大量资金助力生物医药企业的研发创新，在《广州市发展生物医药业的近期规划（2000—2005）》文件中，明确提出重点支持广州医药集团、天普生化医药股份有限公司、燕塘生物化学医药有限公司、新绿洲生物技术研究所、中山大学达安公司等5家生物医药企业，发挥行业龙头企业的带动作用。与此同时，市科技局成立"广州市科技风险投资有限公司"，通过多种形式的科技风险投资、融资担保，促进生物技术领域科技成果的商品化、生物科技与新医药的产业化。在科研力量方面，广州当时已有6个医药类国家级产业工程中心，10所生物医药相关高校，30余家研究所，68所各级重点学院，相关重点实验室78家，技术人员约7000人，硕士以上学历1300多人。同时，成立了数家政府与学术单位共建研究机构，如中山大学生物科学院同市委合作建立"广州生物医药信息中心"，暨南大学同市科技局共建的生物医药研发和中试平台等。在企业科研方面，广州市政府积极整合市内医药产业，加强企业间的科研交流。例如，广药集团下的汉方中医药开发有限公司与集团内部王老吉、潘高寿等企业实现集团内部合作。很多企业向外扩张研发团队，同外部研究机构成立实验室以提高自身技术含量，如广州康臣药业有限公司同南方医科大学联合成立"现代中药研究中心"，与长春天成生物工程研究所联合成立"康臣生物制药研究中心"（见表10-2）。

表10-2　　　　广州科技风险投资有限公司主要投资项目

投资项目（公司名称）	主要产品
广州倍特生物技术有限公司	生物粘胶
广州万孚生物技术有限公司	检测试剂
广东天普生物化学制药有限公司	一、二类新药
广州植物龙生物技术有限公司	基因生长调节素
广州安华生物制药有限公司	新药研发
广州暨华医疗器械有限公司	医疗器械
广州康盛生物技术有限公司	医用耗材
广州博普生物技术有限公司	生物类新药开发平台

资料来源：广州科技金融创新投资控股有限公司。http://www.c-vcc.com/project/investment.html.

三　蓬勃发展阶段（2005—2017年）

经过多方布局，广州生物技术与新医药产业逐渐积累源源不断的技术支持与资金力量，出现蓬勃发展态势。广州生物医药产业总产值增产情况相较于21世纪初期已逐渐平稳，自2005年起，广州生物医药产业每年以10%以上的增长率高速发展，最高增速可达19.13%。总产值更是从2005年的82亿元持续增长至2013年的239.7亿元，是2005年的3倍（见图10-7）。

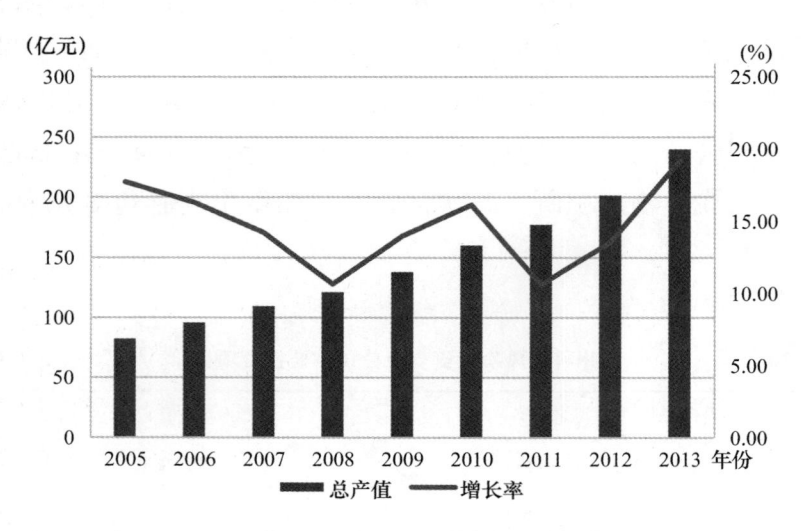

图 10－7 2005—2013 年广州生物医药产业总产值及增长情况

数据来源：广州市统计局。

2008 年发布的《珠江三角洲地区改革发展规划纲要》中，将广州生物岛项目上升为国家战略，广州生物医药产业依托广州国家生物产业基地规划，结合中新知识城的发展规划，统筹建设广州科学城、广州国际健康产业城、广州国际生物健康岛等核心研发中心，逐步形成了"三中心多区域"的产业布局。广州生物技术与新医药产业在此期间实现集群式高速发展。广州科学城中规划建设有 12.19 平方公里的生物医药产业园，至 2008 年，共吸引包括香雪制药、绿十字药业、康臣药业等知名企业在内的 115 家各类生物企业。同时还集聚了中科院广州生物医药与健康研究院、暨南大学基因工程药物国家工程研究中心、南海海洋生物技术国家工程研究中心、军队科研机构——南方医科大学产业化基地等生物医药研究机构，以及实验动物、微生物检测等公共技术服务平台，形成了从生物技术研究、研发测试再到产品产业化这一完整的产业生态。广州国际生物岛分为科研生产区、技术服务区与生活服务区，入驻金域检测、塞莱拉、广州互联网医院等多家企业，形成生物新药、医疗器械、干细胞、基因测序、精准医疗临床等完整产业链条。

这一阶段，广州生物医药科技成就显著，在生物健康领域的产业优势逐步显现。产业发展方向集中于生物医药、生物农业、生物能源、生物环保、生物制造、生物医学工程、生物技术服务、健康服务等八大领域，产业格局逐步优化稳定。广药集团凭借深厚的发展底蕴以及强大的规模研究实力，成为广州生物医药行业龙头，一大批骨干企业围绕"专、新、特、精"的发展战略，发挥比较优势，逐步成为产业发展的中坚力量，形成了梯队式、集群式的产业格局。2014年全国首个埃博拉病毒检测试剂盒、全国第二个二代基因测序仪及无创产前诊断试剂盒研制成功，同年广东首家具备埃博拉病毒检测资质的实验室建立。2016年中山大学附属肿瘤医院、广州达安临床检验中心获得全国首批肿瘤诊断与治疗项目通量基因测序技术临床试点。截至2015年，广州开发区生物医药与健康产业企业已超过200家，规模以上企业实现产值368亿元。

四 高质量发展阶段（2017年至今）

2017年3月，广州推出"IAB"计划，发展新一代信息技术、人工智能、生物医药等战略新兴产业，打造若干个千亿级产业集群。广州生物技术与新医药产业经过多年建设后，已形成较为合理的空间产业链，不断发挥产业集群效应，实现纵深发展。2018年，广州省级工程技术开发中心在生物技术及医药行业领域达195个，占总量的19%，仅次于电子信息领域（见图10-8）。截至2019年，广州生物医药领域国家工程中心和实验室已经从第三阶段的6个增加至12个，各级重点实验室从78个增加至158个，与此同时还建成13个专业孵化器，133个科技研发机构，51 家各级企业技术中心。在人才建设方面，吸引培养了 5 名诺贝尔奖获得者、12 名两院院士等。

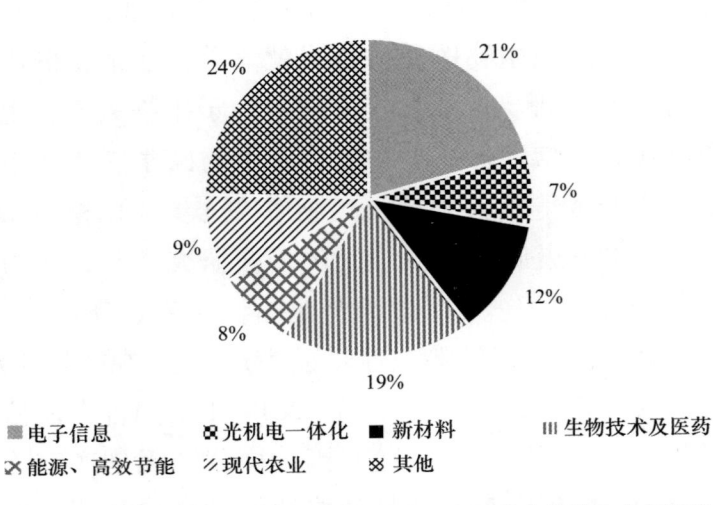

图 10-8　2018 年广州省级工程技术研究开发中心技术分布领域

数据来源：广州市科学技术局。

根据火石创造数据库显示，2018 年广州获得上市许可注册的药品数量为 3495 个，仿制药一致性评价的品种通过数累计 11 个，二、三类国产医疗器械注册证数量累计 4113 个。[①] 在良好的创新环境氛围下，广州取得众多高质量创新成果，生物技术与新医药在"IAB"计划新兴产业中成为重点突破口。与此同时，生物技术与新医药产业的国际化步伐也逐渐加快。中外合资企业百济神州生物药项目落户中新广州知识城，一期于 2019 年正式竣工，至此，全球领先的抗癌药有望实现"广州造"；美国通用电气医疗集团 GE 生物科技园项目也入驻中新广州知识城；美国冷泉港实验室、巴塞罗那医学院等国际项目纷纷进入，为广州生物技术与新医药带来世界先进科学技术与前沿发展方

---

① https://www.biochina-gz.com/newsdetail.php?id=132& lang=en.

向。一众行业龙头企业的陆续入驻彰显广州生物技术与新医药产业发展实力的进一步提升。广州金域医学检验集团2019年实现营业收入53亿元，同比增长16.44%，实现归属于上市公司股东净利润4亿元，同比增长72.44%。金域医学长期坚持技术创新，每年研发费用达到营业额的7%，2019年全年新开发项目260余项，牵头成立参与中国噬血细胞综合征专家联盟等7个国家级联盟。在2020年新冠肺炎疫情暴发后，金域医学依托其强大的病毒检测能力，在湖北、广东、吉林、北京等全国29个省市开展新冠核酸检测，充分显示了其作为第三方医学检验行业"独角兽"企业的庞大产能规模与资源调度能力。除了金域医学，达安基因依托中山大学雄厚的科研平台，在临床检验试剂和仪器的研发、生产、销售方面同样处于龙头地位。2020年新冠肺炎疫情发生后，市场对新冠病毒（2019-nCoV）核酸检测试剂盒及核酸检测仪器、相关耗材的需求量大幅增长，推动了核酸检测业务量的激增。截至2020年8月，达安基因核酸检测试剂日均试剂盒标准产能为每日30万至50万人份，根据市场需求产能可达每日100万人份以上。半年度业绩快报显示，公司上半年实现营业收入21.29亿元，同比增长312.9%；实现归属于上市公司股东的净利润7.62亿元，同比增长1159.13%。在2017年福布斯发布的2017全球最具创新力企业中，达安基因排名全球第10，在中国企业中位列第1（见表10-3）。

表10-3　　　　2017年全球最具创新力企业前十榜单

企业名称	5年平均销量增长率	市值（亿美元）	创新溢价
Rightmove	14.6%	46	91.4%
Dexcom	52.4%	67	88.3%
ASOS	19.1%	61	85.2%

续表

企业名称	5年平均销量增长率	市值（亿美元）	创新溢价
Insulet Corp	18.2%	26	83.1%
M3	23.3%	81	81.5%
MonotaRO	15.9%	37	80.2%
Ultimate software group	23.5%	57	78.9%
Pandora media	38.7%	27	78.5%
Athenahealth	28%	45	78%
达安基因	30.1%	24	77.8%

数据来源：福布斯《2017年全球最具创新力企业排行榜》。https://www.forbeschina.com/articles/37163.

从上游研发与材料制造到中游药物生产制造再到下游药物流通分销，广州生物技术与新医药的产业各环节布局已基本完善，发展实力较为平衡，推动了全产业链的进步。与此同时，广州抓住产业发展重点，培养核心竞争力，形成以现代中药、化学药和医疗器械为主体，形成干细胞与再生医学、体外诊断产品与检验服务、海洋生物等特色优势，培育生物制药、生物医用材料、精准医疗等领域具有潜力的产业体系。在生物制药方面，进一步发挥技术优势，加快西药与中成药开发，确保药物机理明确、物质成分可控、临床疗效安全有效的高质量药品研制生产。在高性能医疗器械方面，跟进全市高端装备制造业发展整体步伐，推进生物科学技术和数字化，发展高性能医学装备与高质量的组织工程植介入与康复产品、先进体外诊断产品，建设医疗器械领域创新链、产业链、资金链融合发展新模式。

2021年5月发布的《广州市国民经济和社会发展第十四个五年规划和2035年远景目标纲要》中，生物医药和健康产业作为广州三大新兴支柱产业之一，立足于广州国际生物岛、广州科学城、中新广州知识城国际生物医药价值创新园等各大创新平台，着力推动医学、医药、医疗"三医融合"，并建立"研发机构+医院+企业"对接机制。同年5月，由广药集团牵头的生物医药与健康国际创新成果转化联盟成立，吸引众多联盟单位及科研机构加入，包括国家名优中成药产业技术创新战略联盟、广州名优中成药产学研技术创新联盟、广州肿瘤临床营养产学研协同创新联盟等众多联盟机构；清华大学、北京大学、中山大学、澳门大学、华南理工大学等众多高校；生物岛实验室，中国科学院广州生物医药与健康研究院等国内一流科研院所；广州市生物产业联盟等学术团体以及药明康德等行业一流企业。未来生物医药与健康国际创新成果转化联盟将构筑"产、学、研、医、协（学）、用"六位一体的交流交往平台，为生物医药领域的研发与成果转化运用不断提供坚实支撑。对于广州在粤港澳大湾区生物医药领域的产学研深度融合，打造全球生物医药与健康产业高地意义重大。

第三节 广州生物技术与新医药产业发展的先进经验

一 整合传统产业品牌资源，发挥产业基础优势

虽然广州生物技术与新医药产业始于20世纪90年代，但近两千年的中医药研制历史，以及从明末就发展起步的中医药产业基础都为广州后续的生物技术与新医药发展提供了肥沃的土壤。众多广州知名品牌打响了广州生物医药市场的名号，这些历史资源为广州生物技术与新医药发展提供了独有的先天优势。广州充分利用这一优势，摒弃大面积的全方位布局，重点发挥中医药领域特长，建设以中医药现代化品种为核心的现代

中药产业，同时整合原先众多知名医药品牌，重组广药集团，保住传统医药核心优势。广药集团发展多年，名列全国医药产业前列，提升了广州医药行业的知名度，在医药行业本身难于营销、品牌陌生的困境下，为新医药从研制到生产再到销售整个生命周期提供了有力的品牌支撑。

二 重视科研力量集聚，提升科技创新能力

生物技术与新医药科学是一门不断革新、新知识不断涌入的学科，相关产业技术门槛高、产品更新速度快、行业内部竞争激烈，这也使得科技创新能力决定着整个生物科技与新医药产业的发展态势。广州自提出发展该产业始，就全方位加强自身科技能力建设。研发机构方面，广州已拥有195个省级工程技术开发中心，12个国家工程中心和实验室，133个科技研发机构，5名诺贝尔获得者，12名两院院士，众多行业顶尖专家不断为广州生物科技与新医药提供新血液。企业科研方面，作为科学技术第一线运用者与最大受益者，企业对新科技的需求与标准更加明确，也更加迫切。一方面企业牵头同各大研究所合作建设研究中心，如广药集团同广州市医药工业研究所合作组建"广州拜迪生物医药有限公司"作为广药集团的生物医药研究发展中心，提升企业科创实力。另一方面与各大高校合作，以高校研究平台为依托，提升自身实力。如达安基因与中山大学的密切技术交流与合作、广州康臣药业与南方医科大学联合成立"现代中药研究中心"等，推动企业与外部其他机构的交流沟通与技术合作，在双方共赢的基础上实现行业科技整体水平的提升。在对外交流方面，广州市政府早在1998年就与中国科技部、教育部、人事部、中国科学院共同举办"中国留学人员广州科技交流会"，吸引大量中高层次留学人员参会，为广州本地产业带来全球学科前沿技术与项目，为广州生物技术与新

医药产业跟上国际潮流发挥了重要的桥梁沟通作用。

三 发挥空间链集聚优势，发挥集聚效应

广州生物技术与新医药产业在发展的第三阶段已逐步形成集聚态势，在广州科学城、中新知识城、国际生物岛建成"两城一岛"的产业核心，将广州科学城定义为区域性科技创新创业中心，集聚包括达安基因、迈普等一批生物技术创新企业；中新广州知识城定位为国际科技创新枢纽的核心组团，引进GE生物科技园、百济神州等生物制药产业创新枢纽项目；国际生物岛则定位为创新高地和精品园区，入驻金域检测、广州互联网医院等企业。与此同时，在健康医疗中心、国际健康产业城、国际医药港等特色园区中协调发展"三中心多区域"的空间格局，以空间链为依托发展含生物新药研发、医疗器械设计制造、干细胞、基因测序、精准医疗临床转化等完整的产业链条。对于科技含量高、产品更新快的生物科技与新医药产业而言，良好的空间集聚优势极大地推动了知识信息在全行业的交流沟通，更是吸引国际人才与外资的有效砝码，为产品的更新换代、技术的发展引进以及信息的自由流通等提供了一片沃土。

四 重视政策指引作用，促进产业革新

广州生物技术与新医药产业作为生物工程工业领域之一，早在1996年就被纳入广州六大高技术制造业。2000年广州开始建设广州市国际生物岛，为产业提供生物技术研究与生产基地。2008年广州生物岛上升为国家战略，并在广州科学城内规划建设生物医药园。2011年生物健康产业被纳入广州六大战略性新兴产业，成为现代工业建设的重要突破口。至2017年，广州实施IAB产业发展战略，生物医药业在广州先进制造业中的战略地位进一步提升，2018年3月广州市政府发布《广州市加快生

物医药产业发展实施意见》和配套文件《广州市加快生物医药产业发展若干规定及操作指南》,此为广州出台的首个生物医药产业专项政策,旨在建成中国重要的生物医药创新强市,打造具有全球影响力的生物医疗健康产业重镇。

纵观广州生物技术与新医药产业的政策变化,产业的发展方向从较为宽泛的生物工程,逐步聚焦至生物医药,产业核心竞争优势逐渐显现,发展前景也逐渐明朗。重视程度从协同发展一路提升至当前的专项纲领性文件,体现了生物技术与新医药产业向高端制造业迈进的重要意义。宏观层面上制定针对性、指导性与可操作性的行业政策,发挥政府在明确产业布局方向,聚焦产业链薄弱环节,强调全流程产业公共服务等方面的引领作用,是广州生物技术与新医药产业实现高质量发展的重要经验。

第四节 广州生物技术与新医药产业存在的问题

一 产业国际化水平较低,企业国际对接受阻

虽然近年来已有国际项目入驻广州,但总体而言广州的国际开放程度依旧不够,实质性国际交流合作项目依旧十分缺乏。一方面广州医疗行业是以现代中医药作为发展重心,但由于传统医药体系不兼容,缺乏雄厚的产业基础,导致在承接世界先进技术项目时出现对接困难、水土不服等现象。中国经济进入新常态后,广州原本的人力资本、土地等资源要素优势逐渐丧失,难以在国际产业转移中发挥 20 世纪 70 年代的成本竞争力,高端技术的"引进"步伐受阻。另一方面,广州创新企业在国际化标准建设方面依旧不足,产品出口出现困难。2018 年广州药物出口 8.8 亿美元,仅占出口总额的 0.1%,而进口量达 12.37 亿元,占进口总额的 1.94%,存在 11.49 亿元的贸易逆

差，国际化程度整体偏弱，生物技术与新医药产业中的新型高技术含量产品难以迈出"走出去"的步伐。

二 科技金融扶植力度低，资金缺口较大

生物技术与新医药企业巨大的研发投入与长期的资金回收周期阻碍了许多投资者进入生物医药领域。资金规模小、抗风险能力弱的中小型社会投资者难以为生物医药行业提供社会资本支持，而大型机构投资者往往重点关注具有一定企业规模与投资效益的大型生物医药企业。对于众多中小研发企业而言，其经营业绩与科研实力往往处于劣势，获得资金的渠道十分有限，造成"好项目无人知"的局面，难以从社会资金层面上帮助企业维持创新能力。虽然广州市政府出台大量的科技金融政策，但其扶持方式以"后补助"为主，在新技术获得各种审批之前，无法及时兑现价值。这种滞后的投入方式无法有效维持企业创新能力，一些研发周期长、未来利润回报大的项目往往会因较大的资金缺口而停滞。

三 产品科技含量不足，价值依旧低端

虽然生物医药创新服务链条已基本成型，但广州生物医药产业整体呈"高销售额、低利润率"。出现此情况的主要原因在于产品技术含量不足，具有关键核心技术的创新产品缺乏。在创新服务链条中，广州立项服务与注册上市两端的服务平台有缺失，中段技术平台优势不明显，软性平台服务力度不足。一方面，技术平台整体规模小、分散程度较高。平台内部的运行机制、管理制度和服务市场化程度都有待加强，导致无法为药物研发提供高效及时的实验检测服务，拉长了药品的研发周期与上市时间，扩大了产品风险。另一方面，从政策角度来看，平台运行缺乏有针对性的政策与制度保障，服务体系缺乏整体

规划，导致行业内标准与服务流程存在巨大障碍。服务需求与供给有效对接不足，支撑科技创新的配套服务不完善，限制广州生物技术与新医药产业技术进步与创新发展。

生物技术与新医药的核心为生物药品以及化学药品制剂的研发制造，在医药制造业中属于科技含量最高与净利润最为丰厚的领域（见图 10-9）。2017 年广州生物药品规模以上企业总产值占医药制造业总量的 11.81%，化学药品制剂、化学药品原料药处于产业链上游原料供给阶段，价值较低，较 2016 年减少 2.18%。

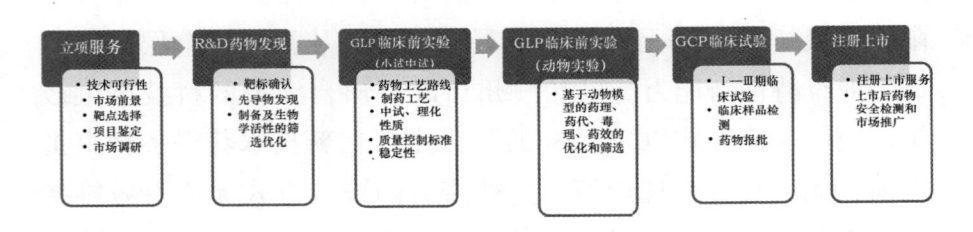

图 10-9　生物医药研发产业链条①

广州生物技术与新医药创新企业普遍规模小、资金少、专业能力弱，无法开展重大创新和高端经营活动，因而将重点集中于技术含量低的原料供给领域，影响了整个产业的盈利能力与增长速度。

四　行业品牌辨识度低，难以形成集群品牌

生物医药产业专业性较高，难以直接同终端消费者进行面对面互动，导致其传统品牌营销策略难以在医药领域形成优势。与此同时，广州本地生物技术和生物医药企业的管理技术人员

---

① 分析测试百科网，https://wiki.antpedia.com/chuangxinyaowuyanfashidaidelailinsheng wuyiyaoyanfachanyeshibukedang-1311398-news。

普遍缺乏品牌意识，进一步阻碍了广州生物技术与新医药产业集群的品牌建设。即使广州生物技术与新医药产业在业内保持着良好的业界联系与合作交流，同国际产业界也具有紧密的合作联系，但从开发领域、生产领域到渠道商、终端消费者的整体品牌意识缺乏使得集群品牌效益依旧不高。相较之下，美国有波士顿"基因城"、旧金山"生物技术湾"、圣迭戈及华盛顿"制药城"、北卡罗来纳"研究三角园"五大集群品牌，巴黎有"基因谷"，德国有莱茵河上游生物谷。生物技术与新医药发达地区已形成专业独特的集群品牌，为产品在国际上的核心竞争力提供了良好的企业声誉，而广州的集聚品牌缺乏创立与弘扬，行业整体优势不够明显，阻碍了产业集群化的纵深发展。

第十一章 新能源产业

第一节 新能源产业概述

一 新能源产业概念

新能源指在新技术的基础上开发利用太阳能、地热能、风能、海洋能、生物质能、核聚变能等新型能源，以满足生产与生活所需，相较传统化石能源，新能源具有可再生、可持续使用的特点。在全球人口爆炸式增长、传统能源逐渐枯竭、人类生存环境恶化的背景下，发展清洁可再生的新能源是人类实现长久发展的必然选择，也是社会步入新发展阶段的唯一出路。新能源产业是将新型清洁能源产业化的一种高新技术产业，具有能源消耗小、生产环节清洁、未来市场潜力大、综合效益高等特点。新能源产业涉及农、工、商等多个行业，同整个经济运转体系和人们的生活方式紧密相连，一旦出现技术突破，新能源产业将有可能作为产业变革的支点，撬起新一轮经济繁荣。

二 国际新能源产业发展情况

自全球金融危机爆发后，新能源产业发展在实体经济的战略意义进一步凸显，发达国家为拉动经济复苏，推动"再工业化"进程，纷纷将具有广阔发展前景的新能源产业作为下一轮经济增长周期的重要发展引擎，在新一轮国际竞争中争取行业制高点，借以提升整体综合国力，国际新能源产业一时发展迅速。2017年，全球可再生能源发电量增长17%，相当于6900万吨油当量，实现有史以来最大幅度增长。可再生能源增长中近一半以上由风能贡献，太阳能贡献近1/3；水电增长0.9%，相较过去10年2.9%的平均增速，增长缓慢；全球核电增长1.1%，其中中国与日本核电增长显著，前者增加800万吨油当量，后者增长200万吨油当量。

在当前新能源国际分工中，发达国家依旧占据主导地位。欧洲和北美两地可再生能源消费量占据全球消费总量的51.35%，其中美国2019年消费5.83 EJ，年均增长5.9%，德国消费2.12 EJ，年均增长7.5%（见图11-1）。发达国家不仅掌握行业核心技术，在终端产品市场上，新能源发电机也主要集中于发达国家。我国政府长期以来将新能源开发作为国家未来发展战略重点，在新能源领域投入大量资金，并在新能源技术的商业化与市场化进程中投入大量补贴，促使新能源产业发展迅速。

中国、巴西、印度等新兴经济体在经历了经济持续快速扩张阶段后，能源需求进一步加大，温室气体排放加大了大气污染。新能源产业关系到国家未来可持续发展的核心竞争力，新兴国家政府开始重视其战略地位。同时，国际风险投资机构与私募基金也关注到新兴经济体的发展状况，普遍看好新能源产业在新兴经济体的发展前景，新兴经济体一时间成为全球新能源投资热点地区。2019年中国可再生能源消费量已是全球第一，达到6.63 EJ，年平均增长率14.2%。巴西、印度等国家的可再生能源消费量同样巨大，巴西2019年消费2.02 EJ，增速10.4%，印度2019年消费1.21 EJ，增速9.4%，全球地区中以新兴国家为主的亚太地区占37%消费比重（见图11-2）。可见，在新能源领域中，以新兴市场国家为代表的发展中国家正形成追赶之势，在全球新能源生产、出口和消费市场中发挥重要作用。

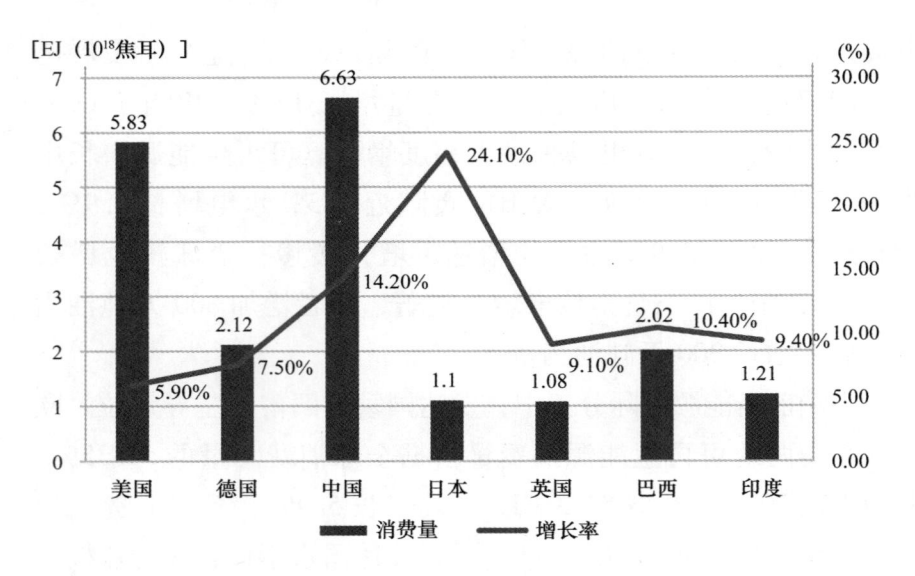

图 11-1　2019 年全球可再生能源消费量

数据来源：2020 年 BP 世界能源统计年鉴。

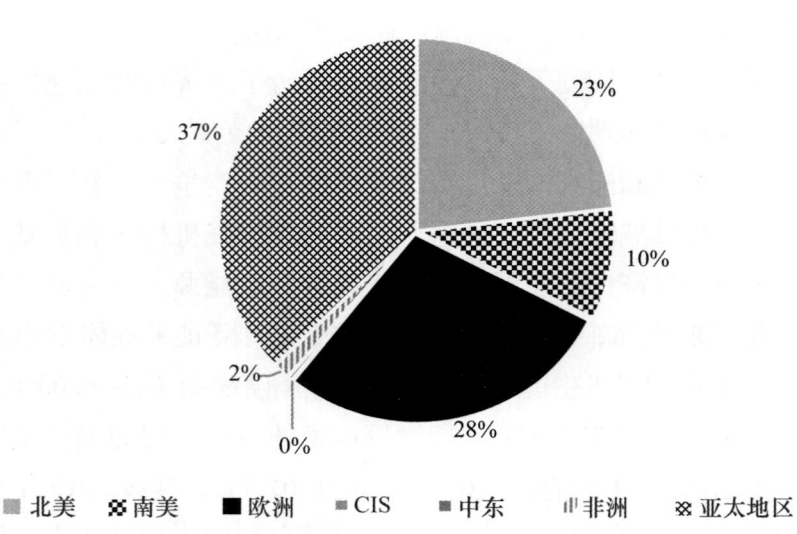

图 11-2　2019 年全球可再生能源消费量各地区占比

数据来源：2020 年 BP 世界能源统计年鉴。

三 我国新能源产业发展情况

我国 2006 年开始实施《中华人民共和国新能源法》，2010 年发布的《国务院关于加快培育和发展战略性新兴产业的决定》中明确了新能源产业在国民经济中的先导地位，并将其确认为我国的战略性新兴产业。2010 年《新能源产业振兴和发展规划（2009—2020）》颁布，该规划被誉为"国家新能源发展战略"，对我国新能源产业发展方向、战略布局、未来目标做出了明确长远规划布局，国家新能源领域进一步发展。我国新能源累计装机容量比例从 2011 年的 4.55% 上升至 2016 年的 12.56%，较 2011 年增长近 3 倍。2011 年我国新能源发电量占总发电量的 1.59%，至 2016 年全国新能源发电量占比已增长至 5%（见图 11-3、图 11-4）。当前，中国已成为全球唯一具备从上游材料到中游组建再到下游电站投资能力的国家，拥有全球 60%—70% 的光伏产业链资源。2020 年上半年，我国电池片产量达 59GW，同比增长 15.7%。其中，PERC 黑硅多晶电池片平均转换效率达 20.6%，最高可达 23%，处于世界领先水平。

当前，我国新能源产业集群在某些地区已初见雏形，但总体集群水平依旧较低。东南部地区如江苏、广东、浙江、上海等地凭借发达的经济基础、交通、资金、技术等区位优势，新能源产业发展迅速，已出现产业集群式发展模式，整体形成以行业领军企业为核心，制造业和下游配套设施为外围，规范化生产的供应关系。中西部地区除了极个别省份（如安徽）外，其余省份集群效应整体落后于东南部地区。新能源产业集中布局于长三角及其辐射地区以及珠三角，其余省份发展速度缓慢。与此同时，我国新能源产品的生产与消费呈现出较为明显的倒挂现象，东部地区虽然经济发展程度高，是新能源及其相关产品的重要生产基地，但从新能源发电量抑或新能源装机总容量

226　第三篇　先进制造业篇

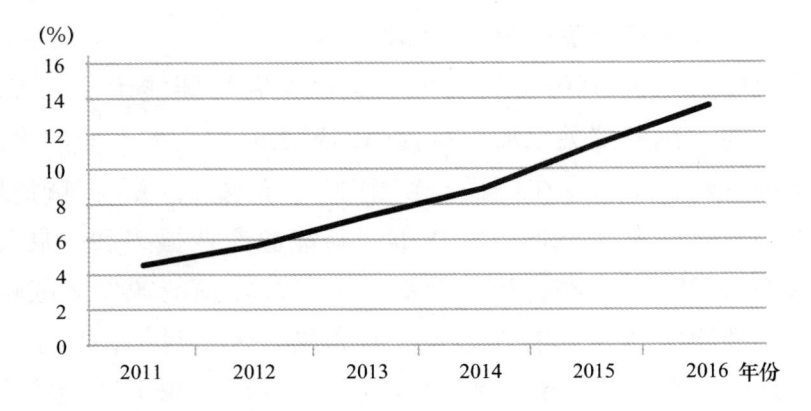

图 11 - 3　2011—2016 年全国新能源累计装机容量比例（%）

数据来源：2012—2017《中国电力年鉴》。

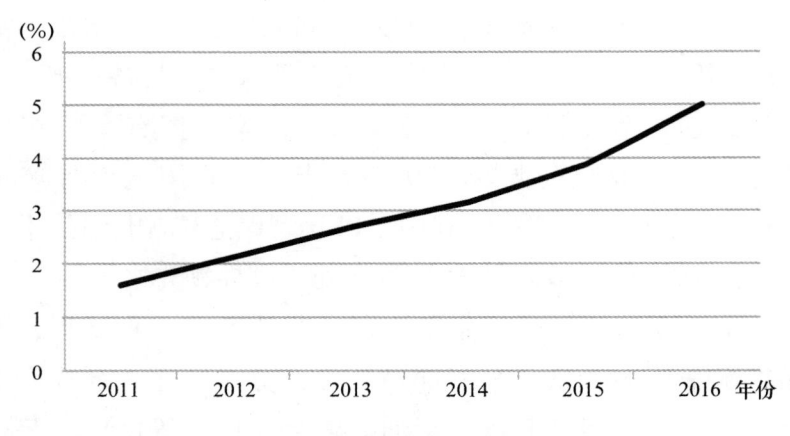

图 11 - 4　2011—2016 年全国新能源发电占比（%）

数据来源：历年《中国电力年鉴》搜集整理。

来看，中部地区普遍低于西部地区。2016 年，全国新能源发电量占总发电量比重平均值为 5%，新能源发电量前 10 省份普遍集中于西部地区，其中青海居全国第一，新能源发电量占比为 18.08%，甘肃次之为 16.14%，宁夏为 16.08%，前 3 名皆高出全国平均数（见图 11 - 5）。与此同时，全国新能源累计装机容量比例平均数为 13.56%，基本高于发电量占比前 10 地区，说明东部新能源产业主要集中在资源禀赋更具优势的中西部地区。另外，新能源装机容量比例普遍高于发电量占比，表明新能源发电设备的使用效率较低。我国新能源产业近年来消费端过剩情况十分严重，西部地区尤盛，2016年新疆、甘肃的弃风率达45%和47%，弃光率达32%，电力输送市场没有及时跟进，导致出现严重的电力过剩。

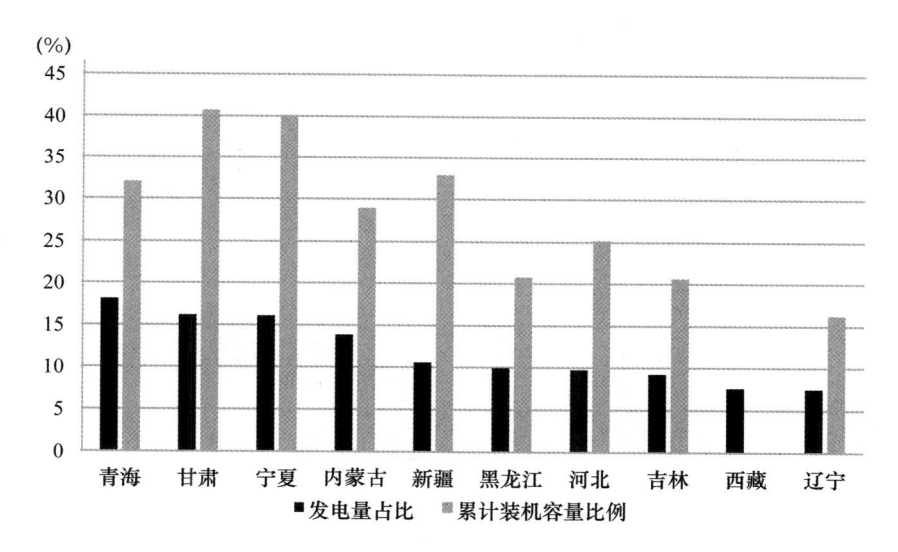

图 11-5　2016年中国新能源发电占比前10省份及其累计装机容量比例

数据来源：历年《中国电力年鉴》搜集整理。

四　广州新能源产业发展情况

改革开放后，广州经济经历了近30年的高速发展，相关能源需求也呈现高增长态势。2017年广州城乡居民生活用电达170.26亿千瓦时，全国排名第3。广东省在20世纪80年代开始发展风电产业，建设于东西两侧，在汕头、湛江等沿海地域充分发挥海上风力资源，建设风力发电场。广州市内风力资源较为缺乏，可利用区域局限在东北山区和南部滩涂区。光伏发电作为当今世界上最具发展潜力的产业之一，具有其他新能源无可比拟的优势。根据广东省气候中心《广州太阳能资源评估报告》显示，广州地区2005年至2006年太阳年辐射总量为$4GJ/m^2$，每年日照时数超过6小时的天数为107天。广州太阳能日变化较小，每天平均利用效率较为稳定。广州在生物废弃物生物质能开发利用领域具有巨大的发展潜力。生物质能是指来自太阳能以化学能形式储存在生物质中的能量，农林有机废弃物、沼气、秸秆气化、燃料乙醇、生物柴油和城市有机生活垃圾等都属于生物质能。广州每年生物垃圾产量达13000吨，每年垃圾产生量高达500万吨，城市生活垃圾组份及特性适于焚烧、堆肥、回收利用。2018年广州集中式污染治理设施废水排放量184.99万吨，2019年广东省全省生猪规模养殖场共有9585家，年出栏1万头以上共有271家，集约型沼气处理站的建设潜力巨大。

第二节 广州新能源产业发展历程

广东从20世纪80年代开始发展新能源技术，但广州新能源产业在该阶段一直未能起步，整体落后于全省水平。风力发电方面，广东拥有3300多公里的漫长海岸线与上千岛屿，风力资源优势显著，一时间风力发电产业迅速在广东省东西两翼地区发展起步。20世纪80年代汕头南澳岛设立开发试验基地，敲开了广东探索风电产业的大门。广州地处广东中南部，较其他地区而言总体风力资源不理想，开发价值较弱，起步并不顺利。核能方面，为了应对香港的能源危机，广东在20世纪80年代重点部署建设大亚湾核电站，该项目由深圳中国广核集团与香港中华电力公司合资建设运营。在太阳能、生物质能等其他新能源产业方面，受发电成本、资源禀赋等各种限制，整个广东的技术积累与发展条件都未能形成比较优势，发展进程缓慢。总体而言，虽然广东新能源产业起步较早，广州的新能源产业却由于资源技术等限制因素一直未能形成较好的产业基础。

广州新能源产业真正起步于21世纪初，在经历了近20年的发展后，凭借其工业基础与电力市场需求而逐渐扩大，现今新能源产业已成为广州战略性新兴产业之一。广州新能源产业呈现出三个阶段的发展特点：第一阶段为起步萌芽阶段，第二阶段为波动转向阶段，第三阶段为高速扩张阶段。

一 起步萌芽阶段（21世纪初—2008年）

2003年，中国尝试以市场化的"特许权招标"补贴方式确定新能源电力入网价格，包括太阳能和风能在内的新能源产业市场随即得到快速扩展，产业发展迅速。广州在此阶段搭上发展新能源的时代快车，新能源产业至此逐步发展。广州新能源制造业总产值在该阶段总体呈良好态势，2003—2008年，广州新能源制造业保持20%的扩张速度，总产值从2003年的351.84亿元增长至967亿元，仅5年时间增长近2倍（见图11-6）。

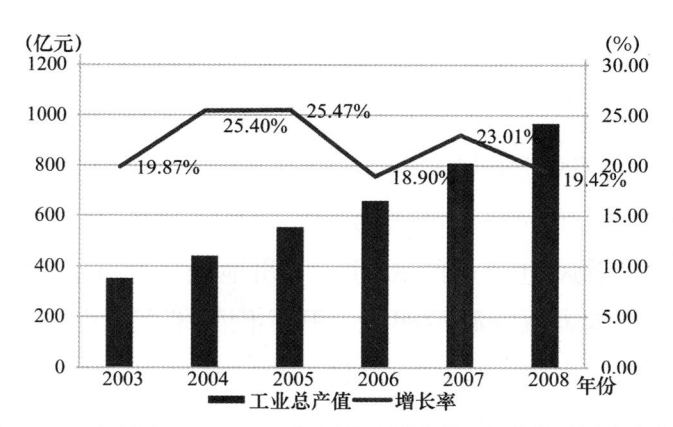

图11-6 广州市2003—2008年新能源制造业工业产值及增长率[①]

数据来源：广州市统计局。

---

① 遵循郭立伟（2014）研究中所提出的替代性测算方法，将新能源行业的相关数据使用电气机械和器材制造业、通用设备制造业的数据加以替代。

在风能方面,广州自身风力资源较为稀缺,开发价值不高,风力发电要克服城市风速低、风力小的不利条件。广州风电产业通过发挥自主创新,以微风启动作为切入点,于2005年成功自主研制出磁悬浮风力发电机,并在一年后迅速同市场对接,实现产业化。磁悬浮风力发电机是我国完全拥有自主知识产权的具有国际领先水平的世界首台全永磁悬浮风力发电机,是集原始创新与集成创新于一体的世界首创成果,入选世界十大绿色发明。同普通风力发电机相比,磁悬浮风力发电机运用磁悬浮技术降低机械摩擦阻力,实现轻风启动、微风发电,实现在风力较小的山区和小岛上发电的可能。在小型风电机组方面,广州红鹰能源科技公司作为行业龙头依托强大的科技研发实力,迅速打开国外市场,推动我国新能源产业走出去步伐。2004年HY-400W小型风力发电机通过借鉴大型风力发电机大风保护设计,运用空气动力学和失速原理,将运动固件由3个减少至2个,实现了一体化设计与全套模具制造。2009年推出的五叶片家用型HY-600,突破传统小型风力发电机三叶片设计,具有体积更小、噪声更小、供电更大、更加安全等优点。在西方国家新能源运用大面积布局的背景下,红鹰能源凭借其产品技术优势迅速占据国外市场,以3kW以下小风机为主打产品,红鹰能源在欧洲市场占有率位居第一,产品出口额占据公司总销售额的60%以上。

在太阳能方面,2002年至2007年期间,我国太阳能发电技术实现跨越式发展,太阳能光伏发电效率实现较大提升。同时,"送电到乡工程""中国光明工程"等国家项目的开展大大推进了光伏产业进展。2009年的"金太阳示范工程"对新增光伏发电项目直接给予50%的初始补贴更是带动集中式太阳能光伏发电的快速发展。在全国光伏产业迅速增长的背景下,2009年广州市常务会议讨论并通过了《广州市新能源和可再生能源发展规划》，将太阳能作为全市重点发展的7大领域之一，以不断加强新能源开发与利用水平。广州超白压延太阳能基片处于整个光伏产业上游环节，拥有太阳能光伏基片等多项自主研发技术，对行业发展具有引领作用。2011年增城18亿建设超白压延太阳能（电池）基片项目落地，建成3条国际单体最大高速的超白压延太阳能光伏基片生产线，年生产太阳能光伏基片达56.94万吨，年产值达50亿元。

在生物质能方面，广州重点打造科技研究中心与产学研合作平台，为生物质能产业提供技术支持与创新氛围。2004年，广东省生物质能工程技术研究开发中心组建成立，该中心承担广州生物质能产业科技研究与技术推广工作，组建初期具备4个实验室，2个技术集成公司以及40名研究人员，申请专利23件，其中发明专利18件，获各项奖励69项，该中心同中科华源科技有限公司在生物质技术推广方面达成合作，截至2007年，完成7个生物质气化发电工程建设，工程总装机容量为13.1MW。

依托雄厚的工业基础与强大的科技创新研发实力，广州开始了新能源产业的发展步伐，并取得众多优异成果，为新能源产业可持续发展提供了优越的技术力量。虽然在新能源生产、装备制造以及技术研发领域进步显著，但广州新能源运用在这一阶段却整体停滞不前，根据2007年数据，广州可再生能源所占比例不足1%。一方面是由于新能源资源禀赋并不优越，风力资源稀缺，生物质能原料供给不稳定，多地实际发电量不大；另一方面，新能源企业面临技术壁垒，产业门槛过高使得企业难以扩大生产规模。

二 波动转向阶段（2009—2013年）

在经历近10年的稳定发展后，受国际形势动荡的消极影响,广州新能源产业出现一定幅度的波动。2008—2013 年,广州新能源制造业工业总产值增长率出现两次低谷。2009 年的波动最为显著,一度出现负增长,较 2010 年降低 23 个百分点,另一次出现在 2012 年,该年新能源制造业增长率仅为 6.57%(见图 11 –7)。

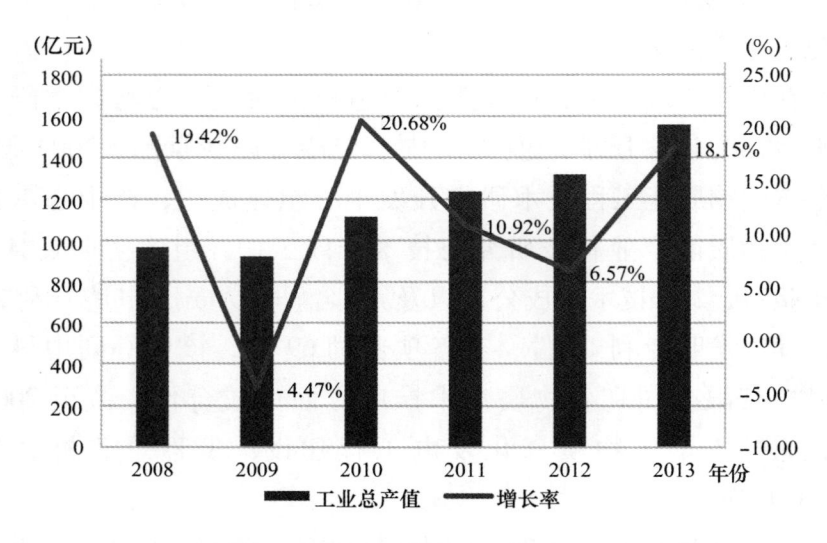

图 11 –7 2008—2013 年广州新能源制造业工业总产值及增长率

数据来源:广州市统计局。

2009 年的倒退源于国际金融危机对广州制造业的波及,国际金融危机带来全国制造业整体的经济寒冬。新能源产业 20% 增速的发展戛然而止,甚至一度出现负增长。新能源产业国际贸易受损尤为严重,2009 年广州新能源相关制造设备进口量为 90 亿美元,同比下降 4.32%,出口量为 126.19 亿美元,同比下降 10.6%,一向依赖国际市场的新能源出口呈现断崖式下跌。

2009 年,政府取消"特许权招标"的补贴方式,转向以直接电价补贴形式以火电价格收购新入网新能源发电量,同时直接给予新能源发电企业补贴,这一政策的补贴力度大大超过

"特许权招标"的补贴价格,直接促进风电与太阳能光伏发电等新能源产业的发展。各项帮扶制造业、拉动经济增长的措施同时出台,为广州新能源制造业带来生机,产业发展迅速得到调整,仅用一年时间就回到危机前的增长水平,新能源产业工业总值超过千亿大关,实现总产值1114千亿元。

2011年,美国率先掀起了针对中国光伏太阳能产业的"双反"调查,制裁措施于2012年开始生效。欧盟、印度等国随后也纷纷开始针对中国光伏产品的"双反"调查,广州新能源产业海外市场发展又一次受阻,光伏产业出口备受打击。2011年广州新能源相关设备出口金额为176亿美元,增长12.04%,较2010年下降12个百分点,2012年、2013年出口金额增长率进一步下降,分别为3.04%与0.73%,新能源设备出口基本停滞(见图11-8)。

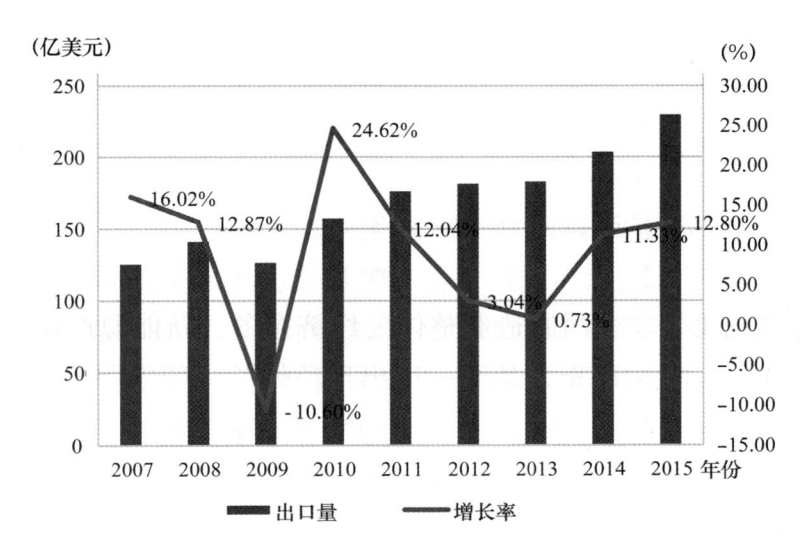

图11-8 2008—2015年广州机械、电气设备出口量与增长率

数据来源:广州市统计局。

在 2008 年全球金融危机时期，广州新能源制造业工业总产值状况与出口状况总体吻合，呈现双负增长态势。相比之下，2012 年的情况却相反，出口金额自 2010 年拐点出现后一路下跌，跌至 10% 后保持长时间停滞状态。但即使工业总产值出入低谷，但较 2009 年的负增长情况，2012 年"双反案"对国内工业总产值影响较轻，2012 年依旧保持 6.57% 的增速，2013 年后迅速调整，恢复到 18.15%。出现这一现象说明广州新能源产业市场定位发生了转向。2012 年之前，一方面广州依靠西方国家新能源发电场的大面积布局，对新能源产品设备需求巨大；另一方面凭借长期以来的外贸优势与开放水平迅速占据国外市场，带来巨大的新能源出口。然而，"双反案"使得广州新能源产业的国外市场迅速萎缩，迫使其重返国内。与此同时，政府为有效避免新能源产业因国外市场受限出现断崖式下跌，出台一系列政策措施对新能源企业发放巨额补贴，节省其成本，扩大其国内市场。在国际形势、政策性驱动、新能源产业回归内需以及政府电价补贴这一系列因素的影响下，广州新能源相关产品市场开始转向国内。

三 高速扩张阶段（2013 年至今）

2011 年 12 月，广州市第十次党代会上正式提出"9+6"体系，将新能源与节能环保列入广州六大战略性新兴产业。2013 年 11 月，广州市常委会审议并通过《广州市加快推进十大重点产业发展行动方案》，围绕加快发展促转型的中心任务，再一次将新能源与节能环保在内的十大重点产业确定为广州未来一段时期的产业发展主攻方向，新能源与节能环保产业被提上未来发展战略层面，正式成为下一个潜在增长点，具有重大战略意义。自此，广州新能源产业步入快车道，开始全方位的升级发展。

在新能源技术研发方面，2012年新能源产业立项数达56项，占全市总立项数的17%，在众多战略性新兴产业中位居第二，市总财政拨款3727万元，占财政拨款总数的19%，仅次于电子信息产业（见图11-9）。与此同时，众多研究单位如中科院广州能源研究所、华南理工大学、中山大学等在太阳能光伏、生物质气化发电、生物质合成燃料、生物柴油、燃料乙醇、沼气工程和生物质制氢、燃料电池等多个领域开展相关研发，成为攻克新能源相关技术难题的重要研究基地。伊顿公司与华南理工大学、广州第一巴士共同签署三方研发合作协议，完善混合动力技术运用研究，开展混合动力公交车研发。中科院广州能源研究所在生物质气化发电与热电联供系统的关键技术研究与示范工程建设方面取得重大进展，其中生物质混流式气化工业技术通过与广东正鹏生物质能源科技有限公司合作，实现大面积推广运用。

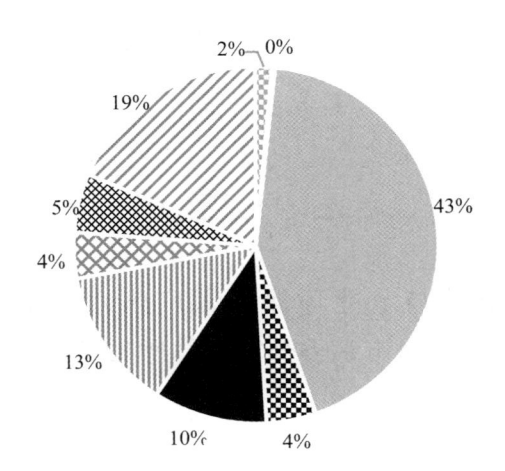

图 11-9　2012 年广州战略性新兴产业市财政拨款比重

数据来源：广州市科学技术局。

除风能、太阳能光伏、生物质能等技术逐渐成熟的新能源外，广州紧跟时代潮流，超前布局可燃冰、氢能等最新产业领域，为尖端领域研发与产业化发展积蓄力量，逐渐形成技术优势。截至 2018 年，广州已拥有全国首个国家级天然气水合物研究中心、国家海域天然气水合物产业化孵化基地、国际新能源材料及产品技术性贸易措施研究评议基地等三大国家级研发中心与孵化基地，为全国的可燃冰技术研发与产业化、新能源制造业转型升级提供技术支持。熊川氢能科技公司通过引进加拿大工程院叶思宇院士氢能团队，组建华南地区第一个氢能领域院士研发团队。2018 年 3 月，广州鸿基创能公司发起"氢芯中国"氢燃料电池膜电极产业化项目，计划建设的氢燃料电池膜电极生产线产能可达 10 万平方米/年，产品功率密度达 1.2 瓦/平方米，为我国最大膜电极生产线。鸿基创能已成为国内首家实现燃料电池膜电极产业化企业，拥有目前国内燃料电池领域领军人才密度最高的技术团队。

在新能源运用方面，根据中商产业研究院数据[①]显示，2019 年广东省风力发电量为 4726.3 亿千瓦时，位居全国第 4。广州地区风电场集中在东北和南部 2 个区域，装机总容量达 50 万千瓦，其中东北地区以中高山脊为主，山地风力资源优渥，风机可装机容量达 10 万千瓦左右；南部有南沙、万顷沙一带滩涂区，海上风力发电资源优越，可装机容量达 40 万千瓦左右，太阳能光伏发电量约为 100 万千瓦。工厂、医院等建筑设施集中安装太阳能集热板，利用光热发电，集热板总面积可达 40 万平方米，普及率约为 5%。在生物质能发电方面，2017 年广东省生物质能累计并网装机容量为 101.6 万千瓦，占全国总装机容量的 6.88%，位居全国第 4，生物质发电量总计 59.1 亿千瓦时，

---

① https：//www.askci.com/news/chanye/20200417/1615201159359_2.shtml.

占全国年发电量的7.44%，位居全国第5。生物质能发电中以生活垃圾焚烧发电为主，累计并网装机容量为72.8万千瓦，占生物质能装机容量的72%，生活垃圾发电量为41.3亿千瓦时，占发电总额的70%（见图11-10）。

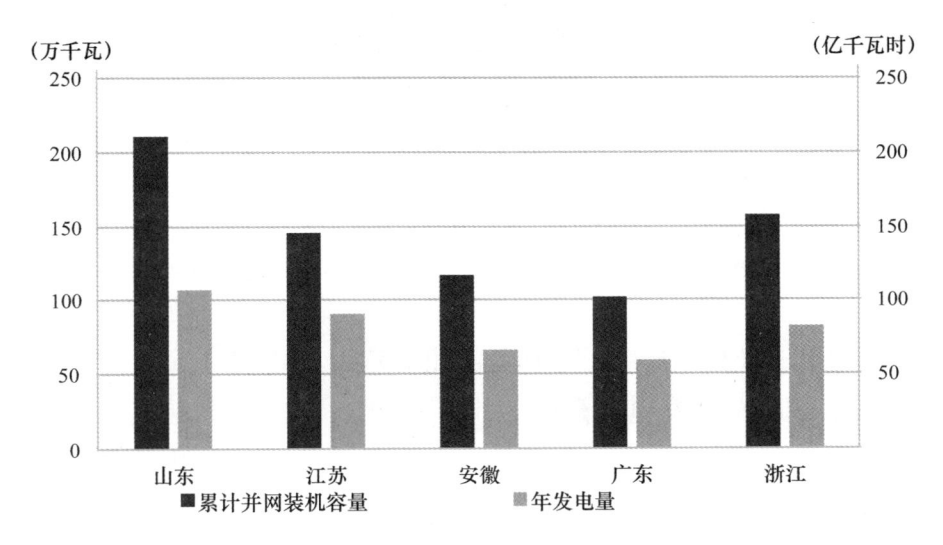

图11-10　2017年全国主要省市生物质能并网运行情况与发电量统计

数据来源：《2018—2024年中国生物质发电行业市场运行态势及投资前景评估报告》。

广州每日产生的巨量城市生活垃圾为生活垃圾焚烧发电提供了丰富的原料，生物质能发电产业有着优越的先天优势。广州李坑生活垃圾焚烧厂是我国最大的垃圾发电厂之一，总装机容量可达2万千瓦，日处理垃圾6000吨，年发电量达5.04亿千瓦时。李坑生活垃圾焚烧厂借助超高压技术，1吨垃圾的发电量可达350~360kWh，各项指标达到世界先进水平（见图11-11）。

2020年12月，广州新能源公司投资建设的清远吉多宝分布式光伏项目、中国南部物流枢纽园区一期分布式光伏项目以及梅州万宝电器分布式光伏项目相继完成并成功并网，三个项目

238　第三篇　先进制造业篇

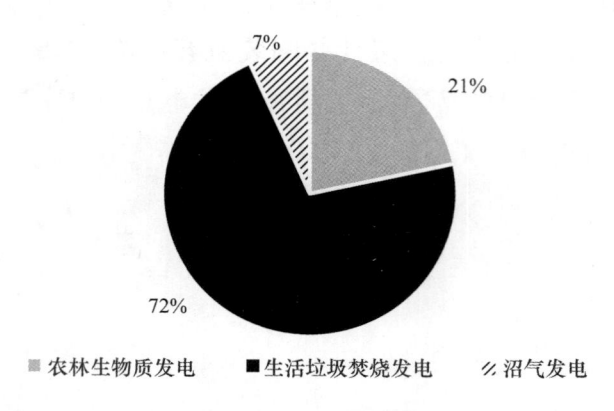

图 11-11　2017 年广东省生物质发电并网运行情况

■ 农林生物质发电　　■ 生活垃圾焚烧发电　　▨ 沼气发电

7%　21%　72%

数据来源：《2018—2024 年中国生物质发电行业市场运行态势及投资前景评估报告》。

容量总和达 12.36MW，每个项目配套建设充电桩 4 个。广州新能源分布式光伏发电已逐步走向专业化、产业化、规范化的高质量发展道路。2021 年广州市"十四五"规划中提出，将新能源与节能环保作为"十四五"时期五大新兴优势产业重点发展，加快培育氢能、核能、智能电网等新型产业，以及促进生物质能综合开发利用、支持资源循环利用等相关行业，提升新能源产业集群整体发展水平。同年 4 月，中国石化广东石油分公司同增城区人民政府签订战略合作框架协议，双方计划加设油氢电一体化的综合新能源产业示范项目，并在加油、加氢、充（换）电、非油、光伏发电等领域进行全面合作，共同推进综合能源网络、新能源产业的发展。

第三节　广州新能源产业发展的先进经验

一　开发多元化市场，分散风险

在广州新能源产业发展的第一阶段，西欧等国纷纷积极开发新能源，全球掀起以新能源替代传统化石能源的潮流，为广州新能源产业拓展国际市场提供了优良的市场环境。以广州九恒、广州科力为代表的新能源企业在国内市场狭小、国际需求旺盛的大环境下，制定以国外市场为主、国内市场为辅的市场战略，迅速迈出走出去步伐，实现新能源产业起步阶段的高速扩张。国际金融危机与"双反案"等一系列国际变化加剧了广州新能源产业的经济政治风险，企业产品市场迅速收缩，生产运营出现波动。随着国内环保意识的不断深化，政府将新能源产业作为重点推动的战略性新兴产业，制定一系列发展规划与支持政策，广州新能源开发与产业发展再次面临着新的发展机遇。各大新能源企业通过发挥技术研发能力、产业内部整合能力与品牌形象等各方优势，迅速抢占内地新能源市场，并形成较为明显的竞争优势，以较小的资源来取得较大的利润。这次产业市场定位的转向说明了开辟国际国内多元市场不仅能开阔销售市场、扩展收入来源，更能保障新能源产业在国际变动时期，依旧有较为稳定的经营能力与强大的抗风险能力。

二 调整产业结构，扩大新能源市场

广州能源消费需求巨大，2016年中国各省市电力消耗量中，广东省以5610.13亿千瓦时居于全国第1，广州作为广东省省会城市与经济重心，电力消费量为779.32亿千瓦时，占广东省电力消耗总量的14.7%。然而广州能源生产结构并不均衡，2019年广州二次能源火电发电量为3074533万千瓦时，一次能源水电发电量仅为31600千瓦时，二次能源中柴油消耗量最大，为363.6万吨，其次为汽油消耗，为303.56万吨（见图11-12），新能源发电量相较之下依旧微乎其微，能源消耗与社会建设矛盾显著，能源结构迫切需要优化。

广州市政府高度重视企业节能减排工作，先后制定广州能源发展的各个五年规划，《资源节约与利用方案》《广州市清洁

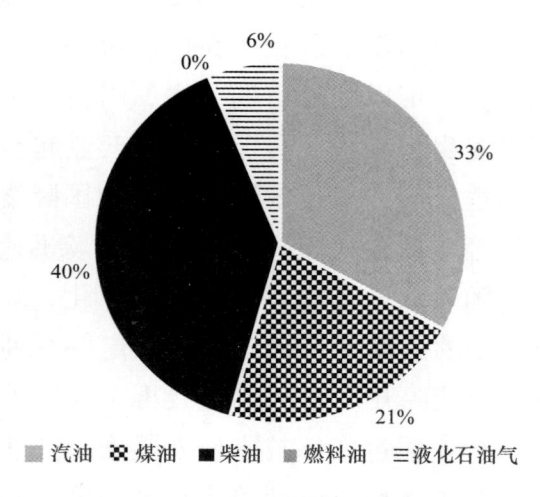

图 11-12　2019 年广州二次能源消耗情况

数据来源：广州市统计局。

生产实施方案》等政策，努力实现经济与环境资源的可持续发展。通过设立资源节约与综合利用专项资金，发挥财政税收的杠杆作用，实现工业领域产业结构调整与经济增长方式转变，通过奖励清洁生产示范企业、鼓励企业发展循环经济，带动工业企业对新能源产品的使用。

三　加强区域合作，形成合作优势

当前国内区域经济呈现出竞争与合作并行的新态势。随着粤港澳大湾区建设的不断深化，加强湾区内部经济与科技合作，推动泛珠三角区域合作不断向广度与深度延伸，成为广州新兴产业创新发展的重要模式。湾区内部人才、资金、技术等资源逐渐实现自由流动与合理配置，为广州新能源产业发展提供了良好的经济环境。

四 合理规划产业园区，形成集聚效应

广州新能源产业可以划分为两大产业集聚区，新能源和环保产业集聚区以中新广州知识城、广州科学城为依托，具有强大的科研实力与创新能力，作为科技研发中心与产业化示范基地，在新能源产业链的上游研发与产业化环节上，为广州新能源产业发展释放源源不断的技术力量与创新源泉。以增城节能环保装备产业园与增城循环经济产业园为主的资源循环利用产业集聚区，重点发展工业固体废弃物综合利用、城市垃圾综合处理等循环利用产业，在生物质能发电领域具有先进技术与产业集聚优势，已成为国内领先的资源循环利用示范性基地。产业园区为企业提供了良好的知识传播与交流平台，推动了广州新能源产业专业化发展，形成强大的规模效应。

第四节 广州新能源产业存在的问题

一 行业定位低端，高端产品缺乏

当前经济与科技全球化正向纵深化发展，西方发达国家在以中国为首的新兴大国产业中迅速布局，通过专利、技术标准等方式控制新能源产业的高端环节，并凭借资金技术优势进一步挤压国内竞争对手，维护其自身主导地位，巩固国际产业发展格局。国内新能源企业的发展空间受到来自国际大型跨国公司的知识产权、技术标准、高层次人才、风险资本等多方面挑战。广州新能源产业在国际跨国公司的压制下整体处于低端环节，整个新能源产业呈"金字塔"式发展态势，位于产业链中下游的企业与研发机构较多，具有核心科技，处于产业链上游环节的龙头企业较为稀缺。如在风机市场，以多晶硅和风力发电设备为代表的风电企业重复建设问题突出，大量企业缺乏研

发能力，无法形成独有的竞争优势，企业间投产项目严重同质化，多数企业以"代工车间"的模式进行简单组装，牺牲产品质量与可靠性以压低价格，行业呈现低水平过剩、高水平不足的问题。

二 创新能力不足，产业变革乏力

广州新能源技术研发的科研机构与企业较少，研发投入、高科技人才与企业自主创新能力相较其他新兴产业依旧不足。2018年广州在省级工程技术研究开发项目中，能源与节能高效整体数量为79个，仅占8%，2017年新能源项目为93个，在包括电子信息、生物技术与新医药、新材料在内的新兴产业中排名倒数（见图11-13）。

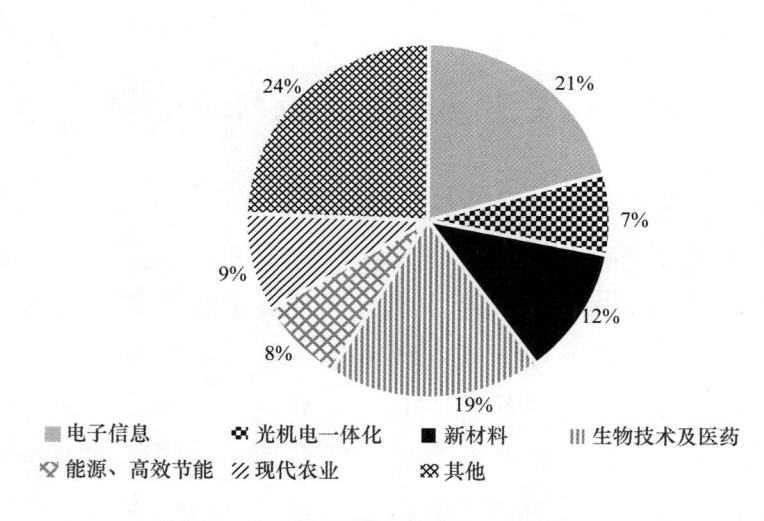

图 11-13 广州省级工程技术研究开发分布

数据来源：广州市科技局。

以太阳能光伏发电为例，广州太阳能光伏企业多数集中在集热器生产方面，在高端技术领域的投入依旧不足，行业缺乏相关的科研人才与高科技企业，导致新能源产业向高端迈进的步伐缓慢、乏力。

三 固有弊端依旧，发展短板显著

新能源投资运行成本与风险往往都高于常规能源，发电成本高、技术难度大、竞争优势弱等行业固有问题依旧存在，限制了新能源产业的可持续性发展。在风电领域，广州南沙的滩涂区海上风力资源较为优越，是风力发电装机容量最大的区域，承担了全市80%以上的风力发电量。然而由于沿海特殊的地理位置与能源特征，海上风力发电相较其他能源，发电难度大。与此同时，广州夏秋沿海台风天气频繁，恶劣的天气状况导致海上风电项目风险巨大。广州风电制造业在21世纪初才开始起步，发展时间较短。在光伏领域，广州原材料供应紧张问题长久存在且难以缓解。多晶硅电池是当前太阳能电池的主流，影响到整个产业链条的协作运转效率，然而多晶硅的全球供应量自2004年后长期处于供不应求的局面，直接影响下游产业的发展速度，限制了太阳能光伏发电产业的发展。在生物质领域，成本一直是限制其扩大产业规模的重要短板。相比于传统化石能源，生物质能发电从前期垃圾回收分类、集中处理、焚烧到后期的废气处理，整体流程多、成本高、效率低下。

四 扶持力度不够，企业生存压力大

广州新能源产业发展整体不规范，缺乏明确的产业定位与行业标准，导致市场准入门槛低，大量生产商的涌入造成了一些技术落后、质量较差的产品在市场上流通。这类产品普遍同质化严重，没有品牌效应，缺乏质量标准，依托价格战不断摊薄利润，最终影响正规企业的生产运营，破坏行业良性竞争。在新能源产业扶持方面，主要以《可再生能源法》等政策为主，范围模糊宽泛，缺乏细节性条款。与此同时，新能源产业相关

的系统性政府扶持措施体系不完善，政策措施之间缺乏有效衔接，尤其财税、金融领域的支持力度依旧微弱，难以形成配套体系支持整体行业稳定发展。

五　国内市场开发程度有限，地区间联系不足

虽然当前广州新能源产业已逐步将发展重心移至国内，实现销售市场的多元化，但广州周边乃至全国新能源市场规模依旧较小，国内大部分中小城市的新能源市场发展依旧不足，市场消费者分散，缺乏统一的市场标准，对广州新能源产业进一步打开中小城市市场、扩大全国市场份额具有消极影响。与此同时，新能源制造业在国内的产业联系依旧不强，如太阳能组件，由于其自身产品线较窄，厂商依旧依靠国外市场需求，大量的光伏电池依旧出口德国、西班牙等国，对海外市场依存度较高。

第四篇

制造业创新篇

第十二章　制造业技术创新

第一节　广州制造业技术创新概述

一　广州制造业技术创新现状

近年来，广州制造业企业创新能力不断提升，产业结构持续优化，一方面，以新能源制造、新医药制造、生物技术、人工智能等领域为代表的新兴产业快速发展，产业活力日益增强，新产品数量稳定增长；另一方面，传统制造业如纺织、皮具皮革制造等行业的创新改造越来越受到重视，每年的创新投入不断增加。广州市政府积极响应"中国制造2025"战略规划，提出"打造国家先进制造业基地"的发展目标，大力推动制造业整体产业结构升级、布局优化、产业链整合延伸，整体提升广州在全球制造业体系中的地位。根据《广州统计年鉴》数据显示，从2000年至今，广州具有科研活动的企业占比、高新技术产品出口占比、工业企业专利申请数、高新技术产品增加值占地区生产总值等反映技术创新的指标均稳步上升，其中有研发机构的大中型企业数量从2000年时的不足20家上升到2019年的2620家；规模以上高新技术产品产值占全市规模以上工业总产值的比重从6%上升到40%；高新技术产品出口额占工业制成品出口额比例从不足10%到接近60%。在重点科技领域发展方面也取得重大进展，例如，京信通信系统（中国）有限公司在移动通信设备行业中处于全球领军地位,在无线优化、无线接入、天线及子系统、无线传输四大产品线中均掌握核心技术,拥有众多自主知识产权,已建立覆盖全球的市场服务网络;广州视源电子科技有限公司是全球领先的 TV 解决方案供应商,为全球最大的液晶电视主板和电源板的设计和产品提供商,多年来行业销量一直处于领先地位。

二 制造业技术创新的战略意义

制造业在国家发展中具有重要位置和战略意义,是技术创新最活跃的领域。制造业技术创新有利于进一步深化科技革新,提高科技创新对产业发展的支撑稳定作用;有利于推动先进制造业和现代服务业的融合发展;有利于推动制造业结构优化升级。对企业而言,在社会生产方式发生变革、科学技术水平日新月异的大环境下,技术创新是其生存发展的根本出路,企业必须将过去依赖于低成本劳动力的发展方式转变为依靠创新要素,这不仅有利于提高企业生产效率与竞争力,降低生产成本,也有利于提升各类生产要素的生产率,最终使社会总体生产水平得到提高。在全球制造业发生深刻变革的当下,制造业创新体系也随之发生重大变化,发达国家为抢占未来竞争制高点,正加快建设新型制造业创新载体。要实现经济高质量发展,就必须推动制造业高质量发展,广州目前正大力培育发展新能源汽车等新兴产业,发展先进制造业集群以提升产业链供应链现代化水平。

三 制造业企业 R&D 活动数量

2015—2019 年广州规模以上工业企业数量不断增加,但有 R&D 活动的企业在绝对数量、总体占比上未形成稳定增长。从表 12-1、图 12-1 可以看到,有 R&D 活动企业的数量和占比在 2018 年出现较大幅度下滑；从有研发机构的企业数量占比来看，该指标近年来稳步上升，说明许多工业企业的创新意识不断增强，对自主研发越来越重视。另有调查数据显示，企业规模大小与创新活动积极性存在正相关关系，大型企业设立研发部门的积极性要高于中小型企业。

表 12-1　　　　2015—2019 年广州规模以上工业企业存在 R&D 活动的数量

工业企业数量情况（个）	2015	2016	2017	2018	2019
规模以上工业企业数	4643	4659	4664	4807	5786
有 R&D 活动的企业数	1338	1738	2122	1865	2349
有研发机构的企业数	707	1157	1790	2132	2620

数据来源：历年《广州统计年鉴》搜集整理。

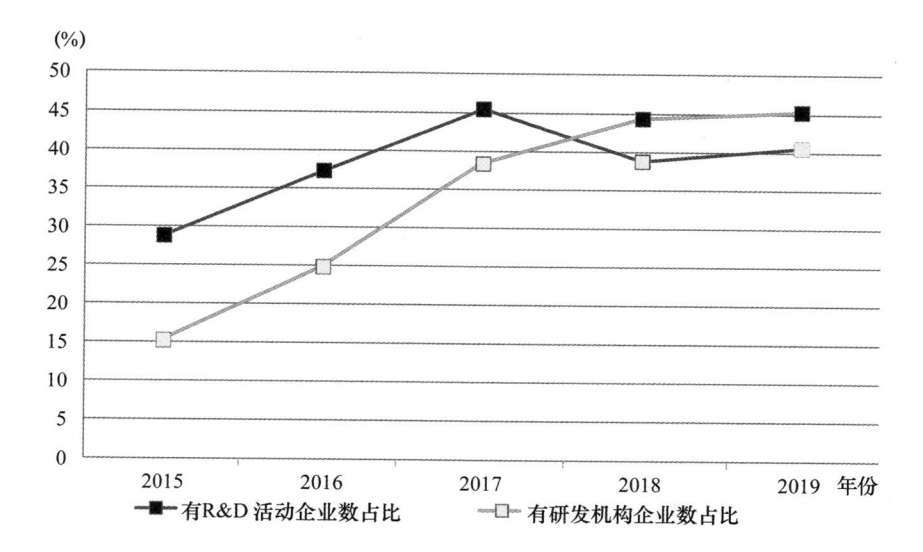

图 12-1　2015—2019 年广州规模以上存在 R&D 活动的工业企业占比情况

数据来源：历年《广州统计年鉴》搜集整理。

四 R&D 活动投入经费情况

2015—2019 年广州规模以上工业企业 R&D 经费内部支出整体呈上升趋势，其中以经常性支出为主要构成部分，且逐年稳步上升；资产性支出只有轻微变化，相对比较稳定。资产性支出越高，往往意味着企业的未来收益越高，但从图 12-2 可以发现，广州规模以上工业企业 R&D 经费内部资产性的支出在近几年没有显著增长，在经常性支出持续上升的背景下，意味着企业科研创新上的投入给未来创造的收益率有所下降。

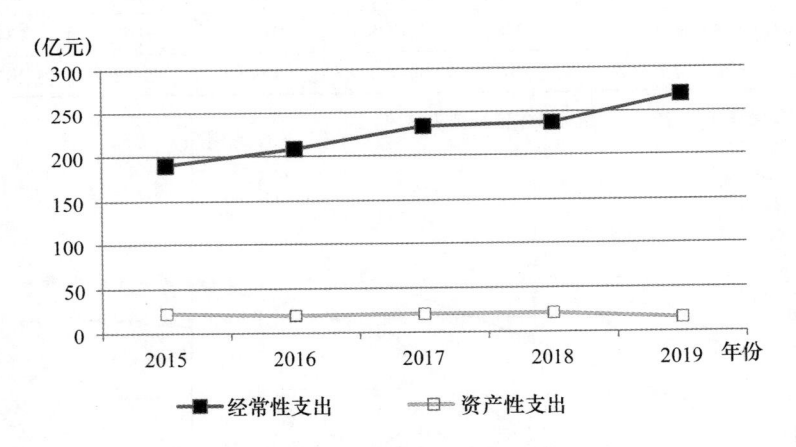

图 12-2　2015—2019 年广州规模以上工业企业 R&D 经费内部支出变化趋势

数据来源：历年《广州统计年鉴》搜集整理。

以 2019 年为例，将 R&D 经费内部支出划分为企业、科研机构、高校以及其他方面。从图 12-3 中可以发现，以企业为主体的研发经费支出占主体地位，其次是高校与科研机构。这说明目前广州企业的自主创新意识不断提高，企业研发投入强度较高；另一方面，中山大学、华南理工大学、暨南大学、广东工业大学、广州市现代产业技术研究院等一批重点高校与科研机构在创新活动中的作用也不容小觑。

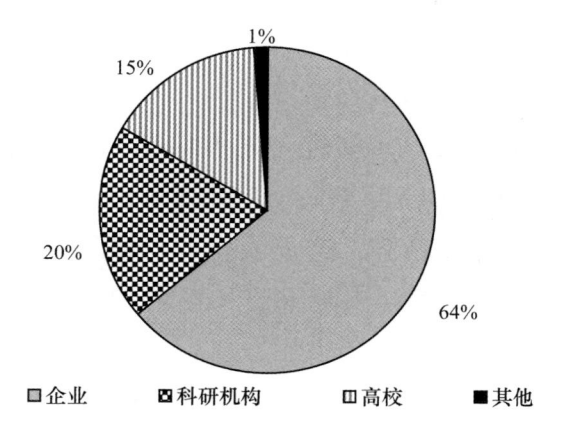

图 12-3　2019 年广州 R&D 经费内部支出各项占比

数据来源：《广州统计年鉴》。

结合图 12-4，可以发现，R&D 经费的主要来源仍然是企业自身，其次是政府，且这两者在近年均呈现上升态势。境外资金虽然占比非常小，但总体呈上升趋势，说明广州对外开放程度不断提高，结合各种相关优惠政策的出台，国外投资者看好企业的发展前景。

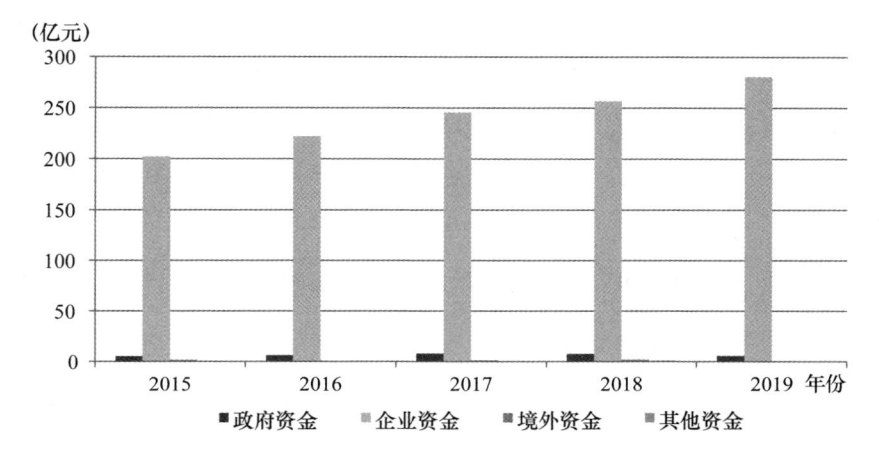

图 12-4　2015—2019 年广州规模以上工业企业 R&D 经费来源结构

数据来源：历年《广州统计年鉴》搜集整理。

五 R&D 活动投入人员情况

R&D 人员指直接从事研究与发展活动和为其提供直接服务的人员。在 2015—2019 年期间，广州规模以上工业企业的 R&D 人力投入总体呈上升趋势，这说明企业已意识到创新的关键在于人才，对人才的培养越来越重视（见表 12-2）。

表 12-2　2015—2019 年广州规模以上工业企业 R&D 人员投入情况

R&D 人员投入	2015	2016	2017	2018	2019
R&D 人员数量/人	79930	79618	97894	95562	99979
R&D 人员折合全时当量/（人×年）	60946	59229	61689	69351	72877

数据来源：历年《广州统计年鉴》搜集整理。

由表 12-3 中可以看出，研发机构人员、硕士毕业及以上人员数量稳步上升的同时，硕士毕业及以上人员占比却在逐年下降。高素质创新人才是企业创新活动的重要因素，随着广州工业创新进程的持续推进和产业的转型升级，未来企业对高素质人才的需求势必增大，而这与人才流失的现状间存在矛盾。因此，为避免出现人才供给不足的风险，现阶段广州科技创新人才队伍仍有待充实，人才供给与需求之间的缺口急需填补。

表 12-3　2015—2019 年广州规模以上工业企业 R&D 人员学历情况

规模以上工业企业 R&D 人员学历情况	2015	2016	2017	2018	2019
研发人员/人	55345	72475	91199	99492	109176
硕士及以上人员/人	6377	7578	9014	8236	9668
硕士及以上人员占比/%	11.52	10.46	9.88	8.28	8.86

数据来源：历年《广州统计年鉴》搜集整理。

六 专利申请情况

相较于我国的农业与服务业，以生产、研发为核心环节的制造业吸引了更多的研发资源，每年新增专利数量绝大部分来自制造业企业。现以专利申请情况近似替代制造业企业专利获得情况进行分析（见表12-4）。

表12-4　2015—2019年广州专利申请情况

专利申请	2015	2016	2017	2018	2019
每万人口专利申请量/（件×万人）	74.70	114.88	133.83	189.67	188.39
每万人口专利授权量/（件×万人）	46.96	57.19	68.09	98.41	111.42
每万人口发明专利授权量/（件×万人）	7.81	8.89	10.57	11.83	12.99

数据来源：历年《广州统计年鉴》搜集整理。

由表12-4可知，广州专利申请与授权量逐年稳步提升，并在2018年出现较大幅度增长，但发明专利授权量占专利申请量比重却呈逐年下降趋势（见图12-5）。这反映出发明主体在越来越关注研发活动的同时，研发质量却有所下降，企业片面地追求专利数量而轻视质量，导致创新的技术含量不高，较多发明专利无法达到授权标准。

从授权专利的种类来看，企业创新成果存在较高的"含金量"。在用途上有全新的创造以及在实用上有创造或重大改进的发明类和实用新型类专利在总授权专利中占主要位置（见表12-5）。

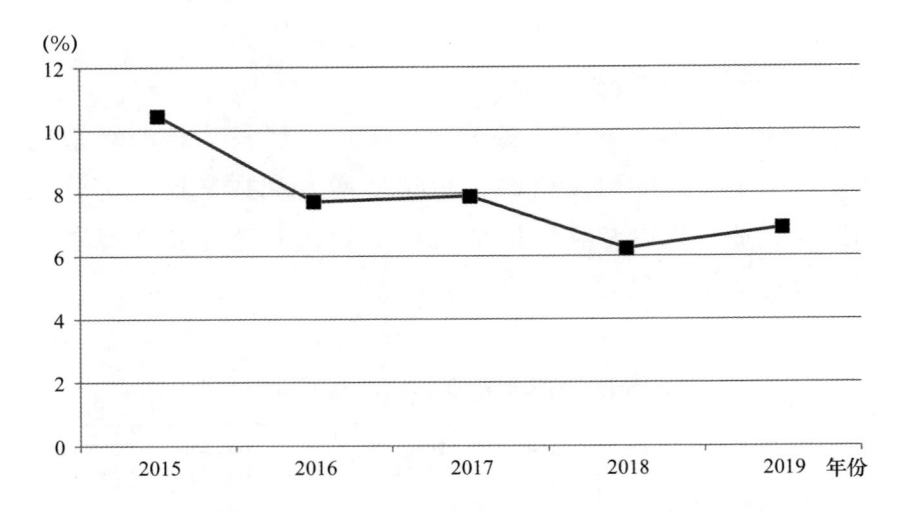

图 12 – 5 2015—2019 年广州每万人口发明专利授权量占总申请量比重

数据来源：历年《广州统计年鉴》搜集整理。

表 12 – 5   2015—2019 年广州各类授权专利数量

各类授权专利数量	2015	2016	2017	2018	2019
发明类	6626	7668	9345	10797	12222
实用新型类	17259	22910	32179	51307	54746
外观设计类	15949	17735	18677	27722	37845

数据来源：历年《广州统计年鉴》搜集整理。

七 高新技术产品产值

从 2015—2019 年工业高新技术产品产值比重以及出口销售占工业出口总收入比重来看，广州工业创新产品的成果转化能力稳步提升。其中高新技术产品出口销售收入占比呈现较为迅猛的上升态势，说明近年来高新技术产品的国际市场销售情况较好，工业创新活动对广州对外贸易的积极影响越来越大（见图 12 – 6）。

从高新技术产品所属领域来看，机电一体化技术对创新产品产值的贡献程度最高，其次是新材料技术以及电子与信息技术（见表 12 – 6）。

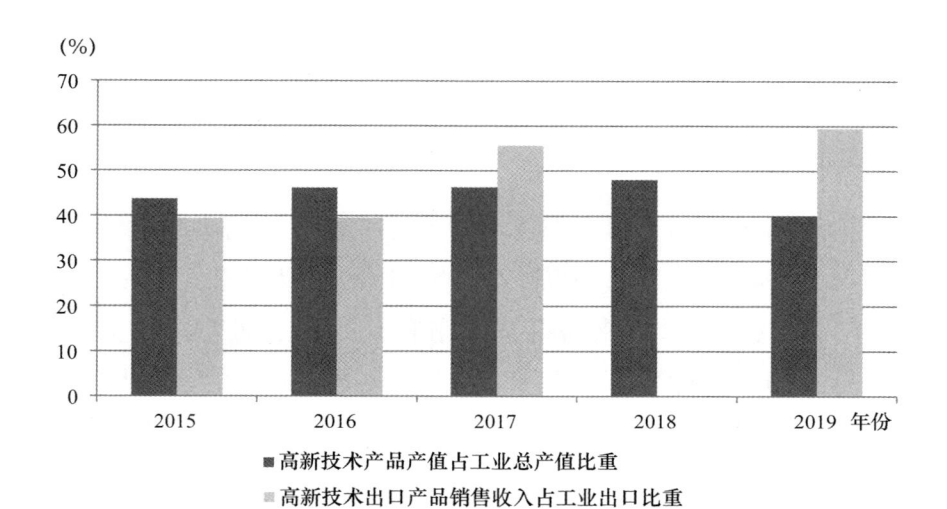

图 12-6 2015—2019 年广州工业高新技术产品占总产值比重

数据来源：历年《广州统计年鉴》搜集整理。

（注：因 2018 年统计口径改变，"高新技术出口产品销售收入占工业出口比重"数据缺失）

表 12-6　　　　2019 年广州各领域高新技术产品情况

规模以上工业企业高新技术产品情况（以技术领域划分）	高新技术产品总产值/万元
电子与信息技术	15086142
机电一体化技术	28244989
生物技术	4668487
新材料技术	11617524
新能源高效节能	6599529
环保技术	1697226
其他技术	17284621
合计	85198518

数据来源：历年《广州统计年鉴》搜集整理。

总体而言，广州制造业技术创新效果显著：截至 2019 年底，广州有 R&D 活动的企业数 2349 家，占规模以上工业企的 40.6%，高新技术制造业已成为广州现阶段经济增长的重要推动力量。

第二节　广州制造业技术创新的历程

技术创新离不开科学技术的发展，而科技体制的不断改革与完善是直接驱动科技发展的引擎。以时间为线索，通过广州自 1978 年改革开放以来与科技体制有关的政策演变，以及年鉴中最早的相关统计数据可将广州制造业技术创新的发展历程分为技术创新起始阶段、"科技兴市"战略阶段和企业自主创新阶段。

一　技术创新起始阶段（1978—1990 年）

改革开放以来，我国将科技发展的重点首先放在对理念的纠正上。"科学技术是第一生产力""经济建设必须依靠科学技术，科学技术必须面向经济建设"等理念是这一时期科学技术发展的指导方针，原有计划经济体制下一些不合理的科技管理制度被打破或改善。广州贯彻执行党中央的各项部署，高度重视科技与经济的结合，率先推进各项科技体制改革。1985 年，党中央颁发《中共中央关于科学技术体制改革的决定》，提出科技体制改革的具体内容，使我国的科技体制改革走上有组织、有计划、目标清晰的道路。一大批科技政策和计划逐步实施，譬如"国家技术改造计划"（20 世纪 80 年代早期）、"国家重点技术发展项目计划"（20 世纪 80 年代早期）、"国家科技攻关计划"（1983 年）、"国家重点实验室建设计划"（1984 年）、"星火计划"（1985 年）、"863 计划"（1986 年）、"火炬计划"（1988 年）等。广州市政府认真贯彻落实科技计划，加强技术改造并努力跟上国内外先进技术步伐，重点发展核心技术，大量科学技术成果由此产生，制造业技术创新体系建设拉开序幕。

在实行对外开放和科研体制改革不断深入的背景下，广州市政府紧跟形势变化，采取了一系列具体措施：

一是推动科研单位发展，激发人员活力。广州市政府参照企业管理方式对科研院所进行改革，实行科技承包经营责任制，健全科研院所的分配与奖励制度，使职工薪酬与工作业绩相结合，以此增加科技人员工作的积极性，使我国长期以来计划经济体制下存在的一些弊端如"大锅饭"、职工态度懒散、人浮于事等得以改观；不断改善科研单位的研究环境，提高技术创新工作的质量和项目水平；试点实施所长分工责任制，逐步建立所内规章制度以及岗位责任制，提高科研院所的管理水平。至1990年，广州已建立67个市属科研所，其中，60个科研所实行所长负责制或任期目标责任制。

二是重视科技创新人才。广州市政府进一步放宽科技人才的人员流动限制，让许多知识分子得以寻求更合适的工作单位，早期存在的"用非所长"问题得以解决；另外，广州形成重视人才的良好氛围，对科技人员的住房、医疗等方面给予物质上的保障；同时建立健全科技人员的职称评定制度，使科技人员在物质和精神层面都得到激励，企业科技活动人员数量呈逐年稳定上升趋势（见图12-7）。

三是鼓励科研与生产相结合，促进科研成果转化。随着新科技发展方针的贯彻落实，广州的科研单位与生产部门之间展开多种形式的协作，例如科研单位、高等院校与生产企业之间建立长期技术协作关系；重视对国外先进生产经验的借鉴，为自主创新能力的提高打下基础；将适合乡村的科研成果及时转移到农村地区，组织开展科技成果交流会、科技培训班以促进城乡地区之间的科研交流。科技成果下乡充分发

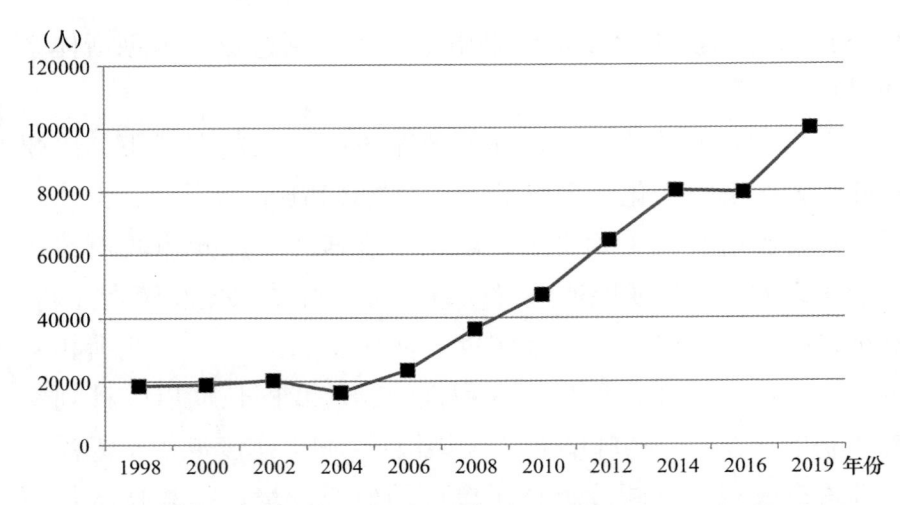

图 12-7　1998—2019 年广州大中型工业企业科技活动人员数量变化

数据来源：历年《广州统计年鉴》搜集整理。

挥科研技术与农村地区的自然资源优势，推动乡镇企业提高技术水平和生产效率。此外，广州市政府提倡并推动技术交易会，协助国内外企业和科研单位之间的技术交流和成果转化，鼓励企业进行创新研发、专利申请。政府对专利研发的激励取得显著效果，2001—2019 年间工业企业专利申请数量稳步上升（见图 12-8）。

四是积极引导企业在国际贸易过程中实现商品流通、技术流通、创新升级。有力促进科研成果转化、技术商品流通和外向型经济发展，高新技术产品出口比重总体呈向上态势（见图 12-9）。

五是顺应时代需要，健全各职能部门。为适应新时代的要求，更有效地发挥政府宏观调控作用，更好地为基本面建设服务，1987 年广州对市科委内部机构进行调整，例如将科技管理处改为技术市场成果管理处，撤销科技外事处，设立对外科技合作处等。

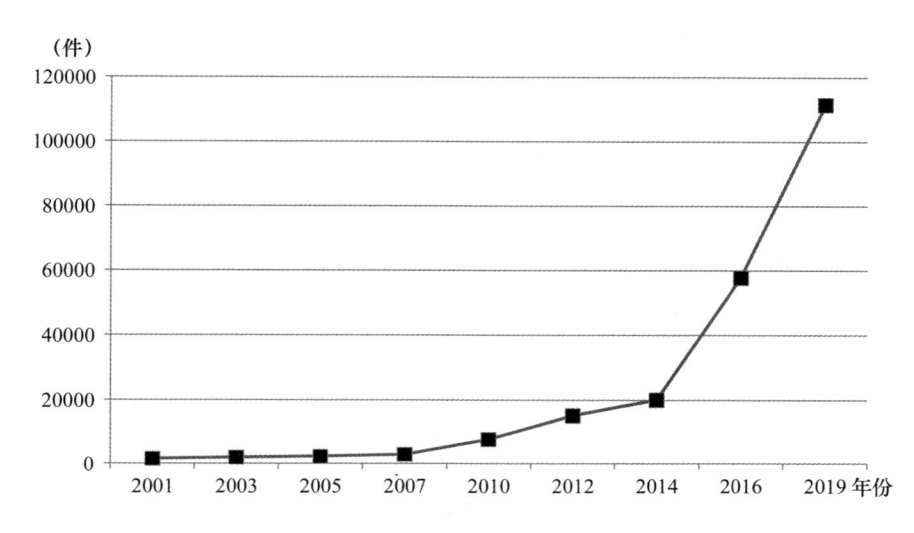

图 12-8　2001—2019 年广州工业企业专利申请数量变化

数据来源：历年《广州统计年鉴》搜集整理。

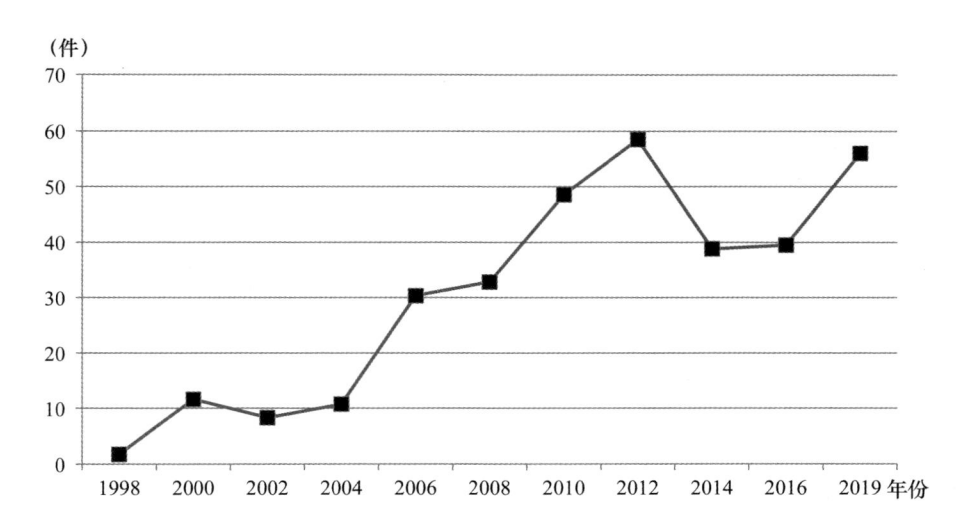

图 12-9　1998—2019 年广州高新技术产品出口额占工业制成品出口额比重变化

数据来源：历年《广州统计年鉴》搜集整理。

总体而言，这一阶段广州的科技体制改革刚刚起步，科技进步仍然滞后于经济社会的发展，还存在技术转移渠道尚未有效疏通、企业活力不足、技术创新效率偏低、制造业高新技术产业规模偏小、发展后劲不足等问题。

二 "科技兴市"战略阶段（1991—2005 年）

早在 1989 年，广州就提出"科技兴市"构想。1991 年，邓小平同志提出要"发展高科技，实现产业化"，为我国高科技的发展指明了方向。在这一阶段，广州市政府因时制宜制定"科技兴市"战略，进一步发挥科技对城市制造业的推动作用。在这一阶段广州主要制定了如下政策：

一是积极推进区域科技创新体系建设。在"八五""九五""十五"三个时期，高新技术产业发展一直受到广州市政府重视，通过加强制造业科学技术共享平台建设，提高资源利用效率；通过加快高新技术园区以及基地建设，完善产业布局。天河软件园、广州科学城等一批高新技术产业园区规模不断扩大，发展势头良好，有科研活动的企业数量明显增加（见图 12 – 10）。

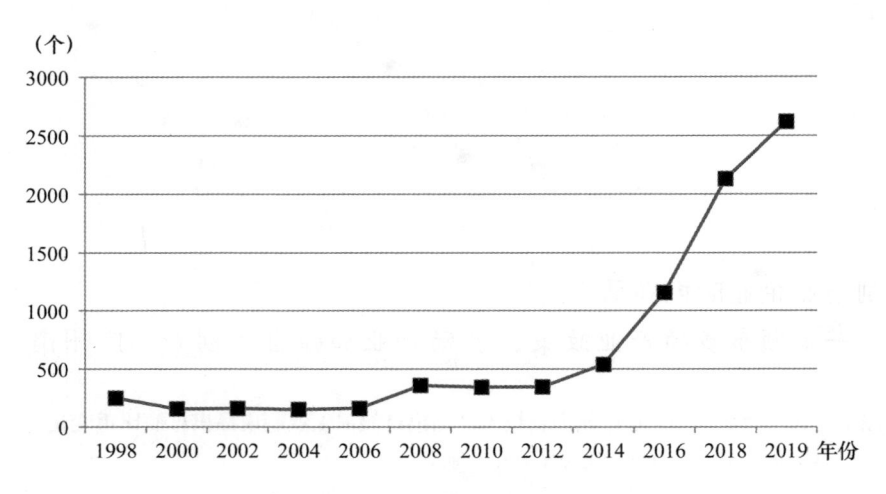

图 12 – 10 1998—2019 年广州有研发机构的大中型工业企业数量

数据来源：历年《广州统计年鉴》搜集整理。

二是不断加强技术市场建设。广州市政府采取政策引导、典型示范、舆论激励等方式，鼓励研究所在市场中竞争，鼓励开办制造业高新技术企业。与此同时，企业作为市场竞争的主体，也持续提升自身科研能力，以适应日新月异的技术市场。重点推进科技研究产权制度改革，使技术市场的运作机制更加稳定。完善科技投融资体制，至2000年，广州已逐步建立起以政府资金为引导，民间、企业、海外资金共同参与的高新技术风险投资体系，进一步活跃了技术市场。

三是围绕重点行业进行针对性建设。广州对创新制造业的建设重点进行探索，围绕集成电路设计、纳米技术制造业、LED制造等行业实施一批专项建设，有效推动了制造业企业的技术创新。与此同时，广州市政府以制造业信息化为突破口，改造升级钢铁、汽车、纺织等传统工业，取得良好经济效益。在这一阶段，广州技术创新工作仍存在一些薄弱环节，如自主创新能力不够强、先进设备数量相对不足等。

三 企业自主创新阶段（2006年至今）

面对国家实行的"自主创新"发展战略，广州市政府提出建设"国家创新型城市"发展目标，集聚国内外创新资源，提升企业自主创新主体地位，构建一个有利于企业科技创新的良好生态环境。在这一阶段，广州市政府主要采取以下措施来激发制造业企业的创新活力：

一是颁布多项产业政策，激励企业加强自主创新。广州市政府先后颁布《广州市加快电子信息制造业发展意见》《广州市半导体产业发展规划（2010—2020年）》等多项政策来推动一些重点产业领域的发展；继续深入实施多项人才激励计划，为来穗工作的人才提供良好工作环境，形成人才带领产业、产业集聚人才的良好互动局面。

二是支持企业提升创新能力，促进高新技术企业发展。随着一批走在时代前列的企业相继设立起自己的科研中心，广州开始实施创新型企业示范工程。同时，通过科技创新基金为正处于初创期的高新技术企业提供支持，并对成功认证的高新技术企业给予 200 万元资助；建立工业 4.0 技术创新中心，利用政府、高校、企业各自的资源优势，为制造业企业提供全产业链的配套服务及解决方案，引导工业制造向"智能+"转型升级；打造工业 4.0 技术团队，为"智能+"制造产业结构升级提供人才保障，实现智能制造"产学研政"一体化，更好提升制造业企业智能化水平。

第三节 广州制造业技术创新的先进经验

改革开放以来，广州制造业技术创新取得非凡成就。截至 2017 年，全市先进制造业增加值占制造业比重 64%，已成为新时期下引领广州经济发展的强大动力。在改善民生福祉方面，技术创新也发挥重要作用，如在环保领域实行的技术创新使空气质量得到显著提升，2017 年广州 PM2.5 年均浓度首次达到国家二级标准，成为千万常住人口省会级城市中率先实现 PM2.5 达标的城市。在粤港澳大湾区布局中，广州为周边制造业城市提供技术创新服务，承担带动全省技术创新发展重任。广州，这座往日的"千年商都"，如今正成为国家科技产业创新中心的龙头，不仅在制造业技术创新方面获得很大成绩，也留下很多先进经验。

一 清除市场运行障碍

从最初的计划经济体制到价格"双轨制"，再到定价机制的完全统一，广州的市场活跃程度不断加深，市场经济高效平稳运行，政府对调节收入分配、激励技术进步以及企业经营管理的效率不断提升，这使得制造业企业逐渐发展成与城市宏观规划布局相适应、技术水平明显提升、竞争能力持续增强的企业群体。在"以市场为导向，向创新要效益"的驱动下，企业技术创新的活力在一个公平、开放、透明的市场中日益被激发。

二 建立容错补偿机制

容错补偿机制对技术创新活动尤为重要，一个有效的机制可以降低企业科研人员频繁流动的风险，使科研人员专注于项目研发，不因为技术创新的失败而丧失动力，可有效保证创新活动的持续进行。广州市政府联合政策性银行以及商业性银行共同建立起银行补偿机制，确立补偿标准。同时，广州遵循系统、公平、分级监督、多元主体参与这四大原则构建补偿机制监督体系，有效抑制可能存在的欺骗性行为。在企业内部，相关的激励及配套培训体系也已建立。

三 重视人才引进与培育

纵观从"六五"至今的整个先进制造业发展时期，广州市政府对技术创新人才的重视程度从未减弱。在微观层面上，完善企业内部的管理制度，使技术人才享受额外的津贴补助；设立奖励科学技术突出贡献的"金鼎奖"，以表彰为广州带来重大经济效益的技术创新个人；一部分高校搭建起以国家留基委项目、广州市菁英计划等为牵引的出国留学项目平台，培养具有全球视野和跨文化融合能力的高水平人才。在宏观层面上，广州市政府努力打造尊重知识、尊重人才的氛围，对技术人员的住房、医疗都给予保障，同时加强继续教育培训工作，不断充实壮大科技人才队伍；重视技术市场管理人员的培训，推动人才市场的形成。1998 年，广州成功举办第一届"中国留学人员广州科技交流会",这是当时中国唯一的国家级留学人员科技交流会,成功吸引国内外人才到广州开办高新技术企业,在国际上引起巨大反响,是引进高层次发展力量的一大创举。

四 健全科技创新中介服务组织

科技创新中介服务组织是指进行技术研发与扩散、科研成果评估及转化的专业组织。科技中介通过直接、间接或其他有利于技术创新因素的供给来促进企业的自主创新,企业孵化器就是科技中介提供的服务类型之一,通过减免税费、提供场地等形式来帮助企业发展。科技中介还可通过减少信息不对称、逆向选择等问题的发生来间接帮助企业科技成果的转化。通过中介服务,可大大提升创新技术市场供给与需求匹配过程的效率,减少人力物力的花费,有助于企业将更多的资源投入创新活动中。

五 强化科技创新成果转化

广州市政府不断完善相关制度,如在 2015 年 12 月发布《广州市促进科技成果转化实施办法》,鼓励科研机构、高等院校的技术创新成果就地转化,首先采用科技转化成果的企业将得到最高 200 万元的补助;广州自 2002 年起与科技部通过"共享共建"形式共同建设科技成果转化平台,2015 年印发《广州市促进科技成果转化实施办法》,充分利用企业创新平台、科研机构平台构建广州市科技成果转化平台体系。与此同时,广州市政府通过加强金融财政支撑来巩固转化成果,于 2014 年组建科技金融综合服务中心,2017 年印发《关于进一步加强金融支持广州科技创新发展的实施意见》,逐渐形成科技金融支撑平台。

六 打造区域创新文化体系

在广州制造业的技术创新发展过程中，创新文化是必不可少的重要基础。一方面，创新文化是一个行业乃至一座城市创新活动的文化基础，技术创新行为所需要的开拓进取、敢为人先的精神在创新文化中得到弘扬；另一方面，创新文化也是一座城市创新机制体制得以确立的重要基石。改革开放以来，广州市政府积极支持中小制造业企业创新文化的建设活动，使企业文化发展呈现欣欣向荣之势。同时，不断改善科技基础设施建设，广州科学城、广州软件园等高新产业园区的相继成立不仅填补了广州在园区建设上的空白，也对支持广州创新型城市的建设、促进产业转型升级有着深远影响。

七 实现数据广泛共享

2014年，广州市政府发布《中共广州市委贯彻落实〈中共中央关于全面深化改革若干重大问题的决定〉的意见》，明确提出要建立大数据局以推进信息采集、整理、共享与运用。大数据技术的繁荣加速了工业技术创新的进程，科研人员通过大数据技术的分析及预测能力，可为企业的创新活动提供智能化的数据分析、运营优化、投放决策等服务，进一步提高创新产出。此外，在未来"云计算、云空间"等"云"概念得到普及应用后，大数据技术将为企业带来更大利润空间。

八 提供针对性支持政策

在"十三五"时期，《关于加快先进装备制造业发展和推动新一轮技术改造实现产业转型升级工作方案》《2015—2017年广州市重点支持技术改造目录》等文件明确了一批制造业企业技术改造的重点方向，以推动工业转型升级。在资金供给方面，广州市政府在2015—2017年共安排30亿元财政资金支持工业转型升级，其中8亿元用于工业技术改造和制造业转型升级；采用股权投资、贴息、风险补偿等金融手段缓解企业短期融资难的问题。在土地供给方面，广州市政府每年安排不少于5000亩土地专门用于工业项目。根据2016年的调查显示，多数企业享受过广州市政府的相关优惠政策，其中73.3%享受过税收优惠，37.9%享受过创新补贴。

九　完善财税金融制度

金融是现代经济的核心，也是技术创新型中小制造业企业成长壮大的基本要素支撑。广州市政府积极探索科技创新与财税金融的融合发展，通过科技金融、技术创新风险管理、贷款服务优化等创新形式来推动制造业的技术创新。广州市政府于2014年组建科技金融综合服务中心，以加强金融机构与科研所的联合。该服务中心自成立以来授信资金额已逾60亿元，并成功打造出科创众创空间、科技企业新三板发展促进会等。除此之外，风投基金及科技信贷产品的设计也有效推动了科技创新与金融的融合。

十　设立协同创新机制

广州市政府推动组建地区校地协同创新联盟、产学研合作促进会等机构，探索优势互补、利益共享的协同创新模式，推动以企业牵头的产学研协同创新，形成政府搭台，企业、科研机构、高校唱戏的局面。2018年成立的广州高校"双创"产学研技术创新联盟，是高校与企业联手打造"产、学、研、教、资本"多赢的产业平台，凸显了广州知识经济发展的方向和创新创业特色，有利于新产品、新技术、新服务的推广、应用及高校企业间的资源共享。与此同时，广州市政府还积极与国内知名院校合作，共建重大创新平台，逐渐形成以国家级高新技术产业园区为龙头，特色产业园、科技孵化器为支撑的创新载体群。

第四节 广州制造业技术创新存在的问题

制造业企业技术创新潜力的激发，有赖于政策、人才、资源、平台等多方面的共同配合。现阶段，广州制造业技术创新在科研管理、经营活动以及技术交流等方面仍面临些许问题和挑战。

一 科技创新投入不足

科技创新投资在相当长一段时间内是广州的短板，虽然近年来广州 R&D 经费支出有所增加，但企业 R&D 经费支出与地区生产总值之比在省内排名并不靠前，2018 年财政科技投入强度（财政科技投入占财政支出百分比）为 6.53%，与 2017 年相比出现大幅下降，不利于企业创新活动的持久稳定发展（见图 12-11）。

二 专利质量偏低

广州有效发明专利拥有量以及每万人口发明专利拥有量不及北京、上海、深圳等城市，且发明专利授权量仅占发明专利申请量两成，较多专利无法达到授权标准，但发明专利申请数量却在逐年稳步提升，说明企业仅追求研发的数量，忽视原始创新能力的提升，导致产品技术创新含量不高，高端创新产出欠缺。尽管广州聚集全省 1/3 的普通高校和大部分国家重点实验室，但科研机构促进企业转型升级、提高创新技术水平的作用仍相当有限，许多企业停留在传统的生产模式，没有展开技

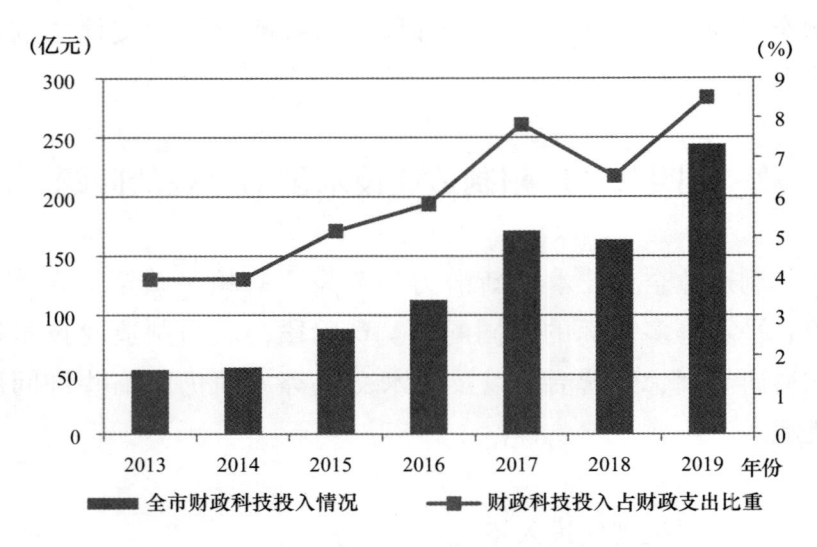

图 12 - 11　广州财政科技投入情况（2013—2019）

数据来源：广州市科学技术局。

术创新活动，国有企业的专利产出量偏低。核心技术的缺乏也对工业创新活动施加压力，比如集成电路、成套重型装备、核心零部件的设计研发以及关键技术对国外的依赖仍然较大，企业拥有自主知识产权的产品较少，导致高新技术产品竞争力相对较低。

三　创新型人才较少

技术人才的缺乏是许多企业在进行技术创新活动时遇到的重要问题。根据调查数据显示，八成企业表示自身吸纳人才的能力有限，认为招聘技术人员的难度较大，其中认为较难的占66.4%，认为困难的占13.8%，只有不到二成的企业认为招聘技术人才比较容易。大、中、小型企业招聘人才的难度也呈现依次升高的趋势，分别有74%、82.9%、90%的企业认为招聘人才较难。虽然广州在 2015—2017 年的 R&D 人员总数保持全省第二，但已有被佛山赶超的趋势（见表 12-7）。

表 12-7　　2015—2017 年广东珠三角以及全省规模以上工业企业 R&D 人员情况

各市 R&D 人员数量（人）	2015	2016	2017
深圳	174953	202684	232421
广州	82594	80509	97894
佛山	68198	74427	96072
东莞	59469	64963	73644
中山	38488	38970	45301
惠州	24376	34929	43255
江门	17584	17120	22902
珠海	16229	16737	23152
肇庆	11513	21200	11611
全省	534293	585089	696385

数据来源：毛诗棋、黄茗：《广州工业企业科技创新能力评估与对策发展研究》，《科学管理研究》2020 年第 11 期。

广州的人才存量与深圳相比仍有很大的差距，尽管有众多高校以及科研机构，但在面对来自深圳的"虹吸效应"时，仍陷入人才流失的窘境。同时，有观点认为，广州对于引进外来人才过于注重，有时引进的人才并未发挥期望值，而本地优秀人才资源却并未得到充分的培育与利用。另外，一部分高校曾透露，其余省份城市的政府经常主动与其联系以寻求科研创新上的合作，但本地政府以及企业却较少与其联系，导致大量的高校创新资源流失。

四　企业经营成本高

企业的总体活动经费是有限的，只有尽可能地降低企业各种运行成本，才有可能增加对技术创新的投入，目前广州制造业企业的生产成本仍有进一步下降空间。例如，防洪支出属于政府公共服务支出，属于非私人范畴。但在现实中，防洪堤围费却是按照企业的总产值进行分摊，这意味着企业产出越多，所要缴纳的该项费用就越多，对企业造成一种不公平的费用分摊，会影响到员工的积极性与企业的效率。再者，企业面临融资难、融资贵等问题。广州近八成企业的主要融资渠道是银行贷款，超过三成的企业认为向银行贷款存在难度，且大、中、小型企业的贷款难度依次提升。贷款难的原因主要集中在贷款成本过高、企业经营状况或者财务状况无法达到银行信贷准入门槛、无法提供合适的担保或抵押等。科技金融的发展虽然在近几年已取得较大成就，但多层次的科技金融服务体系依然不够健全，融资服务平台不完善的问题依然存在，直接导致企业融资渠道窄、融资成本高、所需要的金融服务产品供给不足等问题。从另一个角度看，广州风险投资体系仍不完善，在风险投资方面缺少政策扶持，风险投资的退出机制不够完善，投资专业人才缺乏，风险投资公司数量较少，无法满足企业和创业者的资金需求。

五 支柱产业创新不足

支柱产业的发展往往可以带动该行业上下游的共同发展，即存在"溢出效应"。广州一些主要的传统制造业在技术创新上有所欠缺，以汽车产业为例，虽然广州已成为中国主要的汽车生产制造基地之一，但在全球产业链分工中只是承担组装和一些零部件的生产，品牌运营、核心零件生产等则被本田、丰田等处于价值链顶端的大型跨国公司掌握，导致自主汽车品牌的利润额远低于其对应市场份额的应有水平。将广州与深圳进行比较可以发现，深圳的支柱产业集中在数字化、智能化、信息化制造业，产业转型升级较快，代表高技术制造业的发展方向，而广州制造业支柱产业集中在汽车制造业、电子产品制造业、石油化工制造业等大体量的传统制造产业。

六 财政管理机制不完善

民营企业是技术创新的主力，特别是中小微企业的创新活动更为活跃，更需要得到政府扶持。但事实上，这部分中小企业却往往比国有企业更难得到财政资金支持。一方面是由于商业银行出于自身经营以及风险管理的考虑，更倾向于将贷款发放给大型企业；另一方面是因为广州市政府对于科技经费的支出比较分散，未能集中资源来支持重点领域和核心技术的创新活动，与产业发展结合不够紧密，经费支出效率也有待提升；一部分财政投入的项目绩效评价不高，对技术创新的风险预期不够客观，科研经费、科技专项资金的管理不够科学合理。在金融体系方面，直到 LPR 改革前，我国货币市场一直存在政策利率传导受阻的情况，导致央行给中小企业减负降息的目标不能顺利实现，使得借款利率长期固定在高位，政策调控效果不明显，企业未能享受到减息带来的好处。

七 获取先进技术难度大

随着美国、欧盟等一些发达国家与地区阻挠中国提升技术创新的力度不断加大，以及单边主义、贸易保护主义的兴起，技术转让、知识产权和创新等存在多重技术贸易壁垒，今后获取国外先进技术的难度势必越来越大。比如，自 2017 年以来，美国对我国的对外投资、国际贸易、技术交流等方面加强了所谓"安全审查"力度，对我国跨国公司技术并购活动进行严格审查，特别是在半导体及通信领域对企业活动进行封杀；针对国有企业并购中的核心技术转移环节进行特别审查；对企业发动多起"301调查",主要涉及通信设备、半导体等高技术领域。美国的这些举动已产生不良的示范效应,使得英、德等一部分西方国家也开始加强对我国企业上述活动的"安全审查"。我国企业只有更加重视自身创新能力的培养,才有可能在当前环境下做到独立自主,实现新的突破。

八 企业间联系不紧密

一部分企业习惯于依靠自身力量进行技术创新,缺乏与其他企业的交流,在产业链中也缺乏与上下游企业的联系。这种"单干"风格导致产业集群的规模效应与溢出效应无法充分发挥,产业资源未能得到有效整合。除此之外,空间地域上的限制也是导致企业间联系不够紧密的重要原因。例如,与地处产业园区内的企业相比,偏远地区的企业在资源交流活动中处于明显劣势。在此环境下,信息交流成本成为阻碍企业间交流的主要因素。

第十三章 制造业服务化

第一节 制造业服务化概述

一 制造业服务化概念

"服务"正在成为制造业在全球化浪潮以及知识经济背景下提高效益与产出的重要方式。蔺雷、吴贵生等(2005)基于服务在制造业中发挥的作用,提出"制造业服务增强"的概念,并将其划分为两个层面:一是侧重服务对产品竞争力的增强,企业通过向顾客提供与产品有关的服务来增强竞争力;二是侧重服务价值的创造,企业将产品中的知识技能及其他要素进行分解并转变成为其他高附加值的服务要素,以实现价值的获取。制造业服务化的定义可以阐述为:"企业由提供物品向提供物品—服务的转变,而且在这个过程中,服务要素占企业活动的比重不断上升。"

二 制造业服务化对产业发展的意义

目前,全球产业发展的重要趋势之一就是制造业服务化。越来越多的企业将服务要素作为提升竞争力的重要手段,服务要素在企业生产经营活动中的地位不断上升。我国制造业的分工主要集中在生产制造等附加值较低的基础环节,这些环节容易被模仿,难以形成核心竞争力,而生产制造的上游与下游

（包括设计、产品研发、营销、物流、售后服务等环节）均属于增加值较高的服务范畴，这些环节往往被来自发达国家的竞争者所占据。随着我国经济水平的不断发展，制造业向服务环节的倾斜已成为必然趋势，过去以劳动力优势取胜的竞争策略将不可持续。如何促进制造业企业向价值链的上下游延伸并且提升制造业在全球价值链分工中的地位，成为进入"新时期"以来广州制造业企业高质量发展的重要课题。

三　制造业服务化的几个例子

英国的罗尔斯—罗伊斯公司是全世界最大的航空发动机制造商。然而，作为波音、空客等飞机制造企业的直接供货商，罗尔斯—罗伊斯公司并没有直接出售发动机，而是以"租用服务时间"的形式进行出售，并承诺在对方的"租用时间"内，公司将承担一切保养、维修及相关服务。这样，发动机公司就可以集中精力做好发动机市场，因为它们不需要再专门供养一支发动机维修队伍，能节省可观的经费。

美国通用电气公司在20世纪80年代于全世界范围内共拥有113家制造厂，其产品覆盖种类十分广泛，小到电冰箱、照明灯等家用电器，大到飞机引擎等重工业零部件，都属于其生产的范围。当时公司总产值的85%都来自传统制造，服务产值仅占12%。而现在，通用电气公司"技术＋管理＋服务"完整的一系列产品以及服务供给所创造的产值已经达到公司总产值的70%。

我国的陕鼓是另一个非常典型的例子。早在2001年，陕鼓的领头人印建安在上任伊始时就提出："在工业领域，专业化的系统服务必将成为消费大趋势，制造业企业要向用户提供完整的解决方案。"于是，陕鼓改变早先的单一服务观念，转变为透平机械系统的供应商与服务商以最大限度适应客户需求。陕鼓十分注重用户的后续使用体验,其研发的机械远程在线监测及故障诊断系统可通过互联网传输系统,将实时运行的数据传送给技术专家诊断,做到全天 24 小时为用户提供在线技术服务支持。

第二节 广州制造业服务化转型的历程

改革开放以来,我国投资兴建了一大批制造业企业,为我国在全球产业链中成为制造大国的地位打下了坚实的基础。凭借国家政策的支持和劳动力低成本优势,"中国制造"已经成为全球产业链中不可或缺的一部分。然而,随着 2008 年全球金融危机的爆发以及其对实体经济产生的渗透影响,中国制造业的一些固有缺陷也逐渐暴露出来,几乎所有制造业企业都集中在生产加工环节,对产品的上下游环节投入严重不足,产品的研发、推广以及后续服务的质量急需提升。导致这种状况的根本原因是,企业管理者没有认识到,随着消费者收入的增加,消费者对产品的质量和服务的要求也在不断提高。在全球经济环境已发生重大变革以及我国老龄化趋势日渐显现的背景下,中国制造业已无法继续依靠廉价劳动力作为发展的主要因素,制造业服务化发展毋庸置疑将成为我国制造业今后发展的主要方向。

一 制造业服务化相关政策回顾

在国家大力号召加快制造业服务化转型进程的大背景下,广州市政府相继颁布了一系列相关发展规划纲要,以促进广州制造业服务化发展。

(一)"十一五"时期

"制造业服务化"第一次正式出现在广州五年发展规划纲要

中是在"十一五"时期（2006—2010年）。在《广州市国民经济和社会发展第十一个五年规划纲要》中提到，"抓住技术和产业升级机遇，大力推动产业融合发展，尤其是先进制造业和现代服务业的融合，积极培育新的经济增长点；坚持走新型工业化道路，强化自主创新和科技进步的推动力，促进产业链条集聚从工艺性向价值性转变"。从不同行业来看，广州市政府在这一时期重点突出汽车制造产业以及电子信息制造业的服务化发展。在汽车制造方面，广州规划建设东部、南沙、花都三大汽车产业基地，扩大汽车、零部件以及相关服务出口，构筑完整的汽车产业链，大力发展汽车消费市场，加快培育汽车展示、贸易等综合性汽车服务业，形成以汽车生产为龙头，研发、物流、销售、展示、培训及汽车服务、汽车文化协调配套的汽车产业群；在电子信息产业方面，包括广州科学城、广州开发区、南沙开发区在内的国家电子信息产业基地，集中发展集成电路、通信、计算机产业，加快产业配套服务进程。

（二）"十二五"时期

党的十八届五中全会报告中指出，引导制造业由生产型向生产服务型转变。国务院先后出台《中国制造2025》《加快服务业发展的若干意见》《互联网＋的行动指导意见》等一系列文件，明确指出，企业应利用制造业服务化实现转型升级，为经济发展做出贡献。广州市政府在这一时期提出"打造国家先进制造业基地"的发展目标，即促成制造业产业结构升级及格局优化，对产业链进行延伸；进一步提升广州在全球产业链中的地位，集中发展汽车、数控、石化、钢铁等具有竞争优势的生产基地；在东部地区，以广州科学城、广州开发区、天河软件园、增城开发区、黄埔区为核心建设高新技术产业基地，整合优化汽车、电子信息、石化、数控等产业组团和广州大学城等知识密集区，引导产业向价值链上下游延伸；南部地区以南沙开发区和番禺装备产业基地为依托,重点发展汽车、机械装备、造船等产业,利用交通网络的辐射作用,加快发展商务、航运等服务业,促进制造业和服务业充分融合。

(三)"十三五"时期

2016年,《广州制造2025战略规划》颁布,广州建设全省现代产业体系"首善之区"的目标被确立,进一步加快了广州制造业发展步伐。在这一时期,广州促进制造业服务化发展的措施主要有:一是把握企业品牌研发、开发设计、经营服务等附加值较高的环节,鼓励制造业企业成立产业设计中心;二是利用重点行业领域的示范作用,引导企业关注产品全生命周期,做好技术支持、核验检测、维修保养等延伸服务,以实现从生产型向生产服务型转变;三是鼓励制造业企业运用大数据、云计算等新兴信息技术服务,发展在线电子商务、个性化定制等线上创新模式。

二 广州制造业服务化典型企业

(一)广州无线电集团

始建于1956年的广州无线电集团在企业服务化转型方面的主要做法是将集团制造业与相关服务业进行关联,推进业务的"同心多元化",在金融电子领域拓展金融电子外包服务;在通信导航领域实行产业延伸战略,拓展无线通信导航服务业;实行高端转型战略,拓展其他领域服务业。如今,广州无线电集团已发展成为一家高科技制造业与现代服务业高度融合的多元化大型企业集团,形成以无线通信导航、金融电子、房地产开发与经营为主的支柱产业体系,并发展计量检测、大物业服务以及金融外包等服务业平台,实现了从单一制造业向制造业、服务业并举的成功转型。

(二) 广铝集团

随着制造业服务化发展趋势日趋显著，年销售额近百亿元，具备国内外最完整的铝产业链的广铝集团踏上服务化转型道路。转型之前，广铝集团的业务主要集中在传统的单一铝建筑材料生产。现在，广铝集团开始将更多的服务要素融入产品，不仅向顾客销售常规产品，也充分挖掘客户需求，提供以产品为核心的系列配套服务。比如在广铝集团附加的家装服务中，设计师可根据客户的个性化需求提供建议并进行产品定制，既卖产品，也卖设计。这家已经有20多年发展历史的大型集团企业，紧跟传统制造业服务化的主流趋势，深化服务理念，强化转型升级，以期在未来实现更大成就，续写铝业传奇。

第三节 广州制造业服务化的先进经验

一 企业自主探索转型模式

企业是制造业服务化的实施主体，企业的生产方式、规章制度、精神文化等均会深刻影响制造业服务化转型进程。从目前成功转型的企业来看，制造业服务化主要有三种转型模式。一是纵向延伸模式，该模式以产品为基础进行纵向延伸的增值服务，优化提升供应链效率，为客户提供产品研发、制造、交付、使用、维护等一系列服务，国内制造业如陕西陕鼓采用这种模式。二是横向拓展模式，该模式以产品为基础促进主营业务多元化，以客户需求为导向，拓展业务类型以提供种类更加丰富的服务，企业将更加注重从原产品衍生出的服务项目中创造价值，美国通用电气公司采取这种模式。三是纵向延伸及横向拓展一体化模式，该模式仍以产品作为基础，既利用产品价值链的纵向延伸部分，也利用业务的横向拓展部分来创造价值。如广汽集团为客户提供产品全生命周期服务，在进行产品的开发、生产及提供技术咨询的同时，也为客户开通汽车金融租赁服务、物流服务等一些拓展业务。从这三种模式可以看出，无论是纵向延伸或是横向拓展，或是二者相结合，其核心都是围绕产品，在产品的基础上开发增值服务，进一步满足客户需求。

广州制造业企业以这三种模式为基础，在服务化的进程中探索出以下先进经验：

(一) 完善自身市场服务体系，为客户提供周到的服务

一是强化以互联网、大数据、云计算、人工智能为代表的新一代信息技术的支撑作用。通过信息采集建立起用户个性化需求数据库，使产品的开发和加工有效满足客户需求。生产数据也可被记录在数据库中，只要顾客提出要求，系统会自动推荐相应的产品。二是加大对电商平台的重视程度，采用线上线下相结合的方式实现便捷采购，这样能有效降低客户购买活动的成本，并进一步挖掘潜在客户。三是通过快速交付提升效率，如广州数控集团专门开发内部信息系统，可随时查询生产、订单、出货等信息。在经销商的委托下，货物可被直接送到客户处，大大缩短经销商的交付时间和货物周转时间。四是与银行建立合作关系，通过融资租赁、提供周转资金等服务解决客户购买设备时的短期资金困难；与商业银行协商贷款约定，降低中小企业筹资难度；在与经销商对接方面，也可提供一定额度的货款周转金，以缓解经销商的资金压力，避免经销商出现一次性支付大量资金的困难，影响后续合作。五是强化售后服务，比如延长售后保修服务期限，将原有的一年延长为两年；除传统的服务热线外，可搭建用户信息在线反馈系统，客户可随时随地反馈产品信息，不仅可以促进客户与企业之间的无障碍交流，也可提升企业形象。六是加强对售后服务人员的培训和管理。企业需建立起完善的员工培训体系以及考察制度，与客户有直接接触的员工需经过系统培训才可以上岗。企业内部也要

设立稽查人员，随机抽查员工的服务效率与服务态度，对售后服务质量进行监控。

（二）重视技术创新与自主研发

一是保持对市场的敏感。管理者可以在企业内部设立专门的团队进行市场状况调研，从客户的反馈中总结出当下消费者需求的最新变化，将市场需求转化为对产品的具体需求，为新产品研发和原有产品更新升级提供方向。二是注重人才的培养和引进。企业可与国内高校、科研院所合作，定期为职工展开技术培训，介绍行业内领先的研究成果，鼓励职工将先进的生产方法运用到实践中；对于引进的技术创新人才，企业也应特别注意关怀，在职称、福利、住房等方面给予一定待遇。三是跟踪企业内部研发活动效率。管理者必须认识到企业研发活动的投入与产出未必成正比，有一些消极的因素可能会影响到研发活动的产出，使研发的投入产出比未能达到理想状态。企业需要完善管理制度，定期展开抽检活动，对研发部门的效率有所掌握，防止人浮于事、效率低下等情况的出现。

（三）整合供应链管理

一是制造业企业要严格挑选和考核零部件供货商。因为制造业产品生产过程中往往会需要大量零部件，零部件质量将直接关系到最终产品的质量。广州地区一部分制造业企业已建立起专门的质量管理体系，对零部件供应商的选择有多重考核标准，例如供应商的产品需在连续的时间段内满足合格率及客户评价要求才可被接受，否则直接给予淘汰。企业同时应保证至少有两个以上的供应商和备选供应商，这样不仅可以保障零件质量，也可避免货源中断的风险。二是对零部件质量重重把关。制造业企业与供应商达成合作意向之后，要组织研发部门、质检部门等相关技术人员与供应商进行沟通，明确零部件的质量要求，并有书面文件签字后才可进入下一步程序。企业和供应商要定时召开技术沟通会议，以协助供应商不断提升技术水平，保证零件质量，满足产品发展需要。三是建立信息共享平台。利用信息化技术构建的信息共享平台，可以实时记录企业客户的产品型号、订单交付日期、特别事项等信息，供应商可随时查阅到客户的需求信息，保证双方信息的传达效率。信息共享平台也可记录产品交付后的使用情况及反馈，使供应商更好了解到产品的质量情况，方便供应商不断改善产品以更好为制造业企业提供服务。

二 政策助力推进服务化进程

在广州制造业服务化的进程中，政府作为上层建筑的设计者、宏观方向的引领者，起到"灯塔"的作用。从"十一五"时期至今，广州市政府审时度势、积极探索，所采取的一系列措施效果良好。

一是积极推动产业集聚，优化产业空间布局。广州市政府十分重视制造业新布局的打造，充分发挥产业集聚区以及核心企业的带动作用，加快集聚式发展，形成产业生态，发挥集群效应；促进制造业升级和产业链延伸，打造具有强大竞争力的汽车、电子信息制造、石油化工与生物医药四大支柱产业群。现阶段，广州产业聚集发展态势良好，已形成广州高新技术产业开发区、广州经济技术开发区、广州出口加工区、广州南沙经济开发区等多个园区。在推进大湾区建设过程中，发展南沙明珠湾商务区、南站商务区、金融创新服务区等一批现代服务业中心，不断促进制造业和服务业间的互动。

二是宣传制造业服务化理念。从"十一五"至今，在广州市政府发布的历次五年发展规划纲要中，都可以看到"制造业服务化"等字眼；广汽集团、广铝集团、广州无线电等一批制造业服务化的成功案例也经常见于新闻媒体、网站或是各类学术期刊中。在"十二五"时期，国务院提出"中国制造2025"，指出在供给侧改革的背景下，中国制造要变为"中国智造"，推动制造业向服务化转型。广州市政府顺应服务化发展的大趋势，在《广州制造2025战略规划》中强调：制造业企业需要向产业链的上下游延伸，并增加在研发、服务等高附加值环节的投入，向服务化转型。广州市政府于2017年出台《广州市先进制造业发展及布局第十三个五年规划（2016—2020年）》，明确广州建设"具有国际影响力的先进制造业基地"的发展目标，并重点指出，应该通过加快发展服务型制造、推进供给侧结构性改革、激发企业活力等相关措施以进一步激发先进制造业的新动能。广州各区政府也在统一指挥下，根据自身的地理、资源等独特优势，因地制宜发展相应的服务型制造业。如荔湾区人民政府出台相关政策，大力支持本区3D打印产业园的发展。通过各级部门对制造业服务化理念的宣扬以及实际政策的支持，"制造业服务化"这一理念不断被强化并日渐深入人心。

三是将科技创新作为制造业转型的重要手段。2017年签署的《深化粤港澳合作推进大湾区建设框架协议》中指出，要推进粤港澳三地制造业发展、打造国际科技创新中心。广州先进制造业在政策推动下，近几年实现快速发展，天河软件园、广州科学城等一批高新技术产业园区规模不断扩大，凝聚政府、企业、高校资源优势的"工业4.0创新中心"成立，先进制造业产值占工业总产值比重稳步提升。

第四节　广州制造业服务化存在的问题

目前，广州制造业服务化在企业资源、行业结构、政策支持上仍存在一些问题，同时也面临来自外部环境的压力。

一 制造业服务化转型动力不足

长期以来,广州这一经济强市都是以制造业"称雄",特别是汽车、石油化工、电子三大支柱产业。然而,随着近年来劳动力和土地成本的不断攀升,广州制造业的传统优势不再,制造业亟须向服务化转型。虽然广州商贸服务业的快速发展为制造业向服务化转型提供了良好基础,但现阶段广州制造业企业服务化的转型意识仍比较淡薄。长期以来,制造业企业主要通过要素投入和规模扩张来实现盈利,对发展路径已形成依赖,而对服务化转型的必要性和迫切性认识相对不足,企业普遍没有认识到服务化转型将是其适应新一轮产业变革的选择,同时也是增强其核心竞争力、推动自身实现进一步发展的内在要求。从另一个角度看,制造业向服务化转型本身是对企业原有生产模式、经营模式、销售模式、资源配置模式等经营思想的重大变革,需要较大的资源投入。一部分企业即使已存在服务化转型的诉求,可能也会受限于资金、技术、人员等因素而面临较大的失败风险,无法充分实施转型计划,在转型道路上裹足不前。国内消费者的传统观念也可能对企业转型造成阻碍,因为大多数消费者对于"制造业服务"的认识仅仅停留在售后服务上,对其他一系列配套服务并没有充分的了解和需求,这将对企业转型的预期收益产生不良影响,并间接降低企业转型的动力。

二 制造业投资不足

现阶段广州对于制造业的投资力度仍需加大,从 2008 年到 2018 年,广州第二产业占 GDP 比重从 38.9% 下降到 27.27%,第二产业对 GDP 增长的贡献率从 35.1% 下降到 26.6%。广东省统计局的调查数据显示,房地产投资占全社会固定资产投资额比较高，明显高于制造业投资占比，且二者差距有逐年增加的趋势，说明制造业投资不足，"脱实向虚"的现象已然出现。2018年，广州制造业的三大支柱产业——汽车、电子信息、石油化工占全市工业总产值比重55.5%，这从侧面说明战略性新兴产业的总体规模不高，且广州缺乏存在显著溢出效应的超大型创新性产业集聚载体（如硅谷、中关村），对生产性服务业的辐射、带动能力有限。

三 知识储备、资金、人才等要素短缺

制造业服务化转型需要一整套专业知识的储备，例如进行技术创新的知识、管理供应链的知识、提升产品全生命周期服务的知识、智能服务新趋势的知识等。广州制造业企业对上述的知识储备还不足，客观上的资金、人员、技术、设备条件也有所欠缺。以资金问题为例，企业进行服务化转型需要大量经费，而一些中小型企业很难通过贷款等手段获得资金支持，而使用自有资金进行转型又会大大增加企业的经营风险，使企业陷入困境。此外，受财政管理体制约束，银行的贷款形式更适合传统工业企业，因为它们能提供机器设备、厂房作为抵押，而知识、技术、服务等作为企业转型中产生的无形资产，往往较难作为抵押品获得银行授信。另外，在制造业的产品设计、供应链管理、产品生命周期管理等过程中，技术人才的支持也非常重要。但高层次复合型人才作为引领产业转型升级的关键因素，仍然存在很大的供给缺口。

四 服务业结构不合理

需要注意的是，如果没有现代服务业较为全面、均衡的发展，制造业向服务化转型就无从谈起。然而，根据调查数据显示，广州服务业存在内部结构不合理现象。2018年，北京与广

州的服务业比重分别位居全国第1和第2，在行业增加值方面，北京的科技服务业、上海的金融业、广州的交通运输业分别为全国第1，说明相较于北京和上海，广州服务业的发展主要靠交通运输业带动，而在知识技术含量高的科技研发、金融保险等高端服务业方面存在一定短板，行业发展成效并不显著。若从行业分布来看，广州服务业行业中对GDP贡献最大的是批发零售业，其次是金融、房地产、租赁服务、交通运输等第二梯队，第三梯队依次有信息技术服务、教育、科学研究等，这些位于第三梯队且能充分反映制造业与服务因素相结合的产业占全市GDP比重不高，规模大多未超过1000亿元。

五　技术创新能力不强

技术创新是企业在转型过程中的重要因素，虽然广州在"十二五"时期依照现代服务业和先进制造业的"双轮驱动"战略，在先进制造业发展中取得较大成果，但制造业企业仍然面临创新意识不强、创新机制不健全、技术积累不够雄厚等问题，每年成功授权专利量、新产品开发率、研究水平等指标并不高，在一些关键的核心零部件方面对国外制造商仍有较为严重的依赖。在当前以美国为首的西方国家阵营对我国进行技术封锁的环境下，企业的技术创新能力显得格外重要。除此以外，大多数制造业从业人员已习惯于固有的思维，认为生产优质产品是企业的唯一目标，即仅注重产品的生产工艺流程而忽略产品研发、技术创新等高附加值环节。

六　产业集群效应发挥不充分

虽然目前广州已形成汽车制造、电子产品、石油化工、商贸会展、金融保险等多个产业集群，但在这些产业集群的内部，产业配套措施却不够完善，且缺少龙头企业的带动。很多行业只是做到生产集中,企业间的联系并不紧密,产业的集群优势未能被充分发挥,不利于企业在价值链上的延伸。不少制造业企业尚未具备将新一代信息技术与本产业融合的能力,而这正是服务化转型的关键。从空间布局上看,广州目前已形成以天河中央商务区为服务业中心,东翼、北翼、南翼三大制造业产业集聚区的"中心—外围"空间布局,但中心和外围的联系还需强化,天河与开发区进行融合的示范效果并不显著。产生上述现象的一个原因是信息交流的成本阻碍了企业间的互动,但集群效应所带来的经济效益往往可以抵消成本,为企业带来额外收益。政府应针对这一现象对企业进行引导,鼓励企业之间的沟通联系。此外,南沙、广州南站等服务业中心也亟待充分挖掘其作为交通枢纽的潜力,形成多中心发展模式,带动周边区域发展。

七 政策空间预留有限

在制造业服务化的进程中,制造业与服务业彼此交汇,融合发展。制造业的强大是前提,服务业的繁荣是制造业服务化的重要基础,二者应协同发展。虽然目前已经有许多财税优惠政策出台,但这些政策大多侧重制造业的发展,对于服务业的支持力度则比较有限,比如现行政策将不同性质的服务用地全部认作为商业用地,而商业用地的租金远远高于工业用地,这大大加重了服务业企业的负担。由于制造业更容易直接带动GDP产出,在土地供应方面,依然是制造业优先,服务业次后。在税收方面,服务业所享受到的税收优惠范围远远不及制造业,例如制造业企业可以将增值税进行成本抵扣,而服务业难以做到这一点。在服务业领域,软件剽窃、创意抄袭等侵权现象仍然大量存在,知识产权保护力度有待加强。

八 企业内部管理水平低下

广州传统制造业内部管理比较粗放，没有形成良好的企业文化氛围，譬如在缺少详尽深入的市场调研情况下，仍盲目进行大量生产，缺乏计划的合理制订，存在使市场供需失衡的风险。企业文化浮夸，形式主义比较严重，仍存在"说一套做一套"现象，将大量资源投入在与科研生产无关的活动上，削弱了企业的经营效率。企业政策频繁变动，不稳定性强，抗风险能力弱，对员工的安全感与归属感产生不良影响。另外，企业的市场服务意识较为淡薄，对全流程服务的概念缺乏认知，仍只注重产品本身的属性而忽视配套的销售服务。随着企业之间的竞争日益激烈，客户将不会再仅仅满足于基本服务，会向售后、咨询等服务提出更高要求。目前，有个性化特点、能给客户带来意外惊喜的附加服务环节仍比较少，与成熟市场相比，企业在此方面存在较大发展空间。

九 环境资源约束增加

随着人民生活水平不断提高，对环境保护的意识也逐渐增强。一些传统的高能耗行业面临的公众压力越来越大，虽然广州制造业的节能减排整治在政府的引领下已取得一定成效，但钢铁、石化、纺织等高能耗行业仍占制造业很大比重。根据我国提出的"碳达峰""碳中和"目标，2030年碳排放将达到峰值，并在2060年实现碳中和。在此背景之下，制造业企业事实上已进入排放规模的"过渡期"，传统的高能耗产业亟待转型升级。妥善处理企业生产方式转型以及经济发展成本之间的关系是当前政府面临的挑战。另外，随着城镇化程度的加深，土地资源的稀缺性日益体现，一些先进制造业企业在扩张或转型的过程中可能会面临无地可批的困境，为其发展带来阻力。

第五篇

展望篇

第十四章 广州现代制造业发展的新理念、新业态、新模式

第一节 "四新"经济的内涵与广州布局

一 "四新"经济的提出及其内涵

现阶段,正值全球科技创新竞争大浪潮,同时也是我国转变经济发展模式和增长动能的关键时期,发展"四新"经济具有重要意义。2018年3月5日,李克强总理在两会政府报告中指出"要加快建设创新型国家,深入实施创新驱动发展战略,不断增强经济创新力和竞争力""做大做强新兴产业集群,运用新技术、新业态、新模式,大力改造提升传统产业,加强新兴产业统计",对"四新"经济发展提出了新要求。

"四新"经济是一种新型的经济形态,是在新一代信息技术革命、新工业革命及制造业与服务业融合发展的背景下,以现代信息技术广泛嵌入和深化应用为基础,以市场需求为根本导向,以技术创新、应用创新、模式创新为内核并相互融合的新型经济形态。"四新"经济的本质是自主创新。它具有渗透性、融合性、轻资产、高成长、动态变化、基础环境依赖等特性,更加注重无形资产、核心团队、智慧发展和核心竞争力。"四新"经济是政府经济工作思路和方式的根本性转变,是转方式、调结构、化解产能过剩的重要抓手。具体而言,《上海"四新"

经济热点领域（2015年版）》中将新技术定义为：能够有效提升产品技术水平，改善产品工艺水平，降低社会交易成本，促进生产与服务融合，推进信息集成交互的技术。新业态作为新产业产生的源头，主要是指新的经营形态或经济模式，解决"怎么样以新的方式卖"的问题。所谓新业态，指顺应多元化、多样化、个性化的产品或服务需求，依托技术创新和应用，从现有产业和领域中衍生叠加出的新环节、新链条、新活动形态。所谓新产业是指一些其生产过程通过应用最新生产技术和工艺，其产品的性能、质量、使用、消费用途和功效等诸多方面都明显区别于传统消费品的产业。所谓新模式指在新技术的催化过程中，为满足多元多样需求，增强资源的利用效率，打破原先垂直分布的产业链及价值链，实现产业要素重新高效组合的新方式。综合来看，"四新"经济是以新技术为基础，积极采用新业态的营销优势，结合生产上的新模式，在新产业内取得领先的行业地位（把新技术、新模式和新业态融合到传统产业之中才能创造出新产业）。既体现产业发展的最新领域，又包括对传统产业的改造升级。"四新"经济对于对冲经济下行压力、实现新旧动能转换、汇聚经济发展能量、释放改革发展活力、全面营造有利于新经济繁荣发展的生态环境意义重大。

二 广州发展"四新"经济的宏观布局

2020年，广州市政府工作报告提出，要大力发展"四新"经济（新技术、新产业、新业态、新模式），释放出广州全力向新经济转型的信号。《广州蓝皮书：广州创新型城市发展报告（2020）》提出了新阶段下广州推动"四新"经济发展的对策建议，认为未来广州应围绕实现"老城市新活力"战略要求和建设国际科技产业创新中心的发展定位，以增强"四新"经济发展活力及其带动效应为目标，以促进金融、科技、文化、产业

第十四章 广州现代制造业发展的新理念、新业态、新模式

深度融合为抓手，以强化科技创新和产业创新全面联动为主要路径，扬优势、补短板、强弱项，逐步形成新动能异军突起、传统动能转型升级、新旧发展动能接续转换的"四新"经济发展新格局。一是要加强新兴产业综合建设。后疫情时期，应加强国有资产在公共医疗、卫生安全、生命健康等服务产业的投资和建设。更加注重全市食品安全卫生、农副产品的产业全面布局，打造龙头企业，加强国有资产和民营企业的投资合作，形成健康生活产业链。在新基建、新能源、智慧城市建设上开拓发展，提高城市应急能力、防疫能力。二是要加速推进产业园区建设。利用国有流动资产充裕的优势，在已有的天河人工智能信息产业园、南沙装备制造基地等现代产业园基础上，进一步加强科技创新园区、创新创业孵化基地等专门区域建设，盘活土地资源，鼓励新能源汽车产业、物联网产业、现代物流产业、高端制造业、人工智能、新材料研发应用等产业的融合发展，发挥集聚效应，最大限度释放经济活力。三是要推动"三链"融合发展，提高企业抗风险能力和国际竞争力。针对国有企业和民营企业在生产规模、资金流动性、政策优势等方面的差异，鼓励各类企业围绕产业链上下游形成稳定的相互支持的有机体，提升行业整体创新能力。在扩大对外开放的基础上，形成国内自主产业核心力量，国内外融合的供应链、产业链、价值链，优化资源配置，引进外资为我所用，以自主研发和创新为主导力量，建立安全可控的供应链体系。

2018年以来，广州陆续出台了发展先进制造业、现代服务业、战略性新兴产业等19份政策文件，设立产业引导基金，举办人工智能、生物产业等大会，高起点布局发展IAB和NEM产业。此外，人工智能也是广州早期规划的战略性新兴产业之一，已初见成效。2020年广州出台了《广州市加快打造数字经济创新引领型城市的若干措施》（以下简称"22条"），被称为广州

数字经济"1号文件",展现出广州数字经济发展的"线路图"。2020年政府工作报告中再度提及,要落实数字经济"22条",推进广州人工智能与数字经济试验区建设。

第二节 广州现代制造业发展新业态、新模式的具体内容

一 技术创新的支撑作用不断增强

(一)研发机构稳步增长,技术创新实力不断增强

近年来,广州持续强化关键核心技术攻关,为产业高端化提供技术支持。截至2020年末,广州全市共有21家国家重点实验室,241家省级重点实验室,176家市级重点实验室;另有41家国家级孵化器,45家培育单位,其中粤港澳单位3家,以及2个国家级大学科技园和6个升级科技园。同时,广州全面加强产品监管和质量监管体系,共建成13个国家产品质量监督检验中心,12个市场监管系统直属的法定产品质量监督检验机构,6个法定的质量计量综合检测机构,以及1个获批在建的国家产业计量测试中心,6个法定计量技术机构,1个标准化技术机构和2个特种设备综合检验机构。另有853家获得资质认定(CMA)实验室和15837家质量管理体系认证组织,以及1322家强制性产品(3C)认证组织,全方位提高了广州科技研发能力、高标准质量监督和认证能力。

(二)高技术制造业势头强劲,新兴企业业绩突出

广州企业创新能力稳步提升,创新型产业发展态势良好。根据《广州蓝皮书2020》数据显示,截至2019年末,广州共拥有12100家高新技术企业,居内地城市第4,占全省26%。当年新增量为3709家,同比增幅2.59%,且高新技术企业盈利能力较强,促进人员就业和经济稳定增长。2019年,全市高新技术

企业总营业收入达 1.5 万亿元，226 家企业营业收入规模达 10 亿元以上，其中 17 家高新技术企业当年营业收入达 100 亿元。同期，高新技术企业内部研发能力显著增强，共有 29 家国家级企业技术中心及 9283 家国家级科技型中小企业，数量居全国第一。2019 年，广州高技术制造业增加值达 740.26 亿元，同比增长 21.0%。其中，医疗仪器设备及器械制造业产值增长 53.5%，生物药品制造业产值增长 23.7%。尤其新冠肺炎疫情期间，广州生物医药企业发展快速，共有高新技术企业 1000 余家，上市公司 52 家，拥有国家级非物质文化遗产 6 件，独家生产重要品种 80 多个。在智能装备与机器人产业方面，2019 年前三季度，智能装备与机器人产业增加值为 198.86 亿元，同比增长 14.4%。广州瑞松智能科技股份有限公司、广州明珞汽车装备有限公司等一批装备智能化水平领先的企业带动相关产业创新发展。总体来看，广州高新技术制造业发展前景良好，潜力巨大，具备一批产业创新龙头企业，医疗仪器制造业和生物医药企业表现突出，成为广州高新技术发展的新动力源。

（三）技术创新成果丰硕，技术开放度扩大

根据《全球创新指数报告》显示，近年广州全球创新集群指数连续上升，2019 年跃升至全球第 21 位。由中国科学技术发展战略研究院和广州市科技发展研究中心联合发布的《广州城市创新指数报告（2020）》显示，广州各项创新指标和高科技新兴产业逐年攀升，形成创新新蓝图。具体来看，2019 年广州创新指数综合得分为 252.98 分，其中创新资源 233.72 分，企业创新 251.40 分，创新绩效 279.56 分，创新环境 247.25 分。创新资源主要包括全社会 R&D 经费支出、R&D 经费支出占 GDP 比重，以及财政科技支出总体情况、从业人员中 R&D 人员数量，主要衡量全市科学研究与试验发展经费的总体支出情况，具体指数显示出广州各区对创新资金投入较为重视，政策支持导向明确，科研人员创新人才占比逐步提高，创新创造人力资源优势得以发挥，全市整体发展动力强劲。尤其是天河区和黄埔区，整体创新发展指数显著领先。企业创新包括企业 R&D 经费支出及 R&D 经费的营收占比，以及企业内 R&D 从业人员数量，主要衡量企业的创新研发能力和创新盈利能力。截至 2019 年末，广州拥有高新技术企业 12099 家，创新企业数量和创新质量都逐步提高。在创新绩效方面，广州劳动生产率达 20.69 万元/人，全年授权专利共计 15.6 万件，增幅达 48.7%，发明专利共 1.5 万件。

二 新产业成为经济发展的新增长点

在"十三五"规划框架下，广州深入聚焦人工智能、生物医药、新能源、新材料等战略性新兴产业，连续获得 2018—2020 年的战略新兴产业集群表彰城市荣誉。为促进新兴产业发展，广州市政府出台《生物医药产业发展实施意见》《新能源汽车发展若干意见》等政策措施，启动专项资金专项支持，成立生物医药、人工智能、轨道交通等新兴产业发展基金会，总投入资金达 100 亿元。2016—2018 年连续 3 年设立专项资金 31 亿元致力于推动 6 类新兴产业集群，促进一批新兴产业项目，总体成果显著。截至 2018 年末，广州战略性新兴产业实现增加值 4090.98 亿元，占 GDP 比重 17.9%。生物医药与健康产业发展迅速，2020 年产业值增长 6.2%，占 GDP 比重 5%，逐步发展成为广州支柱性产业，成为经济发展新增长点。

广州坚持新发展理念，持续提升汽车、石化等优势产业，重点发展新一代信息技术、人工智能、生物医药（IAB）和新能源、新材料（NEM）等战略性新兴产业，做大做强高端装备、轨道交通、绿色低碳、数字经济等新兴产业，新兴产业正逐步成为推动广州经济前进的重要支撑。一些新兴产业逆势增长，如新能源汽车产量增长2.8倍，地面通信导航定向设备产量增长49%，工业机器人产量增长27.3%；工业百强企业逆势增长，一批涉防疫物资生产企业晋升工业百强行列。2018年广州高技术制造业投资大幅增长1.5倍，其中，电子及通信设备制造增长191.8%、医疗设备及仪器仪表制造业增长60.2%，已成为带动经济高速增长的主力军。2019年广州重点建设项目中战略性新兴产业项目95个，总投资达2798亿元。其中1—9月，先进制造业占规模以上制造业增加值比重63.9%；高新技术产品产值占规模以上工业总产值比重48.8%。1—10月规模以上工业增加值增长4.2%，完成工业投资额803.96亿元，增长23.8%，工业投资额总量居全省第1，增速全省第3；技术改造投资额增长71.6%，增速全省第4。2019年12月《广州市先进制造业强市三年行动计划（2019—2021年）》印发，提出到2021年，将打造汽车、超高清视频及新型显示两大世界级先进制造业集群，集群规模分别达到6000亿元、2300亿元；打造新材料、都市消费工业（智能家居、绿色食品、时尚服饰、灯光音响、化妆品）、高端装备制造（智能装备及机器人、轨道交通装备、船舶与海洋工程装备）、生物医药等四大国家级先进制造业集群，集群规模分别达到3000亿元、2000亿元、1200亿元、1000亿元。

（一）工业新动能加速发展，投资规模大幅增长

近年来，广州经济结构持续完善，经济增长推动点逐步凸显，工业新动能占比持续提高，且新动能增速高于全市地区GDP增速，显示出工业升级带来的优势。2020年，全球遭受严重的新冠肺炎疫情冲击，但广州抗疫成果显著，经济恢复迅速，实现规模以上工业增加值同比增长2.5%。三大支柱性产业表现良好，全年同比增长3.7%，其中医疗防护物资生产持续增长，电子产品制造业工业总产值同比增长3.6%，石油化工制造业工

业总产值同比增长3.4%，汽车制造业成绩突出，全年产量达295万辆。高新技术产业发展迅猛，增速强劲，其中智能手机产量增长89.8%，新能源汽车同比增长17.3%。信息传输、软件与信息技术服务业增加值达1593.84亿元，同比增长13%，全行业实现总营业收入4905亿元，同比增长14.5%，工业软件产业总营收同比增长16.7%。截至2020年底，广州已建成4.8万座5G基站，5.8万台充电桩，56座换电站。公开数据显示，2019年，广州全市高新技术产品产值达6311.07亿元，占规模以上工业总产值的49%，同比增长7.4%。新材料、新能源领域中，新能源汽车（81.9%）、锂离子电池（36%）、移动通信基站（19.5%）、医疗设备（17.9%）、液晶显示器（12.9%）、医疗仪器设备及器械（26.5%）等均实现产量高速增长，智能手表、智能手机、智能手环、平板电脑等符合消费潮流的智能化产品产量分别增长240%、220%、18.3%和68.4%。人工智能、工业互联网、高端芯片等新兴领域产业规模增长25%以上。

2020年，广州工业投资总额稳在高位，总投资额超过千亿元。在全行业技术改造带动下，制造业投资中有19个行业实现正增长，专用设备制造业、医药制造业、家具制造业等10个行业实现投资额同比增长50%，全年新增870多个制造业投资项目，同比增长13.7%，总项目计划投资总额超过1200亿元，同比增长31.5%。完成技术改造项目投资总额超过400亿元，同比增长13.71，占工业投资达40%，固定资产投资同比增长10.0%，其中基础设施投资同比增长4.7%，互联网和相关服务行业投资同比增长49.0%。民间投资同比增长9.4%，科学研究和技术服务业投资同比增长260%，教育业投资同比增长62.0%。借助粤港澳大湾区布局，广州在投资方面加强与港澳台企业联系，港澳台企业工业投资同比增长36.8%，投资规模500万以上的在库工业项目数同比增长19.4%，投资额同比增长 23.0%。

(二) 生物医药发展势头足,"IAB"计划稳步推进

广州积极发展信息技术、生物医药和人工智能等战略性新兴产业,持续推进"IAB"计划,持续打造千亿级产业集群。生物医药产业作为关系全民健康和高质量生活的产业之一,是广州基于传统基础着力发展的重点产业之一,也是最有可能培育成为支柱产业的战略性新兴产业。作为粤港澳大湾区中心城市,广州拥有国家生物产业基地和国家医药出口基地的叠加优势,正进一步优化完善生物医药产业空间布局,大力发展生物医药产业,推动生命科技创新,加速抢占全球生物医药产业发展的制高点。《广州市加快生物医药产业发展若干规定》(修订稿)提出,广州将打造全国新药创新策源地、全球新药临床试验集聚地、全球生物医药产业新高地,不仅扶持资金创新高,用"真金白银"彰显信心和决心。同时,新政策聚焦全产业链精准对接,进一步推动政、产、学、研、医、融紧密合作。广州是国家生物产业基地,经过多年发展,呈现出产业链条完整、市场主体集聚、发展后劲不断增强的良好态势,在全国处于第一梯队。近年来,生物医药产业保持年均10%左右增速,2019年广州全市医药制造业和医疗器械设备制造业分别增长10.2%和53.5%,形成了以现代中药、医疗器械、健康服务等为主导,以再生医学、精准医疗、体外诊断等优势产业为辅的产业集群,构建起从技术研发、临床研究、转化中试到产业化的完整产业链。可以说,生物医药产业是广州最有基础、最有条件、最有潜力培育成为未来新兴支柱产业的战略性新兴产业。

广州着力发展生物制药、现代中药、医疗器械等重点行业,聚焦干细胞与再生医学、体外诊断、精准医疗等领域,高新技术应用广泛,产业竞争力不断增强,出台《广州市生物医药产业发展五年行动计划(2017—2021年)》,计划到2021年,实

现 5000 亿元生物产业规模，增加值达 1200 亿元，占 GDP 比重超 4%。目前，广州生物医药产业已形成一定规模的产业集聚，即"三中心多区域"布局模式，以广州科学城、中新广州知识城、广州国际生物岛"两城一岛"为核心，健康医疗中心、国际健康产业城、国际医药港等产业特色园区等多个区域协调发展。

（三）高新技术产业发展迅猛，智能产品产量跃升

《广东省新一代人工智能发展规划（2018—2030 年）》将广州、深圳、珠海确立为人工智能产业的核心区，以东莞、佛山、惠州三区域为连带，重点发展腾讯、科大讯飞等五大人工智能开放创新平台。根据规划，未来广东人工智能核心产业规模可突破 500 亿元，并带动相关产业规模达 3000 亿元。在粤港澳大湾区，华为、腾讯、商汤等人工智能领军企业纷纷崛起，产业集聚效应显现。近年来，广州大力推动传统装备智能化，加快培育市场，推动产需互促，形成了涵盖上游数控机床与电主轴、减速器等关键零部件，中游工业机器人本体，下游细分领域系统集成与检验检测的智能制造产业体系。2019 年，广州智能装备产业产值达 1310 亿元，工业机器人及智能装备产业发展位居广东省前列。2020 年 5 月，依托机器人与智能装备产业的良好优势，广州牵头携手深圳、佛山、东莞共同打造智能装备产业集群，积极推进共建高端装备产业园区，引进并培育优质产业项目，提高智能装备制造业应用速度，推动高端装备制造业创新发展。

（四）新材料产业规模不断壮大，产业聚集效应显现

广州是全国首批 7 个城市新材料产业国家高技术产业基地之一，研发和生产实力均走在全国前列。以建设"中国制造 2025"试点示范城市为契机，广州实施 NEM（新能源、新材料）计划，明确将新材料产业列为《广州制造 2025 战略规划》

《广州市建设"中国制造2025"试点示范城市实施方案》的重点发展产业，现有新材料企业超400家，新材料产品产值超百亿元企业2家，超十亿元企业25家，超亿元企业120多家。在新材料领域，广州占据广东全省乃至粤港澳大湾区大部分的科技创新资源。以国家重点实验室为例，广东全省新材料领域国家重点实验室共7个，其中5个位于广州。广东全省67所本科院校（含民办），广州有37所。通过Incopat平台检索显示，广州2000—2019年新材料领域有效发明专利授权数量为24217件，居全国第5。在产业集聚方面，广州形成了以开发区为核心区的新材料产业国家高技术产业基地，以及高分子材料、金属材料、电子信息材料等优势产业集群，产业链基本覆盖研究、开发到产业化的环节，下游产业配套基础材料的支撑能力日益增强。

三 "互联网+"深度融入新经济模式

互联网作为经济数字化转型的重要驱动力量，引起政府高度重视，并提出网络强国、数字中国、智慧社会等一系列重大决策部署。近年来，为加快互联网新经济发展，广州持续完善政策环境，制定出台数字经济发展方面的政策文件，研究进一步推进"互联网+"行动的政策措施，助力新经济跑出加速度，成就数字中国的"广州样本"。

互联网技术的进步推动了广州传统商贸业向电子商务发展。借助"互联网+"与新业态的同步发展，新兴消费持续增长，推动信息通信服务技术与居民出行、就餐、娱乐、医疗等众多生活服务领域广泛融合，成效显著。受新冠肺炎疫情影响，线下消费受到冲击，但线上消费及无接触经济促使网络消费快速增长，发展出移动支付、线上线下融合消费的新业态模式，"互联网+"技术深入社会生活各个方面。2020年，广州限额以上实物商品网上零售额1937.42亿元，同比增长32.5%，限额以上住宿餐饮企业通过公共网络实现餐费收入同比增长1.7倍，对全市餐费收入增长的贡献率达83.6%，实现线上消费带动实体经济增长新模式。在电商直播、网络购物消费模式的迅猛发展下，邮政快递业务收入增长40%。"互联网+"相关服务快速增长，2019年1—11月，互联网和相关服务业、软件和信息技术服务业营业收入增长20.3%，成为全市规模以上服务业中拉动力最强的行业。

　　随着网络直播平台的发展，2020年初，广州市商务局出台《广州市直播电商发展行动方案（2020—2022年）》，从加强直播电商顶层设计、打造直播电商产业集群、推动直播电商在商贸领域应用、构建直播电商人才支撑体系、营造直播电商发展良好氛围等5个方面提出16条政策措施，大力发展直播电商，创新商业新模式，推动直播电商产业健康快速发展。2020年，广州整体商家开播数量位居全国第一。跨境电商是全球化和以互联网为核心的科技发展综合作用下的产物。2019年10月印发的《广州市推动现代服务业出新出彩行动方案》中明确提出，要推动传统商贸业转型升级，建设国际商贸中心，提高跨境电商便利化水平，探索建设中国跨境电商国际枢纽港。2021年7月19日，经国务院批准，广州与北京、上海、天津、重庆等4个直辖市一起率先开展国际消费中心城市培育建设。广州跨境电商综合试验区发展能级指数为85.02分，位居全国第1，跨境电商数量、报关流程、物流运输、支付能力、流程监管等多项指标名列前茅。截至2020年11月，广州跨境电商进出口规模达到419.9亿元，再创历史新高，较2014年增长29倍，跨境电商已经成为广州经济发展的新动能。

四　新兴业态不断涌现

　　广州新兴业态不断涌现，集聚区块链企业超300家，上线全国首个电子发票区块链平台。限额以上实物商品网上零售额增长13%，带动快递业务量增长30%。限额以上住宿餐饮企业通过网络实现餐费收入增长1.7倍，增速提高82.5个百分点。线上教育课程、互联网生活平台、直播平台、电竞产业等以现代信息技术为支撑的新经济业态获发展良机，龙头企业增长迅猛，带动全市互联网行业逆势增长。2020年上半年，广州互联网和相关服务业增长19.6%，软件和信息技术服务业营业收入同比增长7.0%，信息传输、软件和信息技术服务业占规模以上服务业比重超三成。

2014年2月，广州市政府印发《关于促进广州市服务业新业态发展若干措施的通知》，重点促进健康服务业、互联网金融服务业、产业设计服务业、软件和信息技术服务业、现代物流服务业、电子商务服务业、检验检测服务业、节能环保服务业、人力资源服务业以及融资租赁服务业等重点领域和方向的发展。互联网金融服务是广州大力发展的新业态之一。2015年2月广州政府印发《关于推进互联网金融产业发展的实施意见》，支持大力发展第三方支付、P2P网贷、众筹平台、互联网金融机构等。在对互联网金融风险进行专项整治的情况下，2017年，广州以互联网支付为主力军的小额支付系统共处理业务4.63亿笔，金额5.81万亿元，笔数、金额排名分别位居全国第一和第二；正常运营网贷平台共64家，全年实现交易金额723.84亿元；共11家保险公司开展互联网保险业务，保费收入高速增长，达66亿元，增速34%；互联网消费金融业务增速明显，持牌机构中消费金融公司2017年累计房贷300亿元，是2016年的6倍；贷款余额120亿元，较2016年增长200%。

近年来，广州抓住新一代信息技术、移动互联网、人工智能、大数据等产业发展机遇，推进电子信息与软件服务业创新发展，软件服务业快速增长。在社交娱乐领域，微信不断推出小程序、小视频以及多项生活服务等各种新功能，拉动腾讯总营业收入4820.64亿元，同比增长28%。共享经济方面，"快快租车"已成为华南最大P2P租车平台。为加快软件和信息技术服务业发展，提质升级"中国软件名城"，2020年3月，广州市工业和信息化局发布《广州市加快软件和信息技术服务业发展若干措施的通知》，在提升自主创新能力、加大企业引培力度、培养产业生态体系、强化应用示范引导、推进园区载体建设、加大人才支持力度和扶持产业发展壮大方面出台了一系列政策。

第三节　广州现代制造业发展新业态、新模式的路径

在新一轮工业革命的竞技中，制造业是国民经济的主体，是立国之本、兴国之器、强国之基。《中国制造2025》应运而生，《广东省贯彻落实中国制造2025实施意见》迅速出台，积极应对全球产业竞争格局的新调整，主动抢占未来产业竞争的制高点，其核心是加快推进制造业创新发展、提质增效，实现制造业由大变强的战略目标。

一　不断加大对科技创新的扶持力度

近年来，广州市政府一方面加大对科技创新项目的政策优惠和扶持力度，一方面出台多项政策以加快推进研发成果转换落地。尤其在技术引进和推动本地先进制造业和高新企业发展方面取得显著成效，重点新兴企业比重稳步上升，民营企业科技研究贡献力度逐年提升。现已逐步形成一批投资能力强、经济效益好、辐射能力强的企业和产业项目，产业结构逐步向高新技术产业和高端服务业转移，产业规模和产业质量不断提升，使得广州经济发展动能迈上一个新台阶，迈向稳增长、稳预期、

持续发展的新方向。

二 高度重视新兴产业的发展

2019年,广州重点建设项目中战略性新兴产业项目95个,总投资达2798亿元,加快培育IAB等新兴产业,深化营商环境改革,激发市场主体活力,"四新"经济蓬勃发展,发展后劲进一步增强。广州建立人工智能企业库,紧抓人工智能产业发展的机遇期,加快培育一批人工智能相关技术研发、产品制造和应用的骨干企业,建立人工智能企业库成为广州落实"IAB计划"的重要举措之一。为推动新兴产业加快集聚发展,实施相关政策和资金扶持,如《广州市新兴产业发展管理办法》《广州市新兴产业发展补助资金管理实施细则》。

对新兴产业的投资力度不断加大。在2019年广州重点建设项目中,战略性新兴产业项目总投资达2798亿元。截至2019年年底,已累计安排专项资金3.96亿元支持技术改造项目388个,包括GE生物科技园、百济神州、诺诚健华、富士康10.5代显示器、综合类北斗产业示范园区等一批重大项目,新的增长点正在加速形成。培育发展战略性新兴产业,一批重大产业项目建成投产,战略性新兴产业增加值增长7.5%。颁发首批自动驾驶测试、载客测试运营牌照。优化发展先进制造业,部署推进广州制造"八大提质工程",规模以上工业增加值增长5.1%,高于全省0.4个百分点。提升发展服务业,设立上交所南方中心、深交所和新三板广州服务基地,新增上市公司20家(其中科创板5家)。全球金融中心指数排名上升到第19位。引进全球移动互联网大会、国际消费电子大会等品牌展会。服务业增加值增长7.5%,软件和信息技术服务业、知识产权业、人力资源服务业营收分别增长14.9%、25.2%和32.9%。加快发展电子商务、新零售等新业态。实现社会消费品零售总额

9975.59亿元，增长7.8%，网上零售额、快递业务量分别增长12.9%和25.3%。旅游业总收入4454.59亿元，增长11.1%。同时，广州不断加强和香港、澳门地区的深入交流与合作，尤其是战略新兴产业方面，已规划形成粤港澳产业合作园、葡语国家产业园、广州科学城和南沙科学城等创新研发合作平台。在合作项目上与港澳地区共同打造氢能创新、天然气水合物产业和石墨烯创新等新能源项目，完善了广州融入湾区建设和新兴产业建设的新型发展机制。

三 积极推进"互联网+"新经济模式

广州为贯彻落实《国务院关于深化"互联网+先进制造业"发展工业互联网的指导意见》《广东省人民政府关于印发广东省深化"互联网+先进制造业"发展工业互联网实施方案及配套政策措施的通知》等文件精神，深入实施工业互联网创新发展战略，推动互联网与制造业深度融合，促进制造业转型升级，制订《广州市深化"互联网+先进制造业"发展工业互联网的行动计划》。广州互联网经济发达，软件信息产业发展居全国前列，工业互联网平台发展势头迅猛，信息基础设施主要指标国内领先，产业和要素环境不断优化，具备实施"互联网+"行动计划推动制造业转型升级的良好基础。面向未来，广州将实行精准化、协调化、融合化、开放化、长效化五大策略，利用互联网新技术新应用对制造业进行全方位、全角度、全链条的改造，推动互联网、大数据、人工智能和实体经济深度融合，加快产业数字化、网络化、智能化。

四 推动数字经济与实体经济深度融合

信息技术和制造业实体发展是企业网络化、智能化、服务化转型的必经之路。作为制造业强市，广州逐步建立起领先的信息基础设施。作为"中国软件名城",广州拥有近40万家从事信息技术和软件服务的企业,其中2000多家企业是国家高新技术企业,占全市高新技术企业总数的30%以上。在工业互联网领域,树根互联、阿里云、航天云网等20多家国内知名的工业互联网平台已落户广州,标志广州成为全省工业互联网产业示范基地和全省工业互联网创新中心,并建设成为全国五个工业互联网标识解析顶级节点之一。在工业设计领域,广州拥有5家国家级工业设计中心企业,本土培育并认定53家市级工业设计中心企业,企业总数位居全国前三,并已构建完成国家、省、市三级工业设计中心创新能力建设体系。依托信息创新中心企业,广州业已实现互联网技术从消费行业向工业行业转移,并积极推进互联网标识解析节点向船舶制造业、生物医药行业、高端装备制造业、信息技术应用行业、高端生活服务行业等二级节点建设转移,提高互联网信息技术的实体经济应用拓展。重点发展信息技术和新能源汽车等行业的融合,大力发展芯片设计、制造,推动汽车行业自主升级,在关键零部件、高端工业软件、关键研发项目上掌握主动权、掌握核心步骤,并向外辐射形成整条产业链的升级改造。在政策支持方面,对不同评级的工业互联网产业示范基地,基于国家级和省级标准的配套资金予以补助。积极推动产业链完善和产业集聚形成规模效应;积极推动服务行业和工业实体融合发展,鼓励高端服务企业向工业企业提供项目咨询评估服务、培训推广服务并逐步发展出服务业和工业企业共同研发;积极推动工业互联网上下游供应商组件技术服务联合体,开展产业集群数字化转型试点;积极推动"互联网+"技术、大众创新万众创业理念、中小民营经济体共同融合发展的新模式,发挥数字经济和实体企业的创新融合,发挥民营经济创新能力优势,形成国内领先的工业互联网生态体系。

五 大力支持"新业态"发展

广州市商务局联合市工信局出台《关于推动电子商务跨越式发展的若干措施》，全力支持以直播电商为代表的电子商务新业态发展，指导市电子商务行业协会成立直播分会，形成政府引导、市场主导、行业协会"搭桥"的政企联动局面，大力促进线下商家利用各种网络平台，通过明星、网红、素人等以视频、音频、图片等多种方式销售，引领直播经济。淘宝直播数据显示，广州居全国直播供给端和消费端首位，网上零售额持续增长。

六 全面贯彻绿色发展理念

"金山银山就是绿水青山"，广州一方面引进开发新型生产技术，改善生产环节，优化生产结构，淘汰落后低效的污染企业，发展先进制造业和绿色制造业。另一方面，发展高端服务业和绿色食品产业，引导消费者购买使用绿色健康最终消费品，提倡勤俭节约，保护环境。总体来看成效显著，尤其是制造业生态改善直线上升。未来，广州还将加大对传统产业的升级改造，推动新兴制造业转型升级，推动绿色消费全面发展，形成新经济增长点。

优化传统产业生产，推动制造业绿色化转型。加大环保技术在石油炼制、化工等重点行业的推广应用；通过技术创新和系统优化，发展绿色制造产业，推进大气污染防治、环境监测仪器和设备、资源循环产业、新能源汽车、可燃冰等新能源开发、新型环保材料等节能环保产业。努力构建绿色制造业生态链，实施生产流程全部环节低污染模式，引进开发能源高效利用技术和设备，积极推进企业使用新兴环保节能材料，引导企业改善生产工艺，减少能源和物质消耗，督促企业降低废气、废水、废渣排放水平，鼓励企业生产绿色节能环保产品，最终实现制造业的生产过程清洁化、能源利用高效化和产业耦合一体化。

大力发展循环经济，提高资源利用效率。打造国家级循环经济示范园区，提高园区准入程度，制定企业进入标准和管理规范，实施严格的项目节能评价和环境评价制度，设置企业耗能或排污总量配额，限制企业高耗能、高污染产品的生产数量，引导企业向绿色制造业转型升级。园区内部全面实施集中供热、集中供水、推进园区循环化改造，实施分片管理，严格落实生产者责任延伸制度，规范企业资源利用，形成企业间废物交换利用，最大化释放物质资源重复利用程度，鼓励企业发展循环经济，利用新技术、新工艺、新设备推进绿色制造体系试点。通过企业资源利用和生产技术改造，实现全产业及制造业体系的全面高质量发展，提高物质能源利用率，减少废水、废气、废渣排放，构建高质量、绿色化发展的现代制造业体系。

第十五章　广州现代制造业体系的未来发展方向

第一节　以创新驱动加快先进制造业发展

科技创新是驱动实体经济发展的关键力量之一。党的十九大报告提出，创新是引领发展的第一动力，经济发展迈向高质量阶段离不开创新的引领作用。广州作为传统制造业强市，具有较为完整的产业链条、良好的劳动力市场和供应市场，但技术高端环保性强的新材料、新技术、新工艺、新设备不足是制约制造业企业长期发展的主要短板。加大研发投入力度、提高科技创新能力，以技术创新、管理创新、产品创新为导向，是推动制造业转型升级的重中之重。

一　加强自主创新，关注重点领域技术研发

当前，在国际国内"双循环"的大背景下，经济增长点必须从量的增长转移到质的提高上。经济结构和增长结构转型须以技术创新为抓手，激活实体经济活力，以制造业优势为依托，以创新技术为导向，配合高端服务业共同发展，推进现代经济发展体系逐步完善。利用广州处于粤港澳大湾区中心位置的优势，充分发挥高等院校、国家实验室、国家研发中心以及港澳两地高等院校的研发优势，培养具有国际视野的科技创新创业

人才、培育具备国际先进技术的创新项目，积极推动产学研相结合，提高科研成果、创新技术的落地和应用。在传统制造业基础上，加强核心技术创新、管理理念创新，在新兴行业，尤其是生物医药行业、人工智能应用行业、新能源行业，加强自主可控的核心技术研发，加强最先进创新技术在制造一线的应用，引导国际知名高校、本地重点高校与企业建立校企联盟和创新联盟，实现创新人才有用武之地，推动企业引领科技创新前沿，逐步提高企业核心科技主导力量，提高广州产业链条的整体竞争力，向全球中高端价值链迈进。

二 强化科技创新平台建设，形成科技产业网络社群

科技创新平台是以提升区域创新能力为目标，以产学研等创新主体为依托，汇聚人才、资金、信息等多类创新要素，提供系列科技服务的设施平台。推动科技创新平台发展，是科技发展趋势、科技成果产业化、经济高质量发展的需要，科技平台发展有利于带动创新要素集聚，实现创新资源优化配置。因此，推进科技创新平台建设，对于提升广州创新能力、实现高质量发展具有重要意义。企业创新应尝试多种合作模式，在重点行业重点领域，推进企业和两岸三地高等院校、国家实验室、国家创新中心、第三方科技研发公司合作发展，集中力量办大事，集中资源搞研发，形成一定规模的创新合作平台，一方面提升自主研发能力，另一方面提高国际竞争力和人才吸引力。重点打造以中新广州知识城、科学城、天河智慧城、广州国际金融城、琶洲互联网创新集聚区、广州国际生物岛、广州大学城、广州国际创新城、南沙明珠科技城为核心的广州科技创新走廊。以科技创新走廊为重点依托，加强珠江两岸各类创新资源的整合和统筹规划。着力打造众创空间，加快推进广州科学城国家级区域双创示范基地建设，支持社会资本参与众创空间

建设。以重点行业重点企业为中心，推进上下游产业链上企业融合发展，集中科技人才和创新资源，攻坚克难，破除科技成果转化难题，依托创新平台，多渠道、全方位实现制造业创新发展和高质量转型。

三　加大创新资金支持力度，落实创新科技企业减税降费

广州科技研发投入力度远低于北京、上海、深圳，投入资金短缺是限制广州创新发展和制造业向中高端转型的主要约束。一方面需加大对科技创新龙头企业、新能源新技术企业、高端制造业、高端服务业的研发专项资金支持，并配合针对性的减税降费措施，鼓励国有企业承担重大的核心技术创新攻关难题，鼓励中小企业积极引进国内外先进技术和管理经验，实现全行业整体升级；另一方面需推进低效率、高污染企业的技术改造和产品升级，推进僵尸企业清退进程，释放市场活力，释放空闲资金和优质劳动力，实现生产要素向新兴产业流动，为先进制造业企业创新研发提供充足的资源支持。

第二节　推进服务型制造提升价值链水平

传统制造业向高端制造业转型是必然趋势，制造业服务化也是企业保持长效发展的重要方向。企业的长期生存依靠市场需求，面对不断变化的客户需求，企业须不断改善管理理念，创新商业模式、优化生产结构、提高服务水平，从单纯注重产品生产转移到重视生产和服务双导向的运营模式。合理分配企业资源，打造"制造＋服务"的新型模式，注重产品的上下游延伸，提升企业的产品价值和服务价值，培育企业在市场中的独特性。

一 大力推动"两业"融合,研发生产全覆盖

在粤港澳大湾区建设的背景下,广州须贯彻落实习近平总书记提出的"老城市新活力"指示要求,改善传统制造业为主的发展模式,积极推动先进制造业和服务业的"两业融合"目标,从产品研发、生产结构、市场推广等各个环节实现制造与服务结合。一是制造业企业与服务行业的合作发展。制造业企业利用自身生产结构的优势,配合银行、金融机构资金服务优势,以及高等院校科研中心的创新优势、信息技术企业的技术应用优势,第三方专业服务机构在市场宣发、供需对接、业务培训、项目管理、信息搜集、咨询评估、物流配送等方面优势,形成制造业企业和服务性企业的协同运作,发挥各自相对比较优势,实现生产网络和服务网络的最优效率。二是制造业服务化和服务业制造化的内部融合发展。制造业向高端转型必须依靠信息技术、软件应用技术、金融技术、"互联网+"技术等在生产制造过程中的辅助作用。构建产业间信息共享平台,降低制造业企业间交流沟通成本。三是要抓住粤港澳大湾区建设的重大机遇,利用港澳两地先进的服务业水平形成长效合作机制。改进制造业企业管理模式、商业模式、生产模式,积极推进本土制造业与港澳服务业融合,吸收先进服务理念和服务技术,开创"两业融合"新方向。四是要大力发展"两业融合"创新发展平台。加快黄埔区、广州开发区工业互联网产业示范基地建设,推动国家工业互联网创新中心(广东)建设,创建工业互联网体验展示中心,打造实体发展平台。同时,开展"上云用平台"服务,积极推进大数据、人工智能和实体经济的深度融合,为制造业企业提供云上技术服务。促进服务型制造,发展供应链管理、定制化服务、总集成总承包、信息增值服务等服务型制造新业态,推进生产服务功能区建设,推进智慧城市

建设。

二 加快建设服务型制造示范城市，形成竞争新优势

加快建设制造业创新中心，突破柔性印刷、机器人、高分子材料等领域的核心技术，培育一批国家和省级服务型制造示范企业平台、工业设计中心、工业电子商务试点，推进先进制造业和高端服务业"两业融合"，打造重点领域、重要技术的研发创新合作联盟。积极推进传统制造业转向服务型制造业，并进一步打造专业化、智能化的先进服务型制造业发展体系，形成新的经济增长点，形成新的城市竞争优势。落实数字经济"22条"，推进广州人工智能与数字经济试验区建设，规划建设全省首批5G产业园，推动"5G+"应用示范，打造物联网与智慧城市示范区。推动区块链技术在电子政务、数字金融、物联网、智能制造等领域的应用，打造国家区块链发展先行示范区。大力发展工业互联网，推进标识解析顶级节点建设，加快企业"上云用数赋智"。建设国家级通用软硬件（广州）适配测试中心。支持互联网医疗、在线办公、在线教育、数字娱乐等新业态发展。建设"广州设计之都""生态设计小镇"，打造"全球定制之都"城市案例，高标准建设国家服务型制造示范城市。

加强顶层设计，重点在工业设计、软件服务、规模化定制等方面出台一系列战略规划和政策，构建起产业、人才、科技、金融等政策相互支撑配合的服务型制造发展政策保障体系，重点支持制造企业创新发展、人才引进、公共服务平台构建等，切实将广州打造为全球"定制之都"。全面启动5G网络建设、智慧灯杆试点推广、标识解析二级及以下其他服务节点建设运营等，为企业实施"上云上平台"、智慧物流等提供强大技术支撑。加大示范推广力度，开展全面系统宣传推广，提高社会、

企业对服务型制造的认识了解，增强企业向服务型制造转型的方向性和指导性。

三 依托科技创新，推动制造业高质量发展

落地建设一批创新平台，推进中新知识城、广州科学城、琶洲人工智能和数字经济创新试验区、国际生物岛、天河智慧城等重要创新平台和节点建设。打造国家级智能联网汽车产业示范区，积极推动汽车相关电子产业集群发展，例如实施"强芯"工程，培育本土电路集成产业和龙头企业，发展电子芯片设计、制造、封装、测试全流程。积极发展高端装备制造业，尤其是船舶与海洋工业装备制造、数控机床等重点领域，形成高端装备制造产业集群，稳定产业链供应链。积极发展交通运输业、物流行业，推进广佛、广深轨道交通产业集聚和相互协作，打造规划设计、零部件制造、全方位施工、运营及增值服务全流程的整体提质升级。积极推进以广州大学城为生物医药科学基地为核心，建设广州国际医药港，完善研发中心、医院、企业三位一体的医药生物科学研究和应用的整体布局，打造广州生物安全产业高地。积极推进以广州白云机场为基础的航空产业格局，打造飞机维修、改装、客运货运基地建设、推动航空租赁、智能装备等新业态发展。同时，还须重视新能源、清洁能源的应用，推动现代氢能源等项目的落地建设，扩展清洁能源在城市交通工具中的应用范围。积极推动都市消费工业升级，加快工业产业升级，推进标准化国际城市建设。

第三节 充分发挥资本市场服务作用完善金融服务

在金融支持方面，广州相对较弱，政府须创造良好生态导入更多风险投资、天使投资机构，运用政府母基金撬动社会基

金投向新经济领域，提升金融服务实体经济能力，加快建设国际金融城、南沙国际金融岛、国家绿色金融改革创新试验区、海珠广场文化金融商务区。

一　建设金融功能区，提升集聚效应

以功能区建设带动金融资源加速集聚，创新建设全国首条民间金融街——广州民间金融街，高标准、高起点谋划建设总部金融集聚区——广州国际金融城，加快建设以科技金融为特色的广州金融创新服务区，以跨境金融为特色的南沙现代金融服务区，以小微金融为特色的广州中小微企业金融服务区，以农村金融为特色的增城农村金融改革创新综合试验区，以绿色金融为特色的广州市绿色金融改革创新综合试验区，以产业金融为特色的白鹅潭产业金融服务创新区，以产业基金、风投创投为特色的番禺万博基金小镇、从化温泉财富小镇、海珠创投小镇。基本实现定位清晰、优势互补、互相促进的一区一金融功能区发展格局。提升金融服务实体经济的能力，加快建设国家绿色金融改革创新试验区、国际金融城、南沙国际金融岛、海珠广场文化金融商务区。大力发展普惠金融、绿色金融、供应链金融和金融科技，引导金融业加大对重大项目、战略性新兴产业等重点领域的支持力度，争取设立人民币海外投贷基金，推动一批企业加快上市。提升保险业务保障实效，加强保险资金运用，推进政策性融资担保体系建设，强化金融风险防控，健全风险预警及处置机制。

二　建设风投创投中心，加强金融服务创新驱动

充分发挥和提升区域股权市场"中国青创板""广州科技企业创新板"的服务功能。支持科技金融路演中心、新三板企业路演中心、新三板广州服务基地、科技金融综合服务中心做大

做强。以建设具有国际影响力的风投创投中心为核心目标，大力发展风投创投市场，研究设立天使投资母基金，加快推进科技成果产业化引导基金落地实施。依托中国风险投资论坛、各区风投大厦等平台，营造适宜风投创投机构发展的一流营商环境。大力发展金融科技，研究制定支持政策，打造金融科技园区，引导金融科技企业集聚发展。完善金融科技产业链，加快金融科技在贸易金融、供应链金融等场景的运用。吸引国内外大型金融机构在广州设立金融科技创新中心，与伦敦、纽约、香港等城市开展金融科技合作。支持开展金融创新案例评选活动，加快对金融创新成果的推广运用。大力发展利用多层次资本市场提高直接融资比重，一方面支持企业上市，利用主板市场和新三板两个资本市场；另一方面建设广州股权交易中心，构建多层次资本市场。

三 提升金融国际化水平，加强国际合作

支持金融机构走出去，支持兼并收购境内外金融法人机构，提升全球金融资源配置能力。支持外资金融机构深度参与经济社会发展和民生保障建设，做优做强。推进设立CEPA框架下全牌照港资证券公司、基金公司、期货公司。充分发挥国际金融论坛、金交会、广州国际金融城、南沙国际金融岛等平台功能，加强国际金融交流合作。利用中新广州知识城上升为国家级双边合作项目契机，争取中新广州知识城金融创新政策支持，建立广州与新加坡的全面合作关系。举办广州金融境外推介活动，加大对外资金融机构和国际化金融人才的引进和扶持力度。加强与亚洲金融合作协会合作，办好亚洲金融合作协会金融智库年会。加强对国际金融发展的战略谋划，制订加强国际合作的咨询方案和行动计划。

第四节　优化人力资源配置补齐现代制造业体系短板

随着互联网、大数据、人工智能和实体经济的深度融合，企业急需既懂大数据技术又懂制造业行业知识的高层次人才，尤其在国内企业开拓国外市场，走向全球化进程中，国际视野、复合背景、专业技术人才的缺乏成为企业发展道路上的障碍。广州人才存量与北京、上海、深圳等城市相比仍有较大差距，且广州高校大量的人才资源有向外流失倾向。广州应积极引进人才，并重视人才培育，大力提升人力资源支持力度。

一　积极引进先进人才，完善配套生活设施

实施广聚英才计划，优化集聚产业领军人才"1+4"政策，加大对先进制造业领军人才及团队、高端人才、急需紧缺人才的引进力度。优化提升人才绿卡制度，向各区下放人才绿卡行政审核事权。加大人才住房工作力度，支持重点企业名录内的中高层次人才申请租住市本级人才公寓。在产业、人员集聚的新产业工业项目用地，在价值创新园区、重大创新功能区以及国家级、省级园区内及周边交通便利地区，鼓励配套建设人才公寓、公共租赁住房和员工宿舍。继续实施人才强市战略，优化选人用人制度，优化人才市场环境，建立供给侧结构性改革的人才支撑体系。针对广州重点产业、重点领域高层次人才紧缺问题，加快制定实施人才投资优先保证、人才创新创业扶持、创新人才培养引进、人才公共服务、知识产权保护等政策，积极推进人才立法，最大限度激发人才创新活力，培养高素质人才供给。作为国际大都市，广州人才政策也应趋向国际化。技术移民是人才引进中的重要一块，美国在过去几十年吸收了全世界最顶尖的人才，才有现今高端技术及产业的全面发展。广

州应抓住机会，通过政策创新，吸引全球技术移民，试点和探索类似的人才国际化战略。

对于在广州地区工作、创业的非本市户籍国内外优秀人才，达到一定条件的，颁予绿卡，在购房、购车、子女入学等方面享受广州市民待遇，为外籍产业领军人才提供签证居留和通关便利措施。完善跨境跨国人才服务机制。争取南沙自贸区乃至广州享有中外合资、中外合作（自贸区内外资）人力资源服务许可审批权限。加大推进中国自贸区（广东）人力资源市场扩大对外开放试点工作。积极推动穗港澳职业资格互认试点工作，允许港澳地区取得专业资格的人员到广东提供专业服务。推动特色留学人员创业园建设，吸引更多留学人才来穗创业发展。依托国家"千人计划"南方创业服务中心，提高人才集聚力。加快集聚产业领军人才，实行高层次人才补贴政策，地方财政按照个人贡献程度给予奖励，为产业领军人才提供各种优惠政策。培育人才中介机构，为人才的合理流动提供信息和相关服务，为人才找岗位，为岗位找人才，有效实现人才的供需平衡，同时也可通过人才需求信息的反馈，更好发挥市场对人才培养的导向作用。

二 加大本地人才培育，培养国际化视野

积极推进教育改革和培育模式变革，将本地高等院校分流建设，一批高校建设成为世界一流大学，一批专科院校建设成为技术领先、从事专项教育的高级职业院校。高等院校重点进行理论研究和关键技术的创新攻关，职业院校更加注重校企联合培养，提高人才专业专攻，提高实践应用能力。初高中教育优化学科设置和考核方式，培养心理素质良好、具有开放视野、综合能力较强的学生，为进一步接受高等教育做好充足准备，依托三大国际战略枢纽建设契机，积极培养高端制造、信息技

术、电子商务、港航物流、金融外贸等重点领域人才，提升人才战略高度。加大对紧缺型工种、高技能工种的补贴标准和资金投入，通过对此类人才的投入，提升劳动力质量。聚焦广州三大战略性新兴产业，吸收掌握核心技术的专业技术人才。加快发展新一代信息技术、人工智能、生物医药等三大战略性新兴产业，培育新产业吸收国内外高素质人才，提升行业劳动力整体水平。以广州全球高端要素集聚的契机，大力引进熟悉国际贸易理论与政策、企业国际化经营、国际商务与全球营销、国际金融、国际投资、国际商法、国际物流、国际会计与结算、跨境电商管理等开放型人才，实现国际人才供给接轨。

第五节　坚持市场主导原则构建开放型现代制造业体系

从广州发展历史来看，单纯依赖开放贸易和普通加工制造业促进经济增长已经无法满足城市定位。新的国际和国内形势下，广州应把握自身优势，积极转型，建设成为国际枢纽城市和粤港澳大湾区中心城市；积极推进制造业现代化转型升级，不仅要适应国际市场的规则变化，更要逐步掌握国际经济话语权，构建新型开放模式，提升国际影响力。

一　积极引进外资，引导资金流向重点领域

外商投资制造业企业对促进广州制造业高质发展起到重要作用，应加大新兴产业、先进制造业引资力度，支持高端国际研发机构来穗设立研发中心，积极吸引世界知名高校、跨国公司在穗设立研究中心和实验室；鼓励高端研发中心和本地高等院校、企业合作，汇集研发资金和科研人员，共同设立创新实验室，促进科技成果转化和科学技术国际化应用。

第十五章 广州现代制造业体系的未来发展方向

引导外资广泛参与"广州制造2025"战略和创新驱动发展战略，鼓励外资流向重点领域和重点产业，尤其是在生物医药行业、公共医疗与卫生安全行业、人工智能领域、新能源、新材料、船舶制造业、高端装备制造业、航天航空装备制造业、轨道交通和物流运输行业、都市消费工业等重点方向，加强本地企业合理利用外资，加强中外合作，共同研发创新，共享经济成果。考虑建立重点领域外资利用负面清单，降低部门行业外资引进门槛，实现市场资源高效配置。借助外资产业目录调整，扩大制造业利用外资契机，引导外商投资虚拟现实（VR）/增强现实（AR）设备、3D打印设备关键零部件等符合产业结构调整优化方向的领域和轨道交通运输设备制造等领域。鼓励外商投资工业设计和创意、工程咨询、现代物流、检验检测等生产性服务业。

二 依托"一带一路"，支持企业开拓多元国际市场

出台稳定外贸增长、发展新兴业态政策措施，支持企业开拓多元国际市场。实施国际产能合作行动计划，对接"一带一路"、粤港澳大湾区建设等重大开放战略，鼓励企业积极参与"一带一路"倡议建设，加强与"一带一路"沿线国家和地区主要港口城市、经济中心城市的经贸合作；大力拓展"三东两南"（东盟、东欧、中东、南美、南非）等新兴市场，更加积极参与中国—东盟自由贸易区建设，引导广州企业与东盟国家企业在能源、环境、可持续发展等方面进行系列合作，提升双方合作的质量，提升广州在中国—东盟合作发展中的地位；推进中新广州知识城等与东盟合作项目的建设。支持头部企业在境外开展投资和并购业务，促使本土企业的资金和技术走出去，与投资方共享经济成果。考虑将优势产业和优势企业推入国际市场，提高企业国际话语权和国际竞争力，和国内产业形成优

势互补、资金互补、技术互补和人才互补。

三 发挥广交会优势，提升企业国际化合作水平

从国际形势和国家战略角度而言，广州积极改善自身产业结构和企业国际化水平既是外在要求也是内在要求。制造业创新发展是广州积极融入国际市场的重要依托，应积极发展高新技术产业，找准全球价值链中的自身定位，摸清从研发到制造、服务、交流的不足，和国际先进技术保持同步，着力发展具有相对比较优势的跨国公司和行业头部企业。更好发挥中国进出口商品交易会、中国海外人才交流大会暨中国留学人员广州科技交流会等平台作用，争取更多国际会议和高端展会落户。加快推进中国（广州）中小企业先进制造业中外合作区建设，发挥"创客中国"国际中小企业创新创业大赛平台作用。支持既有技术核心竞争力、又有资本运作能力的"专精特新"制造业龙头企业实现国际化布局。鼓励先进制造业企业应用质量管理国际先进标准和方法，争取国际、国家专业标准化技术委员会落户。

第六节 优化高端制造业产业结构

不断优化产业结构，积极推进本土企业国际化合作、积极推进研发创新力度升级、积极推进制造业高端化转移，积极满足现代市场需求变化，为高质量发展打下坚实基础。

一 技术与市场结合，扩大先进制造业生产规模

当前，广州制造业进入提质升级阶段，传统制造业正在加快转型升级。嵌入全球产业链，向全球产业链高端发展，需要通过大力推动技术、人才、市场、资本的结合，促进新一代信

息技术、生物与健康产业、新材料、新能源与节能环保等引领未来发展的新兴产业做大做强。通过引入新一代信息技术和人工智能技术改造提升传统制造业，进一步提升广州传统产业影响力和附加值；按照"制造+服务""制造+互联网""制造业+大数据""制造业+人工智能""制造+总部"等模式，提高先进制造业在制造业中的占比。逐步淘汰落后生产模式，以先进制造业对传统制造业进行有效替代，解决低效率高污染的制造业产品供给过剩问题，实现各项生产要素流向高端制造业，形成优质资源再分配。

二 加快重点领域发展，形成新产业新模式

大力发展战略性新兴产业和数字经济。积极推动本土企业改造制造流程和管理模式，依托构建良好的互联网云上平台，实现产业链、供应链、价值链的整体升级。针对重点行业，尤其是基因技术、大数据、物联网、通信技术，做到自主研发，掌握核心技术，开放包容，加强国际合作，实现企业向价值链中高端迈进。根据未来产业发展的全生产要素、全生命周期、全产业链、全价值链要求，统筹优化功能载体，系统构建产业服务平台，完善政策支持体系，加快体制机制创新，对劳动、知识、资源、能源、土地、资金、人才等生产要素进行统筹考虑谋划，打造未来产业发展的新型生态体系。

参考文献

曹平、王桂军：《选择性产业政策、企业创新与创新生存时间——来自中国工业企业数据的经验证据》，《产业经济研究》2018年第4期。

昌忠泽、毛培、张杰：《中国工业投资与工业结构优化实证研究》，《河北经贸大学学报》2018年第6期。

陈光：《现代制造业体系助推城市现代发展》，《先锋》2019年第4期。

方晓霞、杨丹辉、李晓华：《日本应对工业4.0：竞争优势重构与产业政策的角色》，《经济管理》2015年第11期。

傅丽芬：《现代经济体系的基础：四者协同制造业体系的构建》，《北华大学学报》（社会科学版）2018年第1期。

顾乃华、唐荣：《构建与现代经济体系相适应的协同发展制造业体系》，《暨南学报》（哲学社会科学版）2017年第12期。

韩永辉、黄亮雄、王贤彬：《产业政策推动地方产业结构升级了吗？——基于发展型地方政府的理论解释与实证检验》，《经济研究》2017年第8期。

黄汉权：《构建现代制造业体系是建设现代经济体系的重头戏》，《经济研究参考》2017年第63期。

黄群慧、贺俊：《国际经验对我国产业政策调整的启示》，《中国经贸导刊》2015年第4期。

贾根良：《高质量发展阶段需要怎样的产业政策》，《中国战略新兴产业》2018年第25期。

金碚：《供给侧政策功能研究——从产业政策看政府如何有效发挥作用》，《经济管理》2017年第7期。

兰建平：《建设现代制造业体系 实现高质量跨越发展》，《浙江经济》2017年第24期。

兰学文：《改革开放40年广州产业发展回顾与展望》，《中国经贸导刊（中）》2018年第26期。

李金华：《中国现代制造业体系的构建》，《财经问题研究》2010年第4期。

刘志彪：《提升生产率：新常态下经济转型升级的目标与关键措施》，《审计与经济研究》2015年第4期。

鲁朝云：《广州制造业供给侧改革的国际经验借鉴及路径选择》，《当代经济》2017年第16期。

齐晶晶：《制造业绿色创新系统演化对现代经济体系的推动机制》，《科学与管理》2019年第4期。

唐杰、张猛：《建设现代经济体系，对创新引领型制造业结构再认识》，《经济导刊》2018年第6期。

唐家龙：《经济现代化与现代制造业体系的内涵与特征》，《天津经济》2011年第5期。

魏霞：《构建现代制造业体系 助推高质量发展》，《理论与当代》2018年第12期。

王岳平：《现代制造业发展的特点与趋势》，《宏观经济研究》2004年第12期。

肖雯：《金融与现代制造业体系建设》，《财经界》（学术版）2019年第7期。

徐建伟：《建设现代制造业体系要处理好六大关系》，《中国经贸导刊》2019年第14期。

杨娟、陈小红:《广州发挥粤港澳大湾区核心引擎作用的产业发展对策》,《新经济》2019年第11期。

殷庆坎:《深化制造业体系现代建设》,《浙江经济》2019年第20期。

张林、梁慧歆:《现代经济体系和现代制造业体系的关联与区别》,《渤海大学学报》(哲学社会科学版)2019年第4期。

张曼茵、李扬帆:《现代经济体系下制造业结构升级与人力资源培养协同思路》,《宏观经济研究》2018年第1期。

张明哲:《现代产业体系的特征与发展趋势研究》,《当代经济管理》2010年第1期。

Colette M. A. van der Ven. , "Trade, Development and Industrial Policy in Africa: The Case for a Pragmatic Approach to Optimizing Policy Coherence Between Industrial Policy and the WTO Policy Space", *Law and Development Review*, Vol. 10, No. 1, 2017.

Dan Breznitz, "Innovation-Based Industrial Policy in Emerging Economies? The Case of Israel's IT Industry", *Business and Politics*, Vol. 8, No. 3, 2011.

Greg Linden, "China Standard Time: A Study in Strategic Industrial Policy", *Business and Politics*, Vol. 6, No. 3, 2011.

Gorica Bošković, Ana Stojkoviić, "Industrial Policy as The European Union Competitiveness Factor on The Global Market", *Economic Themes*, Vol. 52, No. 3, 2014.

Martin Chick, "Industrial Policy in Britain since 1970: Changing Values, Assumptions and Mechanisms", *Jahrbuch für Wirtschaftsgeschichte / Economic History Yearbook*, Vol. 58, No. 1, 2017.

Paolo E Giordani, Luca Zamparelli, "The Importance of Industrial Policy in Quality-Ladder Growth Models", *The B. E. Journal of Macroeconomics*, Vol. 8, No. 1, 2011.

Ralf Ahrens, Astrid M. Eckert, "Industrial Policy in Western Europe since the 1960s: Historical Varieties and Perspectives", *Jahrbuch für Wirtschaftsgeschichte/Economic History Yearbook*, Vol. 58, No. 1, 2017.